马丁韩庄 / 著

重返犯罪现场

CRIMINAL MINDS

罪案真相
与犯罪心理素描

中国法治出版社

CHINA LEGAL PUBLISHING HOUSE

前 言
PREFACE

　　讲谋杀案的美剧看得多了，我就发现了美剧的一个套路：可以根据剧情发展的时间来推测凶手是谁。

　　比如，一开始就浑身布满疑点的那个人，很大可能不是凶手。因为如果一开始就揭露谜底给你看，那就太没意思了。

　　这个东西就叫悬疑。

　　悬疑感像一根光柱，它闪过一块又一块的信息，然后光柱逐渐扩大，慢慢把所有的信息都联系起来，最后露出完整的真相。

　　我这个人不太擅长写悬疑，我喜欢摆事实讲道理，把案情依照顺序逻辑一一捋清。然后花很多笔墨来讲述案情背后的东西——那些令我有所触动的东西。

　　我不光想讲发生过的那些案子，更想讲案子中的那些人——受害者、警探、凶手……我想讲那些被案件改变了的人生，讲他们在走到这一步之前的经历，失去亲人的痛苦，恶为什么会成为恶，而善为什么最后能与恶抗衡，等等。

我想讲的不仅仅是曾经发生了什么事，还有它们为什么会发生。我想讲案情过程，更想讲这些案情传达出来的信息：

**　　这个世界具有如此令人难以预估的多样性。**

　　基于写作和出版考虑，本书所收录的案件均为真实发生过的，笔者在写作过程中加入了自己的思考和感悟，在进行加工的基础上，使案件更加具有可读性。这些案件不仅仅是冷冰冰的一页页记录，更是无数被改变的人生、被击碎的家庭，还有受到冲击和考验的现实规则。

　　所以，当你在读这本书的时候，我希望你能通过我的文字，与那些曾经存在过的生命面对面，我希望你看到的不仅仅是离奇诡异的案情，还有它们背后的那些隐秘的人性。

　　了解人性并不会让我们的生活变得更简单，但也许会让我们感到不那么茫然困惑，也许还能让我们看到一点光和火，我们每个人都可能是悲剧的旁观者，但也可能是改变的力量。

目 录
CONTENTS

"世纪之罪"背后的故事 · 001

改变历史的孩子 · 019

正当防卫还是谋杀 · 042

写错别字的凶手 · 070

穿越时空抓到你 · 115

离奇神秘的治疗 · 133

皮特森和失踪的妻子 · 152

换子疑云和养鸡场的恶魔·185

纽约的"山寨"杀手·200

极寒之地的汉森·221

"世纪之罪"背后的故事

美国历史上有一个非常有名的律师叫达罗。他曾经办理过几个非常经典的案件，其中有一个案件在当年被称为"'世纪之罪'的审判"。

这个案件涉及两个人。一个名叫内森，另一个名叫理查德。

内森于 1904 年 11 月 19 日出生于芝加哥。父母是德国移民过来的犹太人，爸爸是那个时代的"船王"，妈妈出身于银行世家，有个姑姑嫁给了当时美国银行界的泰斗，另一个姑姑嫁的是当地的法官。还有一个叔叔是芝加哥最大银行的创建人，至于他家其他的各种高层关联就更加数不胜数。可以说，他是名副其实的世家子弟。

内森家在 19 世纪初住的就是有几十个房间城堡般的豪宅，还是在芝加哥的豪宅区，可以想见他的出身富贵。

他不光家庭有钱有势，本人也智商超群，据说他 4 个月大就能开口说话，18 岁的时候更是熟练掌握了 15 门外语。不幸的是内森母亲早亡，父亲对年幼失母的儿子溺爱放纵，同时他生意非常繁忙，于是只能花钱请保姆和私教老师来照顾儿子。

虽然内森聪明过人，但性格十分敏感内向。他对自己外貌平平不够出众感到耿耿于怀，脑子又的确比身边的人都聪明太多，家里还是豪富，

种种因素综合起来，形成了他孤僻又倨傲的性格。

后来他跟着爸爸搬到芝加哥郊外的一个富人区，转学到当地的一家私立学校，这个私立学校也叫"哈佛"，不过是个中学，与众所周知的哈佛大学不是一回事。

在这所私立中学里，内森在学业上的优势非常明显，15岁就高中毕业，考上了芝加哥大学。1924年时，仅仅19岁的内森就完成了本科学业。

那个时候他作为"鸟类学家"在业内已经小有名气，和其他几个合作者一起发现了一个鸟类新物种，观察并记录了它的一些习性。年纪轻轻的内森就此写了一篇论文，可以说在鸟类学界是很了不起的成就。

但是鸟类学只是内森的爱好，他希望追求一种更有挑战的事业方向，所以准备毕业后进入（在波士顿的）哈佛大学的法学院继续深造。

在攻读法学院的时候，他认识了理查德。

理查德与内森有很多的共同之处，他比内森小半岁，也出生在芝加哥，家里有4个男孩，他排行老三。

理查德也是从德国来的犹太人，也十分有钱，父亲早年是个律师，曾经担任美国超级百货公司希尔斯的副总裁。他的叔叔是早年美国教育部的创始人之一。据说他家当时有上千万美元，1920年的千万美元换算成如今是上亿的资产。

除了身家豪富之外，理查德的智商也非常高，是个少年天才，但父母也忙于工作没工夫管他，把他交给了保姆和私教老师。

智商出众，加上私教老师管得严格，理查德小时候的学业成绩相当不错，就算不怎么用心学习，也能轻松地连跳好几级。为了奖励天才儿子成绩好，他爹还给他在家里修了个小高尔夫球场。

除了超级聪明，理查德金发碧眼，长得十分英俊帅气，体育运动方面也十分突出，整个人看起来俊朗阳光，加上性格开朗外向，他的潇洒自信与沉默阴郁的内森形成了鲜明的对比和互补。

然而，私底下理查德有一些不为人知的问题。他很小的时候就出现小偷小摸行为，后来逐渐从偷家里的小钱发展到偷商店的物品，再到入室洗劫甚至纵火。一次又一次，闯的祸越来越大。不过因为家里的权势，还有小聪明加持，他始终没有栽过大跟头。

理查德14岁那年被芝加哥大学录取，在这里他认识了少年天才内森。1921年，理查德不好好读书在学业上遇到问题，转学到密歇根大学，可他没吸取教训，又染上了酗酒的毛病，最后在1923年以最低分勉强大学毕业。不过饶是如此，年仅17岁的理查德依然是当时密歇根大学历史上最年轻的毕业生。

大学毕业后，理查德决定回到芝加哥大学继续读研究生。不知道是不是这个缘故，内森决定放弃哈佛，也留在了芝加哥大学。他们俩在重逢之后，友谊达到了新的高度。

两人棋逢对手的智力和性格上的互补，加上许多共同爱好，使他们成为心灵知己，内森被理查德的英俊潇洒吸引，理查德则为终于找到一个与自己旗鼓相当的伙伴而欣喜若狂。

内森一直对尼采的哲学非常着迷。尼采的理论中曾经提到过一个"精英超人"理论，这个理论的重点主要落在精英上，也就是说这个人是天才，是真正的精华，有着最强的意志和最高的智慧，所以他也应该拥有超越世界和社会上的其他平庸凡人的高级地位。换句话说，因为他的优秀，他的身份地位也应该比别人更高级更优越。

"精英超人"理论认为这种人是自然和社会的立法者和执行者，而不是服从者，不应该受到任何法律的约束。同时他们还应该凌驾于一切传统道德规范之上，是不能为现代文明定义的"未来之子"。

内森和理查德认为自己就是这种"精英超人"，他们觉得自己与众不同，高人一等。像他们这样优秀的人物，根本不应该被世俗的规则或者法律所约束，他们的存在有着特殊的意义，比如干一票完美的犯罪。

但是内森和理查德的性格又截然不同，比如，有次理查德被问到，

有哪些事情不会做，他轻松地回答说，这要取决于他会不会被抓到。也许从这一点可以证明，对理查德来说，做违法的事情跟是否有金钱回报没有关系，他追求的是刺激。

但对内森来说，他的追求既不是钱也不是刺激，而是证明自己优秀的"意义"。

经过反复讨论，他们俩决定绑架杀害一个小孩子，然后向这个小孩的家长索要 1 万美元的赎金。这样就能引起新闻媒体的注意，从而证明他们超越凡人的优秀和完美。

他们仔细推敲了整个犯罪过程，针对细节做了相当周全的考虑。比如，他们要求孩子的爸爸将赎金放到一个大包里，然后将其从一辆行进的火车上扔到密歇根湖边，他们会在附近开一辆车潜伏等候，等装着钱的包一落地，他们就能迅速取到钱然后逃走，同时还能躲避警方的追踪。

为了实现这个计划，他们提前偷偷潜入密歇根大学的一个实验室，偷走了一把小刀、一个相机和一架打字机。

1924 年 5 月 21 日，内森和理查德用假名租了一辆车，在芝加哥南面的街上来回溜达，寻找合适的猎物。转悠了两个多小时后，已经快下午 5 时了，还没找到适当的机会。

正当他们打算放弃的时候，忽然看到了路边一个穿着校服、背着书包独自回家的小孩，定睛一看，正好是理查德 14 岁的表弟鲍比。

鲍比家离中学很近，所以平时都是走路上下学。理查德知道鲍比的爸爸也很有钱，绝对能付得起赎金，立刻就打上了表弟的主意。

他们把车停在路边，招呼鲍比过来，邀请他上车，说可以开车送他回家。鲍比一开始没同意，后来在理查德反复劝说之下上了车。他很小心地坐在了副驾座上。内森和理查德则一个开车，一个上了车后座。

他们提前准备了一把凿子，趁鲍比不注意的时候，一边从后面用手捂住他的嘴，一边用凿子用力并快速地击打他的头部。

因为鲍比的剧烈挣扎，内森和理查德意识到杀人并没有想象中那么简单，也有些惊慌起来。

为了方便行凶，也为了掩人耳目，他们迅速抓过后座上的一件衣服，掩住了他的口鼻，直到他的挣扎慢慢地减弱，最后呼吸停止。

他们把车开到了芝加哥城外南面的一块荒野上，这时天已经黑了。为了掩饰死者的身份，他们把鲍比的衣服都剥光，在他的脸上和身体其他部位浇上了强硫酸，这样别人就不会很快确认他的身份。

然后他们在回芝加哥的路上找了个电话，打给鲍比的妈妈，要求她赶紧准备钱来赎人。还叮嘱她留意信件，信上会有他们下一步行动的指示。

然后内森和理查德换下了身上的血衣，连着鲍比的衣服一起烧了，清理好车之后，他们就若无其事地去打牌狂欢了。

鲍比家和他们两家离得不远，在他们俩回到芝加哥时，鲍比被绑架的消息已经传开了。

第二天一大早，鲍比家收到了勒索信，信件正是用他们偷来的那个打字机打的。信件上明确要求鲍比的家人支付1万美元赎回孩子，还提供了详细的指示教他们怎么给钱。

这封信的行文用句十分流畅，警方分析后觉得写信人应该是受过高等教育的人。

最初警方怀疑的对象是鲍比学校的几个老师，在搜索过他们的住宅之后，警方取走了家里的一些纸笔进行对比，结果当然是不一样的。在进一步调查了这几个老师的不在场证明后，基本排除了他们的嫌疑。

在芝加哥的警察紧张地调查老师们时，事实上，鲍比的尸体在上午9时就被人发现了。所属管辖区的警局接到报警后派人过去调查，但因为不知道尸体的身份，直到下午5时30分才将他与芝加哥失踪的孩子

联系起来。

在尚未得知鲍比已经死亡时，他的父亲和家庭律师按照勒索信的指示，从银行里提取了1万美元的现金，准备在下午3时30分的时候准时交付赎金。但这时出了点小岔子，鲍比的爸爸怎么也想不起来绑匪之前提供的地址了。

结果交付赎金这事就拖到了下午5时30分，这时他们接到了警方的电话，得知孩子已经不在了，赎金可以直接再存回银行。内森和理查德骗钱的计划破产了。

警方提到在发现尸体的现场发现了一只鲍比的长筒袜，还发现了一副眼镜。这副眼镜的大小看起来鲍比也能戴，可是他爸爸坚持说鲍比平时不戴眼镜，那么就很可能是凶手留下的。

为什么呢？因为在眼镜上发现了新鲜的泥浆，符合案发当天晚上下过雨的天气特征，证明这副眼镜刚被丢在现场不久。既然眼镜不是鲍比的，那就只可能是凶手的。

经过调查，虽然这副眼镜的度数和镜框都很常见，但是它却有一对非常特殊而且昂贵的铰链，昂贵到整个芝加哥只有三个人能负担得起的地步，所以眼镜店对谁买了这种铰链都有专门的记录。

这三个人的其中一个就是内森。

说好的天才犯罪呢？连能牵连到自己的眼镜掉了都不知道。

警方根据眼镜店的记录顺藤摸瓜找到了内森，短暂的惊慌之后，内森提供了一个解释：在案发的周末他曾经去现场附近观鸟，有可能是在那个时候眼镜掉出了口袋。

接着警探给他看了那封勒索信，问他："这封信显然是个受过良好教育的人写出来的，你觉得你会怎么写这样一封信？"

内森傲慢地回答说："我会写得更好！你看信里还有个错字，kidnaping写错了（应该写成kidnapping）。"他接着承认，自己也有一个打字机："我用来记录观鸟日记。"

在他扬扬自得地告诉警探自己懂15门外语，而且是法学院的优秀学生的时候，警方已经去他家取走了打字机。

为了取信警方，内森提出案发的那天晚上，他一直和理查德在一起。他们先在一个酒吧喝酒，晚上 8 时 20 分左右离开酒吧，然后在路上无意搭讪上了两个漂亮姑娘。他们当时聊得兴起，就带着姑娘们一起开车去芝加哥狂欢了一个晚上。大概晚上 10 时 20 分的时候他们把两个姑娘在一个高尔夫球场附近放下。这就是他们在案发那天整个晚上的行程，完全没有作案机会。

遗憾的是，因为与姑娘们萍水相逢一夜狂欢，他们压根儿没有追问她们的身份，所以也没办法喊她们来作证。

内森在提供这段经历的时候，讲述流畅自然，与此同时理查德在另一个问讯室也提供了同样的证词。警方在问询记录上写道：时间和证词相吻合，两人在被询问前没有机会串供。

这两个年轻人在接受问讯的时候，显得非常坦然真诚，回答问题毫不犹疑做作，尤其是内森，给警探留下了很好的印象，觉得他肯定是无辜的。所以即使当时还没找到那两个姑娘，警方已经几乎要排除他们的嫌疑了。

可是没想到，他们的证词在别的地方掉了链子。

前面说过内森和理查德家里都很有钱，那个年代就有千万身家，所以家里当然有专门的司机。其中一个司机在被问讯的时候，无意中说到那天上午他把内森的车送去维修，中午 1 时送回来之后，一直就停在车库里没有动过。这个说法还得到了司机妻子的认可。

但这就跟内森和理查德提供的证词出现了冲突，他们俩之前一直绘声绘色地说那天晚上去芝加哥开的就是这辆车。

渐渐地，两个年轻人看起来无懈可击的证词出现了裂缝，各种不合理和无法深究细节的漏洞逐渐浮出水面。

尤其当警方的重点又转移回那副眼镜上：如果像内森坚持的那样，

眼镜是在上个周末的时候掉落在现场的，那么经过周末这几天的天气变化，眼镜上肯定会留下痕迹。而警方观察之后，认为这副眼镜最多只丢了几个小时而已。

6月1日的时候，理查德先扛不住了，他向警方交代了一切，甚至交代出关键线索——打字机的下落。几乎同时，另一个房间的内森也服软交代了。

当时警方已经知道从内森家拿走的打字机不是用来写勒索信的那个，但同时也知道他还有一架打字机，就是不知道在哪里。理查德坦白了：在烧毁了当晚的衣物毯子这些东西之后，他们竭尽全力地破坏了这架打字机，可是破坏的程度有限，他们最后只能把它扔到附近的湖底。

警方从湖底把打字机打捞了上来，对比之后确认了就是用来打勒索信的打字机。整个证据链完整了。检控官暂时将内森和理查德扣押在附近的酒店，派专人看管。

虽然这个时候已经知道他俩是杀害鲍比的嫌疑犯，但因为家里有钱，两人还是受到了非同一般的优待。当晚内森的管家给他们俩送来了平时穿惯了的丝绸睡衣，让他们舒舒服服地睡了一觉。醒来后他们听到的第一句话是："少爷们饿了吗？想吃点啥吗？"

随后管家送上了精心烹制的火鸡餐。

直到凌晨1时，他们两人被带往附近的警局再次接受审问。因为这个时候只有一个问题还没有答案——到底是谁动手杀害的鲍比。

因为按照他们的描述，杀害鲍比的过程发生在行进的车上，那么必然有一个人在开车，另一个人动手。这个动手的是他们俩中的哪一个呢？

为了找到答案，检控官把内森和理查德叫到同一个房间，面对面坐着。给他们宣读了权利之后，让他们交代。

不出意料，之前还骄傲得目空一切的两个少年天才，这个时候就迫不及待口不择言地开始互相指责，说对方是主谋，是对方动的手。

但是光这么对着互相指控没有用，检控官决定分别开车带他们去重现一次犯罪经过，让他们详细讲述整个过程，从租车开始，到接上鲍比，谁开的车，谁打的招呼，谁做的第一个举动，然后又做了什么。如此反复推敲，最后找到真相。

在带着内森去租车店指认之后，警探带着他路过一个糕点店。内森说"我们吃点东西吧"。这时另一队警探带着理查德也走了进来，糕点店的老板立刻认出他来，打招呼说："嗨，梅森先生。"

她解释说，这位梅森先生是店里常客，不久前来过好几次，购买电话卡打电话。

理查德听她说完，脸色变得惨白，然后浑身开始剧烈颤抖，最后甚至口吐白沫昏了过去，警探不得不立刻把他送到附近的医院进行抢救。

他之所以这么激动，主要是连续几天煎熬，又比较年轻，已经处在崩溃的边缘。现在又被当面指证用假名给受害者家属和租车店打电话，终于心态和身体都崩了。

在终于稳定下来之后，检控官追问了最后一个问题：动机是什么？

理查德说，是为了刺激。

内森说，就是想体验一下自己比别人高明强大的感觉，顺便弄点钱。

他们的确很懊恼，但主要遗憾在于计划还是不够周详，虽然当初反复推敲了犯罪计划，但还是缺乏经验。

当时社会媒体大肆报道这个案子，引来了极大关注。虽然有了两个年轻人的认罪书，他们的家人和朋友还是不愿意接受这个现实。两家千万富翁和背后的财团联合起来，决心给儿子请最好的律师，奋力一搏。

他们请来的律师就是文首提到的达罗。

这个达罗是法律界泰斗，出庭经验丰富。

内森和理查德的这个案子在当时的环境和舆论之下证据确凿，证据链铁桶一般滴水不漏，杀人凶手还是智商超群却冷血杀害自己亲人的富豪之子，所以判处死刑的呼声非常高。

当时有传言说，他们为了请达罗做律师，开出了百万美元的高价。

后来证明，其实只有 7 万美元，但是 20 世纪 20 年代的 7 万美元也是不可小觑的。

当时媒体和法律界对这个案子进行分析，认为内森和理查德犯罪的证据简直堆积如山，被判死刑的结局几乎呼之欲出，他俩要想不受惩罚的话，大概只有走有精神障碍这一条途径。

但是达罗经过讨论和分析，慎重地告诉被告和他们的家人：这个案子如果照常规走，多半是跑不掉死刑判决的，不如兵出险着，把这个事情交给他，信任他，完全听他的来操作。

美国的审判程序是双方先将相关的证词证据交给大陪审团审核，如果大陪审团认为证据充分，就可以正式起诉。起诉之后再由陪审团来审判，如果 12 个陪审员达成一致，罪名成立，就可以进入判刑的环节。

如果是有死刑可能的罪行，在决定刑期的时候，美国大部分州规定被告可以选择由陪审团来决定刑期，也可以选择由法官决定。

其中的区别在于，如果被告认为自己在陪审团心目中形象不好，肯定会被重判，就会选择由法官来决定刑期，这样只需要说服法官一个人而回避陪审团的情感倾向即可。

这个案子一个很关键的点在于，内森和理查德互相指认对方，而受害人已经无法指认真正动手的凶手，如果在法律上无法确认两人之间谁是凶手的话，就很难定罪。

检控官在起诉状中提出，内森是真正动手的人，理由是有人曾经看到是理查德在开车，那么就自然推断出是内森坐在后座杀害了鲍比。

所以在这种情况下，达罗律师认为，这个案子的证据实在是坚如磐石、无懈可击，无论是物理证据，还是两人的认罪书，都把他们死死地钉在了有罪的被告席上，如果要面对陪审团的话，需要经过长时间的拉锯，且最后结局还会一样。

为了避免这样无意义地拉锯，达罗律师代表内森和理查德向法庭认罪，这样一来罪名成立，跳过陪审团审判这一节，直接进入判刑阶段。

在判刑阶段，达罗律师选择由法官来决定到底是死刑还是无期徒刑。然后他使出浑身解数，说服法官放弃死刑的想法。

这个判决前后进行了32天。检方召唤了超过100名证人，从证人到证据，环环相扣、天衣无缝。

达罗律师也毫不懈怠，拿出了大量历史证据和科学证据，还请来专家证人，证明这两名被告真的在精神方面有疾病。其中甚至提到，内森在12岁时曾经遭到私教老师的严重侮辱，从而影响到他整个人生的道德观和思想判断。

在法庭上他拿出了两张非常著名的头部扫描图。通过对两张头部扫描图的分析可以看出，内森的性格比较冷漠偏激，内心骄傲；而理查德性格活跃，相对内森来说，更加追求刺激。

达罗律师说这两个刚刚成年的年轻人，虽然智商远超常人，但心智并不成熟，他们被自己天生的大脑设置和荷尔蒙操纵，才犯下了这样的罪行，并不是自己真心能控制的行为。他还请来专家证人证明，两人的内分泌失调，从而造成他们对犯罪的渴望。

在最后的总结陈词时，达罗律师拿出了大杀器：他自己。为了说服法官，他不停歇地做了长达12个小时的陈情辩护。

最后，他成功了！

法官被说服了。他解释说自己之所以决定不判处二人死刑，首先是考虑到案例法的延续性，以往同等罪行的犯人并没有因此被判处死刑；两名被告才刚刚成年，也许在未来漫长的人生中，他们会认识到自己的罪过，真正地悔过改变。

但是死罪可免，活罪难逃，两人分别因为谋杀被判处无期徒刑，又因为绑架被判处99年徒刑。他们将在20年后有资格获得假释。

判刑后不到一个月，理查德的父亲因为心脏病突发去世了。

故事并没有就此完结。

内森和理查德一开始被关在同一个监狱里。最初他们俩被分开关押

在不同的牢房，但是他们依然设法维持联系，一直保持着友情。后来内森被转移到另一所监狱，没多久理查德也转了过来，两人又团聚了。

1936年1月28日，30岁的理查德在浴室里被一个狱友袭击，狱友用一把刮胡刀割断了他的喉咙。

这个狱友名叫詹姆斯，因为盗窃被判入狱10年。那天下午他与理查德一起进入监狱里的浴室洗澡，但是20分钟后，理查德冲了出来。

当时他捂着自己的喉咙摔倒在地上，还能说话，还安慰身边的人说："我没事。"监狱长立刻派人通知了他的家人，他的家庭医生也迅速赶往医院协助抢救，监狱的犯人被组织起来给他献血，但是他受的伤实在太重。

下午，医院正式宣布理查德抢救无效死亡。事后验尸的时候发现，理查德身上有几十处刀伤。

那位伤人的狱友詹姆斯坚持说自己是自我防卫。他的说法是理查德主动把他喊进浴室里，那个浴室还是理查德的私人浴室。他走进去后，理查德拿出那把刮胡刀威胁他，他不得已才奋力夺下刮胡刀进行反抗。

事后调查发现，狱方在案发的前一天就收到信息，说一把刮胡刀被报丢失，但是他们悄悄地找了一天都没有找到。

在这里值得插一句的是，入狱后内森和理查德联手扩展了监狱的教育系统，在原有的监狱学校基础上，又增加了一个高中和大专。理查德在监狱里还担任了许多职务，从邮递员到园丁，还在学校里担任教务长，坐牢的记录也甚至比内森好很多，内森曾经因为违反监狱规定被惩戒过几次，理查德则一直是"优秀犯人"。

监狱里的官员也说，一开始的时候觉得这两个年轻人臭名昭著、丧心病狂，但是后来发现他们俩很聪明，又很服从管理，逐渐改变了对他们的态度。

那么，到底是什么引发了这次袭击呢？

詹姆斯身高1.65米，体重60公斤，比高大的理查德轻了20斤，在这场博斗中却毫发无伤，所以更像是他趁理查德不注意的时候搞突然偷袭。

狱方表示，没有任何证据证明理查德在监狱里有暴力行为，相反，詹姆斯曾经多次因为暴力行为被抓。内森私下认为，其实更有可能是理查德拒绝了詹姆斯的某些要求，被突然袭击杀害。

最后这个事还是不了了之了。谁会真的关心一个死在监狱的杀人犯呢？

理查德死后，内森继续他的牢狱生活，不久便患上了严重的抑郁症，但总的来说，他还算得上是个"模范犯人"。他负责重整了监狱的图书馆，主管监狱学校的教育和管理，并且亲自担任教师，平时还会在监狱医院里担任义工，多年的牢狱生涯也算是让他培养了一些基本的生活技能。

1944年，内森自愿加入了当时一个治疗疟疾的实验计划，也就是说，为了寻找合适的治疗药物，他自愿感染疟疾，然后一次又一次地试药，找出最有效的治疗配方。从这个角度来说，他也算是给社会作出了一些贡献。

后来内森当初在芝加哥大学的一个同学联系他，打算以他和理查德杀害鲍比的案件为原型，一起合作写本小说。内森回信表示说，他不希望有人拿这个案子来做进一步的虚幻创作，不过如果对方有兴趣的话，他们可以合作写本自传。

可是他这个同学对帮他写自传的提议没什么兴趣，转过身自己去创作，不久后小说出版。在小说里，他把内森描述成一个绝顶聪明但心理变态的人，并且说内森的变态主要源于少年时期的曲折经历。

内森看到这本小说出版的消息时，简直气疯了。他形容自己在读这本小说的时候，恶心得读不下去，中间跑去厕所呕吐了好几次，感觉自己被当众剥光了暴露在聚光灯下。

1958年，内森自己写的自传出版，书名叫"无期徒刑再加上99年

的刑期（*Life Plus 99 Years*）"，不过他出版这本自传的本意，是希望能带来社会影响帮助他获得假释。在自传中他说，自己入狱后已经真心悔过，现在所做的一切都是为了赎罪。

这本书在刚出版的时候获得了很多差评，社会舆论和评论家们都认为他故意略过了自己童年生活经历带来的影响，还隐瞒了很多犯罪的细节过程。直到最后他都在回避到底是不是自己动手杀害了鲍比的问题。批评方也指出，这本自传就是为他"洗白"，并刻意忽略了他内心的阴暗面。

不过，这本书也为他赢得了不少忠实粉丝。粉丝们纷纷给他写信表达支持，或者直接打钱。

内森在入狱 29 年后第一次申请假释被拒，之后他在 1955 年和 1956 年又再次申请，依然被拒。1957 年 7 月 9 日，他第四次提起假释申请，在申请中他这样写道：

> 我已经在监狱里坐了 33 年，在过去的 12000 天里，我每一天都在忏悔我的罪恶，12000 个夜晚我都在追悔。当初我在犯罪的时候没能展现应有的慈悲，先生们，我认真地恳求你们现在能给予我一点慈悲。

他的那本自传多少也发挥了一些作用吧。1958 年 3 月 13 日，内森获得了 5 年有期假释。他立刻动身离开了美国大陆，去了波多黎各的一家医院，这家医院愿意雇用他做医疗助工。内森在一篇文章中感激涕零地写道：

> 对我来说，这家医院不仅仅是提供了一份工作或者是对假释犯的包容，而是给了我被接纳的希望，给了我陪伴，给了我被爱的可能，而这一切会让我平静度过我的假释期，我保证绝不会违反任何假释规定。

事实上他也的确老老实实地遵守假释规定，上班工作都挺认真，同事们也都挺喜欢他。

后来他用粉丝们捐助的资金设置了一个利奥波德基金会，用来帮助那些"在情绪上和心理上备受困扰和行为不良的少年"。这些书粉对他真是迷恋，他当时的工资一个月才 10 美元，剩余支出全靠书粉支持。

不过这个基金后来被取缔了，法院认为他用粉丝给的钱建立基金会违反了假释条例。

1959 年的时候，前面提到的那本小说被拍成了电影，影响还颇大。

内森气坏了，向法庭提起诉讼，认为这本书和电影侵犯了他的隐私权和名誉权，要求禁止影片上映。但是最后法院驳回了他的起诉，理由是内森作为一个犯下了"世纪之罪"而且自己认罪了的罪犯，名誉已经够差了，这本书和这个电影已经无法进一步侵犯到他的名誉权。

后来内森娶了一个做花匠的女人，自己在波多黎各大学又读了一个硕士学位，还在大学里找了一个教书的兼职，毕业后在波多黎各的卫生部找了一个研究员的职位，专门研究麻风病。

与此同时，他还是波多黎各自然历史协会的积极分子，经常在业余时间去附近的小岛观察鸟类生活。1963 年他出版了一本名叫《波多黎各和维京群岛的鸟的种类名单》的专业书。

据说他本来打算写一本关于他和理查德监狱生活的书，上一本自传的主要目的是帮助他获得假释，所以写得多少有些虚饰，而计划中的这本因为没有了假释的目的，应该会写得更真实一些。

但是还没来得及出版，内森就因为糖尿病引发心脏衰竭去世。据说他的遗孀在他死后，把已经完成的书稿烧了个干净，而且她决定不举行公开的葬礼。

这个案子让我感觉很复杂。

最早注意到这个案件，是源于一场发生在田纳西州的官司，一个中

学体育老师因为在课堂上教授了进化论被告上法庭，当时达罗律师也正是这个老师的辩护律师。

这个进化论案发生在内森案之后，当时达罗律师给内森和理查德免除死刑的辩护引发了极大的争议，被指责为了钱而帮助罪大恶极的被告买平安，声誉受到很大的影响，需要用一场"锄强扶弱"的胜利来挽回名誉，所以他接受了进化论案的辩护邀请。这两个案子在美国的法律历史上都有着极其重要的地位，无论是辩护还是审判，都给后来的案子留下了深远的影响。

达罗律师在接近70岁高龄的时候，对法官进行了长达12个小时的陈情，最后也实现了他的目的。我很好奇他到底说了些什么。

网络上找到可能是他的部分陈词，我看了看，原来也是咱们现在熟知的几条理由：

罪犯之所以走上犯罪道路，很大的原因是童年经历造成的心理阴影，使他们没有正确的人生观和道德观，对别人的生命缺乏尊重，对法律没有畏惧；而环境的影响和社会压力使罪犯产生不顾后果追求刺激的心理，所以犯罪并不是罪犯自己一人的过错。还有就是死刑就能挽回一切吗？

这些理由，在过去的100年里被不断地重复，并没有什么新的花样。

内森和理查德在入狱之后的表现，的确给达罗律师的陈情作出了最好的注脚，看起来他们是在努力做对社会有贡献的人。所以也许对他们来说，死刑带来生命的终结并不是这个案子最好的终局。

但是他们两家都是豪富，后面的生活有没有家族力量在其中助力和运作也不知道。而真心悔改的重刑犯又有几个呢？

在这个案子里，如果内森和理查德是真心悔改，那是不是反而说明达罗律师要求免除死刑的理由并不存在：他俩是有理智的啊。

在之前的审判中，除了寻求刺激之外，内森和理查德都没有深度坦白真实的犯罪动机，也没有交代两人之间到底谁是主谋。

理查德承认租车的钱是自己出的，其他费用也基本都是他掏的，但是到底是谁最初提出的犯罪计划，犯罪目的背后的原因是什么，两个人始终都没有真诚剖析过。

后来有人认为，在这个犯罪行为中内森是主导，因为毕竟是他动手杀的人。但更深层次的分析认为，寻找刺激也许是理查德作案的动机，但并不是内森作案的缘由，对他来说，更深层次的企图，也许是源于他对理查德掌控的欲望。他不满足于普通的表达方式，而希望有另一种更强烈更深入的关联：没有比分享一个刺激恐怖的杀人秘密更深入骨髓的方式了。

影视剧的改编给这种欲望又添加了多种动机成分，以使人物形象更为丰满。

我个人觉得这些都有道理，这些原因的背后，也许源于他们在少年时期的孤独和缺乏亲人的关注与引导。比如，内森从小没有妈妈，爸爸也没有工夫管他，把他丢给保姆和私教。成长过程中因为出众的智商和不怎么出众的外表，他始终交不到朋友。可是与此同时，他的生活富足无忧。

理查德的成长过程中也缺乏父母的关注和教育，虽然智商超高，却没有培养起正确的人生态度。人生才刚刚开始，就觉得除了犯罪没有其他能带来刺激的有意思的事情。相反倒是进了监狱之后，他发现了自己的价值，帮助监狱开设学校，教学生知识。

所以对他们来说，一方面所有的东西都得到得太容易，而另一方面想要的东西却怎么也得不到。这种落差越来越大，对自己和自己人生的价值就越拿不准，心态就越容易失衡扭曲。

当一切都来得太容易的时候，就不知道人生很多东西也需要争取和珍惜，也学不会该如何去争取和珍惜。

这种为了获得自己想要的东西去光明正大地争取和珍惜，去做点什么的动力，就是人生的意义。

　　我忍不住想，当内森 50 多岁去岛上观察小鸟的时候，会不会有一点恍惚？经过了多年牢狱，这个简单的爱好会不会带来比 40 年前更强烈的满足感和幸福感？

　　所以人活着一定要有意义。没有意义的人生，再怎么富有顺遂，也会很快感到枯竭。尤其是人生到了一定阶段之后，往后看没有退路，往前看没有新鲜，还没有到终结的时候就已经觉得没有意思。这个时候真的很需要一点意义让自己坚持下去。

　　如果当初两家豪富多关注两个孩子的心灵发展和三观引导，会不会结局就不一样呢？

改变历史的孩子

这是我鼓了很久勇气才写下来的一个案子。因为整个事件走下来，有好多让人特别无语又难过的时刻。

自从开始写犯罪故事就常被问："看这么多变态的东西，你不害怕吗？"

我当然也怕啊。可是怕，它们就不存在了吗？

小时候在夜里害怕黑暗的时候，在担心床下藏着看不见的妖怪的时候，我从来不愿意用被子蒙住头，因为我宁愿睁着眼睛，看恐惧降临，鼓起勇气与之抗衡。面对黑暗，与其躲避，不如点亮一盏小灯，虽然微弱，却能带来力量。

这大概也是我写犯罪故事的初衷吧。

1975 年的夏天，实习摄影师凯丽在纽约的休斯顿街与拉瓜迪亚大道相交的街角，拍下了一张照片。照片上一个年轻的妇女带着一群孩子在路上散步，孩子们牵着手很乖地走在她的身后。照片上留下了他们天真无邪的笑容，让你觉得仿佛伸手就能触摸到他们稚嫩的脸庞。

在照片里有个坐在小推车上的孩子，名叫伊坦。照片里的他当时只有 2 岁半，推着小推车的是妈妈朱莉。伊坦的爸爸斯坦是个职业摄影师，

他平时的爱好就是给妻子和孩子拍照，所以伊坦习惯了面对镜头。这一群孩子里，只有他非常有镜头感地摆出了拍照的姿势和表情，看上去像个小明星。

伊坦在纽约出生，在曼哈顿长大，家就在王子大道上的一栋公寓楼里。妈妈在家里开了一个幼儿园，实习摄影师拍摄的那张照片里都是幼儿园的孩子。

后来伊坦长大了，开始上小学。在上了将近一年的学前班后，爸爸妈妈觉得伊坦已经是个大孩子了，应该培养他的独立精神，正好这时候伊坦也提出来，想自己一个人走路去校车站。校车站离家不远，只有两个街区的距离。

伊坦说："别的孩子都可以自己走路去上学呀，为什么我不可以？"

看到妈妈的犹豫，他哀求道："没事的，妈妈，我能行的，放心吧。"朱莉笑着同意了。

1979 年 5 月 25 日是学前班的第二个学期末，伊坦第一次一个人从家中出发去校车站。

早上起床后，他郑重其事地背上画有一头小象的小书包，还把自己最喜欢的玩具小车也偷偷塞了进去，然后戴上了自己最喜欢的棒球帽。他身上带了张 1 美元的纸币，这是之前帮助一个做木匠的邻居挣的"工资"，妈妈同意他可以在路上给自己买一瓶饮料。

早上 8 时他离开家，妈妈站在家门口目送他走远，一直看到他走过一个街区才转身回到家中，她当时心里惦记着家里伊坦 2 岁的弟弟和另外一个 2 岁的娃娃。可是她没有想到，那天伊坦并没有搭上校车。

儿子留给她的最后一个印象，就是那天街区转角处的背影，那之后她再也没有见过他。

忙碌的一天流水般过去。到下午 3 时 30 分，伊坦没有随着其他孩子一起坐校车回来，朱莉赶紧打了一圈儿电话询问，才知道原来上午老师就发现伊坦没来学校，却出于种种原因没有立刻报告给校长。

在那个年代，学校的制度没有现在这么严密成熟，如果孩子没有来上学的话，学校一般会等到下午甚至第二天才打电话通知家长。如果第二天的时候找不到家长，学校才会发一封正式的信件或者明信片到家中。

在得知伊坦压根儿没抵达学校时，朱莉立刻意识到有意外发生了，她的腿开始无法控制地打起了哆嗦。她颤抖着拿起电话打给了警局，当警察到来时，距离她最后一次见到伊坦，已经过去了 10 个小时。

警方派出了超过 100 名警察组成的搜索队，还有一队寻人猎犬，连夜进行沿路搜索。

可是报案时间距离失踪时间过去了 10 个小时，间隔太久，当天的天气也很不好，淅淅沥沥下了一天的小雨，把伊坦留下的气味和痕迹都冲洗得差不多了。

另外，当时根本无法判断他到底是在哪个路段失踪的，所以难以寻找目击证人。甚至一时间无法判断，到底是有人绑架伊坦还是他发生了车祸，或者什么别的原因失联。

应该说当时所有的人都相当尽力。警方派出了大量警察沿街搜索，夜深了还派直升机在天空上盘旋照明。群众也组织起来协助搜寻。斯坦和朱莉在家里设立了一个联络点，打印了许多寻人海报，请朋友们帮助散发。

因为爸爸斯坦是职业摄影师，伊坦有许多拍得很好看而且超级清晰的照片。寻人启事上用了一张伊坦戴帽子的照片，就是他消失的那天所戴的帽子，但是其实这张照片是后期制作的，只为给人们一个更加直观的印象。

志愿者四处散发海报，伊坦带着天使般笑容的大幅照片甚至被放上了时代广场的大屏幕，希望能以此"唤起"更多的线索。

那是 1979 年，是别说手机，就连电视都还没有普及的年代。为了让更多的人看到寻人海报，伊坦的照片被放到了纸盒包装的牛奶上，牛奶产品被运货的大卡车送到全国各地的超市，又被主妇们购买回家。这

是当时刚采用不久的一种新的跨越美国大陆的寻人方式。

斯坦和朱莉还要接待如潮水般涌来的记者，记者们蜂拥而上，密集报道了这起失踪案，他们俩不得不强忍疲惫和焦虑，耐心地一次又一次告诉记者，伊坦的名字是"E-T-A-N"。

记者们把话筒和镜头集中对准了这对失去儿子的夫妻，抢着追问关于伊坦的细节和他们的感受。其中一个摄影师对朱莉提出了一个令他们终生难忘的要求："你们能想法挤出点眼泪吗？这样当他们找到尸体的时候，我就不用回来麻烦你们再拍一次照片了……"

令人感到悲哀的是，这位摄影师的确是不用再回来拍照了，因为直到最后也没能找到伊坦的尸体。

他们曾经居住的那间公寓承载了太多的回忆和痛苦，但是他们家一直没有搬走，因为斯坦和朱莉一直觉得，如果有一天儿子忽然回来了，敲开门却发现不再是自己的家会多么难过啊。

他们也一直没有换过家里的电话号码，因为那是伊坦牢牢记在心里的数字，他们抱着近乎绝望的心情期待着，有一天能再得到儿子的消息。

在苦熬了3年后，第一个真正意义上的嫌疑人出现在大家的视线里。有人报警说当地的一个名叫何塞的人有问题。

何塞是一个中年流浪汉，留着一把大胡子，说话声音非常轻柔，平时总是神神道道的。他没有正当职业，每天晚上都睡在附近废弃的水泥管道里，靠捡垃圾为生。他曾经被人多次反映行为举止下流，尤其是对小男孩，会习惯性地动手动脚。

有个小孩告诉警察，有天他在家里跟妹妹一起玩的时候，忽然看到窗台上出现几个玩偶。当时他好奇地打开窗户去看，发现那个玩偶被铁丝临时固定在窗台上，铁丝的另一头，牵在一个怪人的手里。那个怪人看他开窗出来，冲他诡异地笑了笑，然后招手要他跟着自己上楼顶去。当时他吓坏了，赶紧关上窗户。

事后他指认，这个怪人就是何塞。

1982年的时候，又有两个男孩告诉家长说，何塞埋伏在他们上下学的路上，抢走他们的书包，想哄骗他们到僻静的地方。家长报警后警察介入，在何塞居留的水泥管道里，发现了许多男孩的照片，其中大部分与伊坦一样都是金发小男孩。在接受问讯时，何塞显得神情恍惚，时不时停下来，好像在听自己脑子里说话的声音。

当负责的检控官询问何塞是否认识伊坦时，何塞先是迅速回答说："不，我不认识。"但是过了一会儿，他好像又想起来什么，补充说："森迪以前照顾过他。"

在场的人听到这个回答都吃了一惊，他提到的森迪确有其人，她曾经是伊坦的保姆，直到伊坦失踪前一个星期，她一直负责接送他从校车站回家。而何塞当时是森迪的男友。森迪也有一个与伊坦同龄的儿子，在何塞居留的水泥管里找到的男孩照片中，也有她儿子的照片。

何塞虽然没有直接回答自己与伊坦的失踪有什么关联，但森迪的身份将他与伊坦联系在一起，就暗示了多种可能性。

斯坦和助理从媒体报道中得知何塞被捕的消息，然后听说了他与森迪的关系，恍如晴天霹雳。

在过去的几年里，他们一直心怀侥幸的希望，如果伊坦是被想要孩子的人拐走的话，那么他可能还活在这个世界上被人爱着。他们想都不敢想的另一个可能，就是他被坏人掳走，在绝望中被伤害。而何塞的被捕，却证明了第二个可能也许就是残忍的现实。

但是当时并没有确凿的证据，能证明何塞确实与伊坦的失踪有关。不久检控官就宣布这个线索无效，而之前报警的家长也放弃了起诉何塞，所以他很快被放了出来，而他离开拘留所之后，就从人们的视线中消失了。

时间走到了1985年，伊坦的失踪案迎来了一个新的检控官。踌躇

满志的斯图尔特决心要追究出个结果。

身高六尺的斯图尔特总是神情坚毅，意志坚决，在接手伊坦的案子之后，他就给自己定下了一条原则：绝不放过一丝线索。

在阅读完全部卷宗之后，他把怀疑的目光投射到了何塞身上。在他看来，何塞还是嫌疑最大的人。可是何塞早就已经消失好几年了。

斯图尔特不会轻易就打退堂鼓，他的团队一直在寻找何塞的下落，直到1988年，距离伊坦失踪已经过去了9年，他们终于在宾州的一间监狱里发现了何塞的踪影。

在过去的几年里，何塞开着一辆老校车四处游荡，终于在一次猥亵儿童的时候被抓了个现行。1987年，他因为猥亵一个5岁男孩被判了刑。

在找到何塞后，斯图尔特设法把他从宾州的监狱提到纽约来，当时何塞对检控官的目的一无所知。在闲聊了一番完全不相关的事情之后，斯图尔特突如其来地问了一句："你曾经猥亵过伊坦多少次？"

何塞的脸立刻变得煞白。他嗫嚅了一会儿，最后回答道："你是找到证人了吗……那我会全部都交代的……"

他承认自己在那天下午曾经拐带一个孩子回到住处，大概有90%的可能就是电视里反复播放的那个失踪的孩子。但是他又坚持说自己啥也没干，当那孩子反抗的时候，他就让孩子走了，他甚至陪着那孩子走到了一个地铁站，还挥手告别来着。

但是斯图尔特根本不买账，他完全不相信何塞的说法。

可是这时何塞申请了一个法律援助律师，这个律师给何塞出主意：因为他的刑期很快就要到了，刑期一到，斯图尔特就无法再扣留他继续调查，所以建议他保持沉默，用不着配合检控官回答问题。斯图尔特必须想一个办法来解决这个困境。

何塞在知道检方其实根本没有证据后，摆出死猪不怕开水烫的架势，讥讽检控官说："你肯定找不到证据的。"斯图尔特淡淡地回答说："那你就等着瞧吧。"

两年后，经过无数法律细节的纠缠，斯图尔特真的用另一个8岁男孩的案子把何塞送进了监狱，而且一判就是 20 年。但是对斯图尔特来说，更重要的是找到伊坦的失踪与何塞的联系，那才是他真正计划的终点。

当时几乎所有的人都相信何塞是最大的嫌疑犯，《名利场》杂志和美国广播公司新闻部都各自制作了名噪一时的新闻节目，在"头号嫌疑人"（The Prime Suspect）的节目中，主持人正式宣布何塞就是伊坦失踪案的最大嫌疑人。在这样的舆论氛围下，斯图尔特也更加有信心和决心让何塞为伊坦的失踪付出代价。

身在监狱的何塞对死盯着自己不放的斯图尔特恨之入骨，他开始有意无意地跟自己身边的其他犯人打听关于检控官的信息，如他家住址、家中人口之类的这些应该被保护的私人问题。

得知这个情况后，斯图尔特做了两件事。第一件事，他换了一辆车，可以远远遥控发动汽车，这样万一汽车安装了炸弹也不用担心。第二件事，他找到一个名叫摩根的罪犯，安排了一个"卧底钓鱼行动"。

1991 年的时候，何塞正在坐牢，而且是那种一天 23 个小时都在禁闭的深牢，牢房只有一个小洗手间那么大。斯图尔特对卧底犯人摩根说："你帮我办了这件事（在何塞身边卧底传递信息），虽然我不能立刻把你捞出去，但我肯定会在法官判刑的时候替你求情。"

摩根犯的是轻罪，他以前是做国际化学废料处理的，结果因为倒卖废料从中牟利被抓了。因为这个背景，他被介绍给了斯图尔特来执行这个计划，在出发前，他还接受了一次测谎试验。

经过安排，摩根与何塞相识了。不光相识，摩根还取得了何塞的信任，有人告诉何塞说，摩根手上有斯图尔特的地址。两人在图书馆外"偶然"遇见时发生的对话，完全是电视里间谍接头场景再现。

"你说好了要给我的地址呢？我还等着呢。"

"你想要斯图尔特的地址来干啥啊？"

"我外面有人，是个硬手，正好欠我一个人情。"

不久何塞的狱友搬走了，他提出让摩根搬进来，两人每天晚上关了灯之后就开始卧谈，而且是无所不谈。从此摩根的小报告就源源不断地传送到了检控官的手里。

他传递出来的许多消息经过证实都是真实可信的，包括何塞提到自己当初花了 2500 美元在某处买了一辆老校车，也确有其事。

其中一次摩根说何塞提到了一个名叫森迪的女人，而何塞对她也有极深的怨念，经常会用很恶毒的语气提到她。这个森迪就是当年伊坦的保姆，而摩根除了从何塞这里知道她的名字之外，不可能有任何其他的途径听说。所以这也从侧面证实了这些信息的可信度（就是说，不可能是摩根自己瞎编的）。

所以当摩根这里传出来何塞提到与伊坦有关的信息，自然就得到了检控官的极大关注。

摩根说，何塞对伊坦每天乘坐的校车路线了如指掌，他知道那趟校车的每个停车点，也知道伊坦是在第三个停车点下车。

一个惯于猥亵儿童的男人，对这个孩子的一切知道得这么清楚，感觉非常可疑吧？似乎真相就要呼之欲出了。然而，这个令人振奋的信息却并没有进一步地展开。

摩根逐渐发现，何塞每天的这些神神道道，貌似信息量很大，可其实并没有实在的干货，甚至有一些内容是互相矛盾的。这样的话，他的小报告就缺乏真正的价值，无法作为证词上庭。更要命的是，始终没有找到伊坦的尸体，可能某天伊坦会忽然出现，所以现在无法以谋杀罪起诉何塞。

摩根绝望地感到自己的卧底行动看来距离成功遥遥无期。他开始心生悔意……

不过斯图尔特早就料到了摩根的心情。要说这个检控官真的是个狠角色，他已早早布下了第二局的棋子。

在除了摩根之外，斯图尔特还有一个棋子：一个叫杰瑞米的犯人。

这个杰瑞米与何塞曾经是狱友，与摩根不同的地方在于，他主动接触狱方，要求联系当案的检控官汇报情况。

杰瑞米汇报的情况是，他有一天在何塞做礼拜的时候，听到何塞自言自语地说："Eaten，Eaten，我从来没想过要伤害你。"只有斯图尔特和其他非常少数的人知道，"Eaten"是何塞一直以来习惯称呼的伊坦的名字。

杰瑞米外表上看起来比摩根更油滑一些，人也更加精明，在与检方达成协议之后，他开始有步骤有计划地接近何塞，有目的地套话。

在杰瑞米循序渐进的诱导之下，何塞开始吐露心声，他绘声绘色地讲述了许多自己曾经有过的猥亵行为，他提到的受害者里，甚至包括了一个患有唐氏综合征的男孩子……还有伊坦。

杰瑞米听了之后，如获至宝，立刻转述给检控官，何塞不仅坦白了自己试图猥亵伊坦，还承认事实上已经侵犯了孩子，他甚至详细讲述了自己那天如何从王子大道上拦截下伊坦并带走了他。

当时杰瑞米追问了一句："那他怎么会愿意跟你走呢？"何塞回答说："哦，我就是走过去跟他说，记得我吗？我是森迪的朋友……"

但是像摩根一样，杰瑞米无法从何塞嘴里获得完整的坦白，在他还想更进一步试探的时候，他的企图被何塞发现了。

何塞尖叫着喊狱警来把杰瑞米拖出去："让他滚，他是个奸细！"

杰瑞米反唇相讥："如果我是奸细，你最好小心点，因为我已经有了足够证据。"

两人扭打在一起，还好有人及时拉响了警报，大批狱警赶来，费了老大的劲儿才把他们俩拉开。

最后何塞狠狠地盯着杰瑞米说："斯图尔特知道是我干的，但是他也知道他拿我没办法……"

　　虽然还是没有拿到确凿的证据，但斯图尔特并没有被一次又一次的挫败打倒。

　　在联邦管辖权即将失效的时候，他将两个线人的证词，还有其他方式收集到的各种间接证据，都交给了纽约的地区检控官。同时，他们将自己的调查进展简单地对斯坦和朱莉夫妇做了介绍。这对夫妇在听了之后也对何塞就是凶手深信不疑，可是纽约的地区检控官罗伯特却对起诉何塞颇为犹豫。

　　因为在没有直接证据的情况下起诉，很可能到最后就是被法官打回来，将来即使有了证据，也很难再次追诉。

　　但是这时何塞的刑期又快到了。

　　2001 年，斯坦等不及地区检控官采取行动，直接对何塞提起了民事诉讼。但是为了让这个民事诉讼成立，他们必须做一个痛苦的决定，那就是，从法律的角度正式宣布伊坦已经死亡。

　　这个决定对朱莉来说，是剜心的疼痛。过去的这些年，她一直不能也不愿意放弃最后的希望：也许有一天伊坦能活着回来。

　　平时斯坦主要负责处理工作和生意，与媒体和社会打交道的主要是朱莉。现在如果要宣布伊坦已经死亡，不光会让社会的聚光灯再次集中到她身上，把她的伤疤再掀开一次，更重要的是，这个举动彻底熄灭了她那微弱却长久的希望。

　　朱莉对斯坦说，如果你要提起民事诉讼，你需要这个法律步骤……那么做你必须做的，可是我不想介入了。最后斯坦一个人在起诉书上签了字。

　　3 年后，2004 年，民事庭的法官宣判何塞需要对伊坦的死负责，象征性地判罚斯坦一家获得 200 万美元的赔偿，但是斯坦和朱莉从未去追讨这笔钱。一方面何塞肯定付不起，另一方面这个民事诉讼更多的是给他们一个象征意义上的心理安慰。

之后每一年伊坦的生日，还有他失踪的纪念日，斯坦都会给何塞发一张明信片，明信片的一面印着寻找伊坦的海报，另一面写着："你对我的孩子都干了些什么？"

可是事实上这事还远远没完。

2009 年，斯图尔特收到了监狱发来的通知，何塞被减刑 16 个月，将在 2012 年提前出狱。

这个时机非常微妙，因为罗伯特即将退休，他一直对起诉何塞非常犹豫。现在他要退休了，起诉何塞的任务就交给了即将竞争上岗的新的地区检控官。谁能表态，谁能做到，谁就容易获得选民的支持。

后来助理检控官塞勒斯赢得了竞选，他在 2010 年 5 月 25 日宣布重查伊坦失踪案。这时候另一个嫌疑人进入了大家的视线。

虽然长期以来，群众都默认了何塞肯定是主要嫌疑犯，但是坊间有传言说，另一个男人奥斯尼尔曾经在伊坦失踪前接触过他。

奥斯尼尔在 30 年前是个木匠，跟伊坦家也很熟，而且他还曾经雇用过何塞做杂事。

警方表示，有线人提供线索说在伊坦失踪的前一天晚上，看见奥斯尼尔跟伊坦在一起。还记得伊坦失踪前去上学的时候，身上还带了 1 美元吗？这个钱就是他帮奥斯尼尔打扫地下室挣的"工资"。

当时伊坦失踪后，奥斯尼尔的表现非常诡异，他很快重新装修了自家的地下室，仿佛在掩饰什么。他的前妻在离婚后还曾经报警，说他强奸了自己年幼的侄女。这说明他对幼童有着独特的兴趣。

这种种信息加起来，警方怀疑伊坦的尸体会不会就被掩埋在奥斯尼尔地下室的某个地方呢？

这个时候距离伊坦失踪已经过去了 30 年，DNA 等鉴证技术得到了突飞猛进的发展。2012 年 4 月 19 日，美国联邦调查局（Federal Bureau of Investigation，FBI）和纽约警方带着最先进的鉴证技术来到了当年奥

斯尼尔的家，掘地三尺翻找证据。

30 年过去了，斯坦和朱莉夫妇从未搬离过当初伊坦住过的家，所以在警方搜索奥斯尼尔的地下室时，他们也站在自家的窗台远远观望。

但是在紧锣密鼓地搜索了 4 天后，联合鉴证组宣布：这次搜索没有结论。

没有结论的意思其实就是没有发现任何有意义的线索。

2012 年 11 月 7 日，何塞被宣布刑满释放。出狱前他写信给媒体，表示大家等着吧，只要他一出来，就会对媒体发声爆料。

可是当他走出待了多年的宾州监狱时，还没迈出去两步就被等候多时的警察又给逮捕了。理由是，他在出狱后应该将自己登记在性侵犯名单上，为了登记这个，他需要提供一个地址。他提供了一个堂妹的地址，可是警察一查，就发现他堂妹根本不住在这里，然后追踪到他堂妹之后又发现，人家根本不知道他要出狱之后跟自己住……所以他前脚出狱，后脚立马又进去了。

警方这边扣住了何塞，另一边奥斯尼尔那边却没什么进展。到底谁才是真正的凶犯呢？

几年后，在伊坦失踪 33 年后，警方第一次正式宣布，伊坦失踪案出现了重大嫌疑人，且已经在押。

这个人名叫佩德罗。

案子发展到这个时候，从当时的毫无头绪，到现在疑犯在押，而且还不是一般群众心目中预期的那个，感觉是不是有点峰回路转？

更让人无语的是，这个重大嫌疑人并不是警方翻出来的，而是被举报的。他被举报也不是因为别人发现了他的罪行，而是因为他当众忏悔，大家都知道了，才有人忍不下去直接举报了……

在 2012 年的早些时候，有个来自新泽西州的叫何塞的男人走进了纽约警局的大门，他举报自己妻子的兄弟佩德罗就是当初伊坦失踪的罪魁祸首。

这个何塞并不是前面提到过的那个嫌疑人何塞，"何塞"是西裔一个很常见的名字。

在收到举报后，警察赶到新泽西，把佩德罗从家中带走，这一天距离伊坦失踪33周年纪念日只差两天。到了警局，佩德罗就主动交代了一切。

佩德罗1961年出生于波多黎各，来自一个很大的家庭，有12个兄弟姐妹。20世纪70年代初，他跟随父母移民来到美国，1979年的时候他才18岁，没去上学，平时就打些零工。伊坦失踪时，他在路边一间小店兼职收银员。

1979年5月25日的那天早上，佩德罗正在小店里值班，看见独自一人走去校车站的伊坦，于是走出去拦住他，问他想不想喝杯饮料。伊坦的身上正好带了1美元，妈妈允许他拿来买饮料，他就跟着佩德罗去了店里的地下室。

接下来发生的事情谁也无法证明。据佩德罗说，他当时突然勒住了伊坦的脖子，伊坦受惊之下开始各种挣扎，而他紧紧勒住不敢放手，直到伊坦失去了知觉。然后他将伊坦放到了一个黑色的大塑料垃圾袋里，再装进一个大纸箱子，又把伊坦的书包藏在了地下室冰箱的后面。接着他扛着这个大纸箱子走了大概一个半街区，把这个纸箱子随手丢在了一个垃圾箱里。

佩德罗承认说，在他丢弃那个大纸箱子时，伊坦应该还活着。

我真的无法想象当朱莉听到这个消息时，心会破碎成什么样子。

可是，这个案子最可怕的地方还不在于此。佩德罗的罪行十几年来一直是公开的"秘密"！

位于新泽西州凯姆敦市的圣安东尼教堂是一个罗马天主教教堂，20世纪80年代早期的时候，一群信徒在这个教堂聚集，开始了不定期的

"忏悔互助组"活动。其目的是帮助信徒们感受圣光，并且通过忏悔自己的罪行来减轻心理负担。

在伊坦失踪后不久，佩德罗就搬离了纽约来到新泽西，他的妻子和何塞都是这个教堂的活跃分子，所以当佩德罗搬过来后没多久，他们就带着他一起加入了这个"忏悔互助组"。

一天，在短暂的开场白后，佩德罗"双膝跪下，眼含热泪"地向在座所有人坦白了自己绑架和杀害伊坦的罪行。当时听到他忏悔的，大概有 50 多人。

他甚至对自己当时的未婚妻也坦白过，在未婚妻父母家的客厅里，他坐在她的身边告诉了她一切。然后呢？然后他们结婚了！

后来他们离婚了，佩德罗又娶了新妻子。那么新妻子知道这事吗？当然知道！那她什么反应呢？没有反应！

这是在 20 世纪 80 年代，早于流浪汉何塞被当作主要嫌疑人，更早于奥斯尼尔被审查和他的家被翻个底儿朝天。这个公开的"秘密"被一群号称有信仰的人安稳地守护了 30 年。

当年"忏悔互助组"的领导人表示，是的，听到了，知道这个事情。但是不觉得有必要报告警察，因为又不是专门对他一个人讲的。

在案子过去了三十几年后，何塞终于把所有的碎片拼到了一起，看不下去，到警局报了案。可是在报案之后，他恢复了沉默，因为"我妻子受不了，我不能再多说什么了"。显然他是被妻子骂了。

佩德罗的邻居们在接受采访的时候表示，他是一个很安静的人，生活很正常。谁都看不出来他以前干过这种事。

警方在调查过程中也发现，其实佩德罗很早就跟家人提过，自己曾经做过很坏的事情，但是他的忏悔只是被当作家族八卦听过就算了。直到前阵子警方大张旗鼓地挖了奥斯尼尔家的地下室，家里人才开始又提到这个事。然后"有人"忍不住就通知了警方。

而佩德罗本人也坐立不安来着。奥斯尼尔家的地下室被刨个底儿朝天的时候，他专门打电话给还留在纽约的本来已经疏远了的姐姐，询问警方的调查进度。

警方终于上门的时候，一开始并没有要逮捕他，可是他非常主动自愿地跟着警察上了车，到警局之后，他一屁股坐下就竹筒倒豆子般都说了出来。

最开始的时候，当班警察只是正常询问，一边问，一边做笔录。可是当佩德罗打开话匣子，提到与罪行有关的信息时，当班警察赶紧喊停，临时宣读"米兰达权利"，然后打开录像机，开始让他一边说一边录。

11个小时后，他被从新泽西带到了纽约地区检控官办公室，在律师的陪伴下又给了一份正式的认罪记录，这份认罪记录的录像大概有3个半小时那么长。

新闻出来后舆论大哗，瞬间伊坦家的楼下又围满了记者。伊坦的爸爸妈妈闭门不出，拒绝接受记者采访。

然后，佩德罗就被正式逮捕了。

这个案子很微妙，因为没有尸体，没有物理证据，检方所有的，只有犯罪嫌疑人自己长达3个半小时的认罪录像和签名的认罪书，还有其他曾经听过他忏悔的人的证词。

有关这件事情，第一个争论是佩德罗的精神病史。他的律师哈维表示，佩德罗患有长期精神分裂症，还经常会有视觉和听觉上的幻觉错乱。而且，他的智商只有70！所以这样的人，你们怎么能相信他的认罪是真实可靠的呢？

事实上佩德罗的确有医疗记录，证明他一直在服用精神方面的药物，但是这个药物会不会对人带来幻觉之类的副作用，律师并没有专业证明。

而就算精神疾病的辩护证明了他在录像认罪的时候有幻觉，也必须证明他在30年前第一次忏悔的时候就有幻觉，还要证明他在犯罪的时候有幻觉，才能证明他是在这个药物的作用下犯罪，或者是在药物的作用下产生幻觉胡乱认罪。

所以法院宣布让佩德罗接受精神评估，要专业评估之后，律师提交的精神病史才能作为证据考虑。

第二个争论集中在那3个半小时的认罪录像上。

辩护律师哈维提出这个认罪记录建立在一个不公平的基础上，佩德罗有精神疾病，而且智商很低，他完全不明白自己在干什么，也不理解自己说的话会有什么后果。在这种情况下录制的认罪记录，显然侵犯了佩德罗的公民权利，所以这份认罪记录不能成立。

此处多说一句，这个辩护律师哈维，他其实是法院指定给佩德罗的法律援助律师。就是当被告自己无法负担请专门律师的费用时，法庭会指定一个法律援助律师，算是一种公众服务性质的行为吧。

这位被指定给佩德罗的律师，真是很尽心尽力。

于是法院决定召开一个听证会，来决定这份认罪记录是否能成为合法证据呈上法庭。

在这个听证会上，需要讨论如下的几个问题：

1. 佩德罗陈述罪行时，是否理解自己在被宣读"米兰达权利"之前随时可以离去（没有被正式逮捕）。

2. 他是否理解自己的"米兰达权利"的内涵，即如果说了对自己不利的话，这些话将作为证据。

3. 当他决定放弃"米兰达权利"（开口说话）的时候，他是否理解这么做的后果。

但这时检方面临一个问题，即佩德罗一开始被警方带走讯问时，并未被正式逮捕。在被问了将近8个小时之后，警方才意识到情况与想象的不一样，临时喊停，提交证据申请逮捕令，从而宣布正式逮捕了佩德罗。而在正式宣布逮捕他之前的那8个小时，警方没有录像。也是在正式逮捕时，才对他宣读了"米兰达权利"。

这些年DNA技术的发展，在帮助警方抓到不少罪犯的同时，也暴露了警方自己的问题。有一些被定罪的罪犯通过 DNA 测试，被证明根本不是真凶。这些罪犯因为智商低，在被问询的时候，很容易被警方的一些有意暗示所误导，造成他们看似真实的"认罪坦承"。

所以哈维律师提出，在打开录像机前的 8 个小时，谁知道警方曾经给过佩德罗多少有意无意的暗示，最终引导出他在录像机前的"坦白"呢？

然而，曼哈顿高级法院的麦克斯维尔法官在听证会后还是宣布了佩德罗的认罪证词有效。他宣布佩德罗的精神状态很正常，足以理解"有权保持沉默"，而且他被讯问的时候有律师在场，所以精神病史和低智商不是理由。同时他安然无事地生活了这么多年，说明他的精神病史和低智商都对他没什么影响。

在这里真想为法官叫好。

哈维律师又提出，一开始佩德罗没有被告知自己应有的权利，而是在后来撑不住了开始供述的时候，才有人正式给他宣读"米兰达权利"。

法官表示，在长时间的交谈中，佩德罗始终没有被戴上手铐，而且警方曾经三次提示他，他如果想离开随时可以走，所以他不是在被强迫的情况下给出的证词。

在听到这个结果时，佩德罗没有做出什么反应。但是他的辩护律师依然坚持自己原来的立场，"任何看了那些认罪的录像带的人，都应该会同意这一点，当警方结束讯问的时候，佩德罗已经对自己曾经犯下如此罪行深信不疑。但是这并不意味着他真的干了！"

检控官反唇相讥说，明明佩德罗的陈述中包含了许多以前警方和外界都不知道的细节，怎么能说都是警方暗示的呢？再说了，在警方讯问之前，他早就已经跟自己身边的人都和盘托出！

2015 年 1 月，对佩德罗的审判正式开庭。双方各自提请证人，检方请来了一位心理学专家——维尔纳博士。

在维尔纳博士出庭作证前，检方已经召唤了佩德罗曾经面对面忏悔坦白过自己罪行的"忏悔互助组"部分成员，让他们对着法庭和陪审团讲述当年佩德罗都说过什么。

维尔纳博士总结说，佩德罗之所以选择在互助组坦白这个事情，其实是因为他内心存有内疚感和负罪感。通过对互助组的忏悔，他获得了解脱和宽恕，所以他觉得自己没必要去找警察自首。

他在上庭前，跟佩德罗一起单独待了4天做心理评估，集中相处的时间超过18个小时，他们的相处也被录像后拿到法庭上播放。在其中的一段录像中，佩德罗再次提到自己试图勒伊坦的脖子，在他扛着伊坦走出一个半街区丢弃时，伊坦当时还能动。

维尔纳博士说，这些细节不是靠想象或者引导能产生的。

为了帮助佩德罗挽回形象，他的妻子和女儿也来到法庭，作为辩方证人出庭。女儿讲述了一些佩德罗的生活细节，比如，每个星期天，他们全家都会去教堂做礼拜，他们永远会坐在同样的位置上，三个人的顺序也不能混乱。每个夏天，当佩德罗和妻子的结婚纪念日到来时，他们全家会去度假3天，每次都要住同一家旅店，在一个餐馆吃早餐，然后去另外一家餐馆吃午餐，他们必须坐在固定的位置上，每一年的这三天，永远不会改变。

辩方想证明，佩德罗其实是一个被禁锢在自己精神世界里的人。

佩德罗的妻子同时作证说，佩德罗一直有幻觉，他会看见别人看不见的东西。他会在噩梦中尖叫着醒来，说自己梦见了一个"高大威猛的光头男人"。

女儿则表示，自己的父亲是个好人，自己小的时候，他从来不会允许她一个人出门，也不会同意把她一个人留在家里。除非有朋友的书面邀请，而且必须提前两周交给她父亲，她才能出去跟朋友玩。如果要去逛街，必须有母亲陪同，而且不能超过两个小时。直到14岁，她父亲都要牵着她的手过马路，把她保护得特别特别好。

可是检控官毫不客气地反驳，这其实根本不是爱，而是一种变态的控制，佩德罗就算身在监狱里，还在试着控制和限制女儿的行为。而且他对女儿如此过度保护，不正说明他十分清楚绑架儿童的罪犯有多么猖狂、多么丧心病狂吗？

佩德罗的女儿在交叉询问的时候认同了检控官使用"侵犯（abusive）"这个词来形容父亲对她的控制。这代表她承认佩德罗对她的控制并非出于爱，而是近乎一种骚扰的表现。

法官和陪审团在听取了双方证人的证词并观看了录像之后，陪审团开始闭门讨论。

这场讨论持续了 18 天，到最后，讨论集中到一个非常关键的证据，就是在佩德罗的认罪记录中，他提到了一个十分详尽的细节：他详细地描述了在扛着装有伊坦的那个大纸箱子走到汤普森街上抛弃时，当时周围的环境和各种细节。

12 个陪审员中，有 11 个人认为，这些细节描述看起来非常真实可信，支持了他的认罪陈述，不然他为什么会记得那么清楚呢？这说明他的陈述是真的。

但剩下的一个陪审员却坚持认为，随便你怎么说，这个细节描述不说明任何问题。

在这位陪审员的坚持下，这场审判以流审告终。新闻报道这样写道：

这场在 2015 年 1 月就开始的庭审，在审视了证词、医疗档案、前联邦检控官和伊坦童年好友的证词后，大家都在努力试图把这场个人的悲剧，转化成提高美国父母对儿童安全关注的动力。而这个案子最终因为希尔罗斯先生坚信他自己的原则，陪审团不能达成一致意见，法官只能宣布流审。其他的陪审团成员都认为，希尔罗斯先生一早就预设了个人立场，所以大家发现，这个案子有三个版本：检控官的版本、被告的版本，还有希尔罗斯的版本。

我觉得这篇新闻报道写得很客气了。

这位希尔罗斯先生，借着这个案子可是好好地出了一次风头。他本人是一名全球医疗管理的顾问，在流审后，他接受了采访，在《纽约时报》上发表文章，解释自己为什么要坚持佩德罗无罪。

我看了他的采访，也拜读了他的理由，觉得他说的倒也并非全无道理。但是，他说的那些道理并不能真正推翻检方提出的证据，也不能推翻佩德罗自己的证词。

他所有的理由无非就是，佩德罗智商不够、没有被宣读"米兰达权利"这些。不管检方如何提出证据不存在这些问题，他始终视而不见。这的确让我觉得其他陪审员的说法是对的：他早就有了预设立场，不管其他人说什么他都会反对。

对他来说，也许真相如何并不重要，结果如何也不重要，重要的是他"最正确"，重要的是他与众不同。

案件流审后，检控官很快重整旗鼓再次起诉。

第二次庭审在 2016 年 10 月开始。控辩双方、新闻媒体，还有斯坦和朱莉夫妇，都对这场审判既期待又感到紧张。

辩护律师哈维再次代表被告对法庭表示，佩德罗想对斯坦和朱莉夫妇表示最深切的同情，但是他坚持自己是无辜的。

同时，辩护律师哈维也提出，之前纽约警方不是一直把何塞当作主要嫌疑人吗？当初不是信誓旦旦地要把他绳之以法吗？不是 2004 年的时候，民事庭都判了他对伊坦失踪案负责吗？怎么现在都忘记了？

检方拿出佩德罗的录像应对，录像上他对着镜头说，自己是鬼迷心窍了才会犯下这样的罪行，"我被鬼迷住了，自己也不知道怎么回事，我真的很抱歉"。

虽然距离上次庭审过去了一年，但双方其实并没有什么新证据或理由。主要区别就是陪审团，关键在于陪审团如何看待那些证据，如何评估这个事情。

经采访说，这次的陪审团成员中绝大部分在开庭前都压根儿没有听说过这个案子，只有一个说自己曾经读过一份报纸，隐约有点印象。

但是总之，这次的陪审团经过9天（上次的一半时间）讨论，达成了一致：认定佩德罗罪名成立。

在看过了所有的证据、听取了证词之后，陪审团表示，佩德罗的确是智商不高，也的确存在精神疾病的问题，但是他在事发后不久就开始对身边的人讲述这个事情，而且不是对一个人，是多次对多人讲述，细节详尽。再加上他自己的认罪记录，说明这些证词是可信的，而他本人的精神状态也完全可以理解什么是虚幻的想象，什么是发生的事实。

"我们认为教堂里的忏悔是真实的，他的忏悔经过多人证实，而他本人也从来没有否认过自己曾对教堂里的不少人做过相关忏悔。"

"他是在事发后不久开始忏悔的，忏悔的目的是他希望能从中获得宽恕和内心的平静。"

"我们认为他的确是有病，但是这个病症并不会造成他分不清现实和幻觉。"

在等待了将近40年后，斯坦和朱莉夫妇终于等到了期待已久的结果。

在陪审团宣布结论之后，斯坦对被告席上的佩德罗说出了这么一番话："在经过这么多年后，我们终于知道了深藏在你内心的阴暗秘密。我永远都不会宽恕你。你就是你自己所有噩梦中的恶魔。"

2017年4月18日，佩德罗终于获刑，他将在监狱里蹲上25年之后，才能申请假释。

斯坦和朱莉夫妇也向法庭提出申请，放弃对何塞的追责。

其实在2014年的时候，FBI还曾经派人飞到欧洲去调查一起传言。有人给FBI递消息说，伊坦其实没有死，他以另外一个身份生活在另一

个大陆上。FBI 联系上这个人，仔细了解后下结论说，不是他。

我想，对于伊坦的爸爸妈妈来说，过去的近 40 年里经历了这么多次燃起希望又被扑灭，那种痛苦是无法言说的。

伊坦的尸体一直不曾被找到，斯坦一家几十年都没有搬过家，一直住在伊坦曾经住过的那间公寓里。他们的内心也是默默期望有一天能等回失去的儿子吧。

如果问我是否相信佩德罗有罪，应该说我是相信的。我也相信他的确低智商，有精神疾病，相信他在接下来的人生中，的确被自己的负疚折磨着。当然，作为旁观者的我，也没有立场给别人定罪。但是即使作为旁观者，我也无法原谅他做的事情。

有的伤害，永远不能获得宽恕，有的罪恶，永远不配被原谅。就是这么简单。

经常有人说，时间是治愈伤口的良药。可是事实上，很多时候时间和伤口一起吞噬了受伤的人。时间过去，伤口永远没有愈合，你能做的就是带着伤口活下去。

现实生活中，有很多失去了孩子的夫妇，因为无法承担痛苦和打击，最后选择了分手。可是斯坦和朱莉始终坚定地在一起，他们带着永远无法愈合的伤口站在时间的风口，用自己的经历和声音，帮助社会更好地保护我们的孩子。

斯坦和朱莉在努力寻找儿子之外，还发起了寻找失踪孩子的运动，希望通过伊坦的个例，唤起全国父母对儿童安全的重视。

为了纪念伊坦，在 1983 年，当时的总统里根提出将伊坦失踪的那天——5 月 25 日，作为"国家失踪儿童日"。这个纪念日在 2001 年被正式确认。

伊坦是第一个通过"牛奶包装盒上的照片"（photo on a milk carton）这种寻人方式被正式公开寻找的孩子。在那个信息传播速度还相对很慢的年代，美国人民开发出了一种自己的信息传播方式——把失踪孩子的照片印到牛奶包装盒上，发送到全国各地。通过牛奶这种每天都会用到的消耗品，迅速大量又低成本地传播信息。

1984 年的 8 月，位于爱荷华州的安德森奶制品厂把当地失踪的乔尼和尤金的照片印到了牛奶包装盒上。

1984 年 12 月，美国决定大力推广这种信息传播方式，希望以此帮助找到每年失踪的 180 万个孩子。

1985 年 1 月，这个传播方法被推广到了芝加哥和加州。到 1985 年 3 月，全美 1600 家独立奶制品厂中，有 700 家加入了这个传播行列，开始在自己出产的牛奶包装盒上打印失踪孩子的照片。

虽然大部分照片被打印在牛奶包装盒上的孩子最后依然不知所终，但是其中一个名叫邦尼的小姑娘却有着温暖的结局。她在 3 岁的时候，被母亲和继父偷偷地从父亲身边带走。直到 4 年后，她的邻居从牛奶包装盒上认出了她的脸，报警后她终于和父亲团聚。

也许从现在的眼光看来，这种信息传播的手段既落后又过时。可是在那个时候，牛奶包装盒是原本可以给商家带来极大利润的黄金广告位。可是在大家的努力之下，商家愿意为找到孩子们做出利益的让步，付出自己的努力，这也算是冰冷世界中的一道暖色吧。

到 1996 年，美国现在运行的安珀失踪孩子报警系统推出后，带着那些少年笑容的牛奶包装盒逐渐淡出了人们的视线。

虽然伊坦的下落未知，但他的失踪几乎可以说是第一起受到全国媒体关注的儿童失踪案。在那之后，更多的家长对儿童安全更为重视，学校也开始有意识地培养孩子们的安全意识。

保护孩子们，让他们避免受到未知世界的危险威胁，是每个成年人的责任。

正当防卫还是谋杀

被长期家暴后的女性奋起反杀，一些人可能会觉得"大快人心"。但事实上反杀并不是结局，之后还会有犯罪认定等问题。

这个案子的大概情节，是一个被家暴的女人终于奋起反抗，杀死了家暴自己的男友。有无数的证人和证据能证明家暴的存在，但是她却被判罪名成立。

为什么会这样呢？

带着这样的疑问，在真正动笔之前，我做了大量的阅读，包括相关的新闻报道，还有法庭的案卷等，可是到最后，我的疑问也并没有得到完全解答。甚至写到最后，我的心里依然存有许多困惑。所以写出来让大家都看看，也许每个人会有自己不同的认知和判断。

案子发生在 2017 年的纽约州。

2017 年 9 月 28 日凌晨 2 时，一名警察在巡逻时发现一辆车有点奇怪。这辆车停在交通灯前不动，即使灯变绿了，也没有发动离开。于是他驱车过去，在那辆车的后面按了按喇叭，提醒灯变了该走了。

没想到的是，开车的司机既不是睡着了，也没有喝醉，看到后面的警车后，反而摇摇晃晃地开门下了车（要知道这可是遇警大忌，被警察跟上之后，本应该做的是双手扶住方向盘，绝对不要乱动，等着警察来敲车窗）。

走下车的是个年轻的黑发女子，她哆哆嗦嗦地告诉警察，在自己家的沙发上有一具尸体，说完就哭了起来。

警察听完后一头雾水却不由得严肃起来。他看到车里还有两个惊恐不安的小孩，而这个浑身颤抖、哭泣的女人光着脚，头发散乱，好像是临时跑出家门的样子。在好不容易让她稍微平静下来一些后，警察才勉强明白是怎么回事。

原来女子在家里与男友发生了争吵，争吵的过程中，男友掏出了一把手枪。两个人扭打在一起的时候，枪掉到了地上，她抢先一步捡了起来。但是没看清楚局势的男友还继续威胁她，她被气得昏了头，稀里糊涂地扣下了扳机。现在男友的尸体还在沙发上。

这个哭到失控的女人名叫妮基，她断断续续地又讲述了一些细节。这天晚上案发前她与男友发生了关系，但是与过往不同，这一次男友一点也不暴力，相反十分温柔，这反而让她感到更加惊恐，潜意识里她觉得男友肯定要杀了她。

所以她才会在捡到枪后就扣动了扳机。

警察追问了一句，你是自愿发生关系的吗？妮基回答说不是，犹豫了一下她又补充道："但是我也没有反抗。"

她一边哭一边反复念叨着"天啊天啊"，间隔着自言自语几句，又抓住警察追问："这算自我防卫，对吗？"问完仿佛也不期望得到警察的回答，又低头抱着自己哭了起来。

在短短的对话结束后，妮基紧张地追问接下来该怎么办。警察当时安慰她说："放心吧，没有人会带走你的孩子，就现在的情况来看，你会没事的。"

安抚好妮基后，警察犹豫了一下要不要呼叫救护车去她家里查看。

根据她的形容，可能压根儿没有抢救的必要了。他看了看在一边啜泣的妮基，走到一边，通过对讲机与同事简短地交流了几句。

"她说整个过程发生得很快，开枪也是在打斗过程中一瞬间的事。不过，她讲得越多，我越觉得很可能不是那么回事，我觉得开枪的情节有点蹊跷。"

日常的小情侣吵架，怎么会吵到抄起枪的地步？捡到枪就能扣扳机，那在之前就已经开了保险上了膛？

警局在接到通知后很快派人来到现场，真的在沙发上发现了一个男人的尸体。经过身份验证，的确是妮基的男友克里斯。

警察发现他的时候，他躺在沙发上的样子像睡着了一样，头下压着一个枕头，两腿伸长了很放松地搭在沙发扶手上，还有一只手放在自己的肚子上。但是走近之后就能看出，虽然他神态安详，却已经是个死人了。他的额头上有一个枪孔，不远处的地上有一把半自动手枪。

警方在检查后确认这把手枪的弹夹里还有半匣子弹，枪膛里也有一发自动推上膛的子弹。之后，警方在克里斯枕着的那个枕头下面找到了一个弹壳。

这时他们听见浴室里传来哗哗的水声，警察走进去一看，发现浴缸里接了半缸水，里面泡着一个被砸成两半的笔记本电脑，另一个房间的地上扔着一个摄像机。

被讯问的时候，妮基讲述了事情发生的经过。

在案发的前一天，9 月 26 日的上午 10 时左右，有两个自称来自儿童保护组织的工作人员上门来调查情况。他们说在 6 天前接到了一份匿名报告，称有人报警说孩子妈妈身上每个星期都会有新的伤痕出现，怀疑家里有家暴，要求政府机构介入调查。

当时妮基和克里斯都在家，他们俩一起接待了这两位工作人员。

为了取证，工作人员录下了妮基的回应视频，妮基在摄像头面前明确否认自己有人身危险，也否认自己被家暴。当工作人员问两个孩子的时候，弟弟弱弱地告诉他们，爸爸妈妈平时在家里会对着对方吼叫，他也不懂他们在吵什么。就是有时候激烈起来，爸爸会去抓妈妈的胳膊。

旁边的克里斯有点尴尬，解释说这就是日常小吵小闹而已。

随后两个工作人员分头与妮基和克里斯交谈，克里斯解释自己身家清白，有正经工作，没有任何犯罪记录，没有任何家暴历史或者其他暴力史，也没有精神疾病，一切正常。

另一个工作人员问妮基，家里有武器吗？她回答说没有。这个工作人员趁克里斯不注意的时候，在一张纸上飞快写了一句话递给妮基，"你现在安全吗？"妮基把纸藏在手心里，点了点头。这些对话过程都被录了下来。

两位工作人员要了几个亲戚朋友的联系方式后就告辞了，妮基的妹妹也在联系人名单上。在他们走了之后妮基立刻给妹妹发了个短信："不要提伤痕的事情，告诉他们我是个好妈妈，他是个好爸爸。"

工作人员走了之后克里斯什么也没说，直接去上班了。晚上他下班回家后，妮基注意到他的脸上有一种非常奇怪的平静神情，这种反常的平静让她感到更加害怕。

接下来发生的事情就比较混乱。

她说克里斯先默不作声地砸了一个相机，然后转身回到卧室里拿出一把手枪在手里摆弄。不一会儿，他把妮基喊进去，教她怎么装子弹，怎么开枪，教她怎么操作枪的保险，然后特意指着自己的脑门告诉她："你可以打这个部位。"

接着他阴森森地说了一句："不过你知道，我也可以在你睡着的时候崩了你吧。"说完把枪递给了她。

妮基当时感到非常害怕，闪过给朋友打电话求救的念头，可是纠结了半天，最后还是没打。后来在查看孩子的时候又犹豫了一下，也没有从孩子房间的窗口逃走。

晚上她去浴室里冲了个澡。在冲澡的时候，克里斯也跟了进来，他

掀开浴帘没头没脑地跟她说："我也可以在这里崩了你，不过估计会太响了吵到孩子们。"

冲完澡之后，妮基提心吊胆地走出来，看到克里斯躺在客厅的沙发上，也跟了过去，躺在了他的身上。当她起身的时候，膝盖顶到了克里斯的腹股沟，他手里的枪就掉到了地上。她抢先一步捡了起来，将枪口对准了克里斯。

面对枪口，克里斯却闭上眼睛叹了口气，轻蔑又傲慢地开了口："你开不了枪的，不如把枪还给我，我就可以先开枪打死你然后自杀，不过这样的话孩子们就成孤儿了……"他的话音未落，妮基就扣动了扳机。

讲述完经过后，妮基在当天晚上被正式逮捕，并且被送到附近的一家看守所临时关押。

被逮捕后的第一天，妮基被指派了一个名叫卡拉的律师。在第一天的谈话中，卡拉了解到妮基有着多年的被家暴史，并且身边的许多朋友都了解这个情况。更有利于妮基的是，妮基有一个心理医生，两年前就建议她对家暴经历做记录，如果有一天她离开克里斯需要争取监护权的话，这些记录可以派上用场。

当地的医院还有一个辅助项目，医院的医生和护士在接待受到家暴或者性侵的受害者时，会尊重受害者的意见，保证不报警，但同时保留照片和就诊记录。妮基曾经多次到这家医院求助，留下了许多接诊记录，这些记录也能作为她常年遭受家暴的证明。

另外在妮基怀孕的时候，接生婆对她第三次被殴打的伤痕也做了文字和照片记录。还有多年来妮基发布在社交媒体上的照片，她和孩子们的合影中经常会有脸上或者身上带伤的画面。这些都可以作为证据。

有了这些证据，就可以证明妮基在开枪的时候，的确是感觉受到人身威胁，在极端恐惧之下才扣动的扳机。

可没想到的是，法官却以与客户利益冲突的原因，在开庭前一个星期，突然宣布取消卡拉律师的辩护资格，这时他们已经走访了多方证人且收集了大量证据，之前8个月的工作付诸东流。

妮基的亲友最后东拼西凑，连退休金都提前取了出来，凑够了 6 万美元，又给她请了两名辩护律师。这两名辩护律师中的一位曾经也担任过检控官，有着丰富的庭辩经验。另一位的专长领域就是鉴证证据。他们俩与卡拉律师做了详细周到的交接，也与妮基多次讨论和排练，信心满满地做好了上庭准备。

妮基本人非常符合"完美受害人"的标准：她身材娇小，长得非常漂亮又楚楚可怜；是非精英阶层，还是住在小公寓里的家庭妇女，两个小孩子的妈妈。从任何一个角度来说，她都是可以唤起民众怜悯和同情的对象。

那么，为什么案件发展到最后，结局却是杀人罪名成立呢？

30 岁的克里斯是一名健身教练，在当地的一家健身房执业多年。最早他就是在这家健身房与妮基相识，当时她也是这里的一名教练。

与妮基和她的亲友描述的不同，在克里斯的亲人朋友和接受过他培训的学员眼里，他是个特别健康开朗的大男孩，性格随和，温柔有礼貌，从来没人见过他发脾气，无论遇到什么情况，他总是会送上鼓励，用玩笑开解对方。

而且克里斯特别喜欢孩子，所有人都说当他得知自己要当爸爸的时候，简直开心得不能自已。平时他对孩子也格外温柔耐心。就连妮基也说，克里斯是个非常称职的爸爸。

克里斯平时喜欢玩游戏、看动画片，对拍摄视频也颇为擅长。他甚至还去当地的社区大学注册了一门课，学习怎么拍摄短片。除了有健身执照，他还是跆拳道黑带，说得上是"文武双全"了。

不过克里斯个头并不高，最多 1.7 米，在健身房里受女学员们欢迎，基本上全靠性格魅力。

关键是这么多年下来，健身房从来没有接到过对他不满的投诉，甚至在案发后，关于他在家里关起门来家暴女友的新闻传得沸沸扬扬，还

是有很多同事和学员出来发声，坚持说克里斯不可能做出这种事情，他就不是那种人！

克里斯和妮基在 2008 年的时候开始恋爱，当时他才 21 岁，妮基19 岁。两个人的外形可以说是非常般配。

克里斯的家人也很喜欢妮基，虽然他们一直没有结婚，但共同养育了两个孩子，多年同居下来，也是非常亲密的一家人了。克里斯的父母住得离他们不远，他和家人关系非常亲近，平时周末的时候经常回家吃饭。

早些时候妮基也会和他一起回去，但大家开始注意到，她的脸上和身上总会有些伤痕，家人问起的时候，她每次也给出了过得去的理由：摔了一跤、自己不小心撞的、易疤性体质等，后来她回去得越来越少。

在警方通知克里斯的妈妈出事了的时候，她问的第一句话是："妮基和孩子们还好吗？"但是当警方问到关于克里斯家暴的事情时，双方家庭成员都表示毫无头绪。妮基家这边也只有妹妹听说过一二，其他人对妮基被家暴的经历几乎都一无所知。

2012 年的时候，妮基怀上了他们俩的第一个孩子本。虽然两人一直没结婚，但他们决定为了孩子搬到一起住。不久他们租了一间三居室的地下室公寓，当时妮基在一家幼儿园做老师，她决定辞去工作，回家专心生孩子。

两年后他们又生了女儿菲。四个人的生活开销全部由克里斯一个人的工资承担，经济上有些拮据，妮基不得不做一些手工放到网上卖，攒下一点零花钱。

妮基说在怀上第一个孩子之前，克里斯就已经时不时对她有暴力行为，甚至到怀上了第二个孩子也没停止。

妮基拿出了一张脸书上的照片作为证据，照片是家暴的第二天，她抱着小宝宝本躺在一张毯子下的自拍。妈妈和小宝贝脸靠着脸对着镜头微笑，可以明显地看到她的左边脸庞上有一块红紫色的伤痕。

妮基说，平时克里斯除了会强迫她，还会伴随殴打和虐待。他还经常会把她捆绑起来限制她的行动。有一次把她捆在床脚，离开了好几个小时才回来，在把她放开时，她因为被绑了太久，肢体僵得已经完全站不起来。

克里斯的语言霸凌更是常态，经常把要杀了她挂在嘴边，案发的那天晚上，他就重复提到过好几次会在她睡着了之后杀了她。她是真的太害怕了，害怕他会杀死自己，才失手开枪打死了他。

庭审的时候妮基决定亲自出庭作证，她的辩护律师向法庭呈现了大量照片作为证据，妮基在他的引导下一一介绍这些照片发生的时间、地点和背景。这也是一种常见的有效辩护手段，通过当事人的亲口解说，能给陪审团带来更加直观真实的感受。

巨大的屏幕上全是妮基身上青紫的伤痕，触目惊心。她一张一张做出解释：这一张，是她被甩到灶台上造成的；那一张，是撞到柜子角；这一张是被推倒在地上；那一张是被皮带抽的、被踢的、被扇了耳光、被捆住……

在整个法庭寂静无声的等待里，妮基垂下眼帘，强迫自己说出其中一张全身伤痕照片那天发生的事情：那是在她怀着老二的时候，克里斯下班回来，她正在给老大煎鸡蛋。克里斯闻着很香，要求她也给自己煎一个，她当时已经累得不行了，就冷哼了一声，语带讥讽地回答说："遵命，先生。"

被激怒的克里斯把煎鸡蛋的锅掀到一边，夺走她手里的铁匙，在火上烤了又烤。然后一只手掐住她的手腕，把她压在地上，另一只手用滚烫的铁匙烫遍了她的全身。

妮基的辩护律师还请来了她的朋友、心理医生、孩子的音乐老师、医院的护士等出庭作证，证明他们经常会看到妮基的脸上、身上、手腕

上的伤痕。她后来学会了掩饰，甚至在夏天也会穿上长袖，戴着纱巾和护腕作为掩盖。她的朋友作证说，曾经发现妮基打了很厚的粉底，下面却是依然盖不住的青紫伤痕。

她的接生婆也出庭作证，在2017年注意到妮基的脸上有肿胀和黑眼圈，私处有撕裂伤。另一个护士也提供了记录，2014年妮基来医院做检查时，她的身上布满不同程度的伤痕或者破损。

更令人震惊的证据，是一份视频的截屏。

2014年的时候，妮基告诉心理医生克里斯开始拍摄虐待视频，即使她百般反对，克里斯也一意孤行。他拍了视频之后会上传到特定网站。

之后妮基又告诉自己的好朋友，克里斯开始着迷于各种虐待视频并开始模仿。好朋友后来到上述网站上真的找到了妮基的视频，震惊之下她截了屏，然后劝说妮基离开克里斯，或者至少咨询一下律师，问问自己有哪些选择。

后来妮基的这位好友忍不住在2015年的时候找到一个警察，向他咨询这种情况该怎么办。这名警察在上述网站上找到了那个上传视频的账户并且开始关注，然后他联系上妮基，表示如果她能作证自己非自愿拍摄视频的话，他可以立案并且逮捕克里斯。没想到的是，妮基立刻拒绝了。

这位警察只好给调查画上了句号，他在写给单位的报告中写道："妮基处于极高的家暴危险之中，但她实在太害怕自己的男友，所以拒绝作证。"

可是，当这位警察出庭作证的时候，他却仅仅只能提供证词说，虽然自己关注了那个账号，却从来没有在视频中见到男人出现，全部是妮基一个人的影像。也就是说，他并不能证明那个账号的主人就是克里斯。

案发后警察也的确在克里斯的手机上发现了一些记录，都是搜索各种强奸、色情、性犯罪视频的内容，这些搜索记录在案发当晚被人为删除了。可是，警方无法证明这些是克里斯本人搜索的。

接下来的问题是，除了这些证人和证据，妮基的证词中出现了一个绕不过去，但是又使情况变得更为一言难尽的情节：

她有着非常复杂的情史和过去。

1992年4岁的时候，妮基跟着父母搬家到了本地，跟邻居家一个3岁的小姑娘成了好朋友。小姑娘和她的妈妈、妈妈的男朋友，还有男朋友的爸爸"屠夫叔叔"住在一起。

美国小孩喜欢邀请好朋友在自己家过夜，妮基5岁的那年，第一次在好朋友家过夜。这个晚上她被"屠夫叔叔"强暴了。

第二天妮基回家后，妈妈发现了她内裤上的血迹，立刻带她去看了医生，医生注意到她处女膜破裂，可最后妈妈却说这是练习体操时造成的撕裂，彻底不承认妮基曾经遭受过的噩梦。

这个经历对妮基造成了毁灭性的打击，给她的一生都带来了深刻的影响。

在后面案件开庭后，妮基在法庭上作证的时候说，2008年的时候她认识了克里斯，在两人确认了恋爱关系后，她告诉了克里斯这段经历，并且告诉他自己对男人和性都感到十分恐惧，当时克里斯听了非常心疼，表示一定会好好对她。为了照顾她的情绪，他们俩等了一年多才发生关系，可是后来慢慢地，克里斯想要更多，而她总是拒绝。最后他失去了耐心，暴怒之下开始对她动粗。

妮基觉得一切都源于童年的那场经历，使她无法满足克里斯的欲望，最后引发了家暴。

两人刚恋爱的时候，妮基还一直跟妈妈住在一起。她告诉过妈妈关于克里斯会不顾她的拒绝强行要求发生关系的事，可是妈妈总是会讥笑她，说她是一个假正经的女人。

妮基的妈妈后来解释说，自己在少女时期，也曾经在约会的时候被强暴殴打，所以潜意识里觉得只要男女交往就肯定会有这样的风险，就没把妮基的抱怨当回事。这位当妈的非但没有教会女儿保护自己，相反

却告诫她：最好要尽力去迎合男友，就算你不喜欢，也要忍着！这是女人的本分。

有观点认为，在小时候遭受过性侵的人，长大后再次遇到性侵或者遭受家暴的可能性比从未遇到过这种事情的人要高。而这样的家庭环境对妮基的性格养成所造成的影响也可想而知。

妮基的妈妈是个物业管理公司的经理，母女俩就住在她管理的一间公寓里。2010年的时候，妮基通过妈妈认识了一个名叫凯撒的管理工。一天下午凯撒尾随她回到公寓，就在她们的卧室里强暴了她。

可是妮基在事后并没有报警。她的解释是，可能应该怪自己反抗得不够激烈才会发生这种事。

后来她把这件事情告诉了克里斯，克里斯的反应却是："所以你是因为喜欢（被强暴）才不愿意跟我发生关系？你就喜欢这种？"那之后他就开始变本加厉地虐待她。

与此同时，这个凯撒因为是公寓的管理工，有每个公寓的钥匙，所以他时不时地就利用工作之便跑来侵犯妮基，前后长达一年半。

可是问题在于，也许是出于自我保护的原因，妮基对这一年半经历的记忆十分模糊。当心理医生和警方问她，虐待你的到底是凯撒还是克里斯的时候，她给出的说法又自相矛盾，可信度大打折扣。

后面发生的事就更令人费解。

2011年的时候，妮基一边与克里斯约会，一边在健身房兼职。这个时候有个小学员的爸爸注意到她的身上总是有伤。这个爸爸是个警察，他找到妮基直接询问为什么总是会受伤。在反复沟通之后，妮基终于承认了自己受到性侵，但是拒绝披露性侵者的身份。

当时这个警察爸爸（化名D.T.）决定保护妮基，邀请她来自己家做住家保姆，照顾孩子。于是妮基从公寓里搬了出去，从而暂时脱离了被凯撒侵犯的环境。

那之后妮基与 D.T. 和他的妻子女儿住在一起，同时还在与克里斯约会。D.T. 和妻子称呼妮基是自己的"大女儿"，妮基也表示，她把 D.T. 当作父亲看待。但是之后有一天晚上，D.T. 找上了她。

妮基后来告诉朋友，她被 D.T. 强迫发生了关系，至少是不太情愿的。但是当在法庭上被问道："他是强迫你的吗？"妮基回答说："不是。"接着检控官又问她："那你有回应配合他吗？"妮基犹豫着回答说："我没有阻止他。"

妮基请来的一个专家对这个情况作出了解释：她才 22 岁，D.T. 已经 45 岁了，而且他还是个警察。他明知道妮基遭受了侵犯，是个受害者，却打着保护她的名义把她接到自己家里，给她提供住处和食物，然后借机对她进行侵犯，这种乘人之危真的不能怪妮基。

虽然发生了那样的事情，2012 年的时候，妮基还依然住在 D.T. 的家里，同时还在与克里斯约会。但是朋友们开始注意到她的状态越来越差，除了身上不断会出现新的伤痕，她还会有突如其来的惊恐发作。朋友们出于担心逼着她去了急诊室，医生诊断她严重脱水、营养不良，而且发现她怀孕了！

这个孩子是克里斯的，还是 D.T. 的呢？

妮基选择了告诉克里斯怀孕的事情，他听了之后非常高兴，立刻跑去租了个房子，重新刷了漆，买了个婴儿床，兴高采烈地和妮基搬到了一起。

妮基说，那是他最开心最温柔的一段时间。

那次在被克里斯用铁匙烫遍了全身后，心理医生和朋友们都劝妮基报警，至少在警局留个底。但是妮基说克里斯早就威胁过，就算她说出去，也没有人会相信她，而且她很可能会因此失去孩子们，所以坚决不肯报警。

我觉得，如果真的打离婚官司，她还真不见得会失去孩子，虽然克

里斯有工作，但是对这么小的孩子，一般法官都会判夫妻分享监护权，孩子跟着妈妈，让爸爸付抚养费。

2016 年的时候，朋友终于说服她同意离开克里斯。她打好了包，把两个孩子放进车里，结果她开着车在朋友家门口转了好几个小时，最后还是哭着回了和克里斯一起居住的家。

专家分析说，这是因为她对克里斯的恐惧远远多过对法律和系统的信心。

在克里斯被打死之前的几个月里，妮基的受伤记录不断增加。接生婆的记录本上写着，"5 月，手腕上有绳索勒痕"，"8 月，身上有青痕和流血现象"……

9 月，儿童保护组织接到了匿名报告的电话，要求他们去查一查妮基被家暴的情况。

那天晚上他们最后一次发生了关系，但是克里斯一反常态地温柔，这种温柔令妮基更加恐惧，因为如果一个人惯常十分残暴却突然变得温柔起来，她就知道了，这是他说告别的方式。

她知道他是真的要杀了她。所以在机会来临时，她拼死一搏抢到了手枪，先下手打死了他。

以上，基本是妮基一方提供的信息。

妮基的经历获得了来自舆论的极大同情，而且因为各种证据记录都十分齐全，基本辅证了她说的都是实话，所以她的支持者和同情者特别多，当然大部分都是女性。

在看完了妮基讲述的经历后，我对最后的审判结果感到不可思议，这么证据确凿的案子，怎么可能会给她定罪？难道从检控官到陪审团再到法官，都是那么冷血无情的人吗？

尤其 12 名陪审员中，有 8 名女性。而负责这个案子的检控官，本人也是位女性，而且她还是专门负责特殊（家庭暴力和性侵犯）受害者的律师，为什么会对这样一个可怜的女人如此冷漠残酷呢？

接下来我看了庭审的记录，试图了解检控官到底是靠什么说服了

12 名陪审员，证明妮基是有罪的。

负责这个案子的检控官名叫尚娜，她在纽约布鲁克林长大，54 岁，却已经有着 29 年的起诉经验。照理说，一个被家暴多年的女人，终于奋起防卫，法律和社会应该给予理解和同情才对，但是尚娜却坚定不移地认为，事实并非如此。

她在法庭上辩论的基础，是认为妮基的说法大部分都是谎话。首先妮基不能证明受害人克里斯真的对她实施了家暴，其次当晚的情形是否真的如妮基所说，不杀死克里斯她就没有任何其他的选择。检控官的整个辩论，全部是在围绕这两个主题进行。

大家应该都知道，案子一旦上了法庭，原告和被告的人设，甚至有时候证人的人设，都可以被双方律师任意操纵。他们会通过各种证据和证词，把人设推向适合自己观点的方向。

在妮基的这个案子里，有个法学教授曾经做过这样一番评价，他说："当检控官决定提告的时候，他们会有一种非常强大的信念，就是自己一定能证明自己的案子是铁案，'排除合理怀疑'，一旦他们建立起这种信念，他们需要做的就是让证据来迎合自己的结论。"

这个教授想表达的意思，应该是说尚娜的心里已经认为妮基有罪，所以她只是在法庭上把证据像拼图一样一一呈现，最后拼出一幅有罪的图案。

从我个人的角度来看，觉得其实庭辩上双方都是如此，都是围绕着自己的立场来拼图，只不过拼出来的结果迥然不同。

在法庭上，很多时候事实真相变得不重要，并不是通过证据来得出结论，而是证据服务于结论。

妮基的案子应该就是这种情况的最好例子。

妮基无法否认自己杀死克里斯，她唯一能辩解的点就是正当防卫。为了证明这是正当的自我防卫，辩方陈列了大量家暴历史，说明克里斯

是个非常危险可怖的人物，妮基对他有着无法克服的恐惧。

而检方的反驳角度有两点。

首先，这些家暴史有不符合逻辑的可疑之处，更重要的是即使存在家暴史，妮基并没有证据证明家暴方就是克里斯。其次，就算之前有家暴史，也不能证明案发当晚她真的就处于不杀死对方自己就会死的境地。

妮基提供的证词里，有许多自相矛盾的地方。比如，她与管理工、警察的关系。她的朋友作证说，通过妮基的描述，他们感觉那两人与妮基发生性关系违背了她的意愿。可是当检控官当庭问到她时，她又说对方其实没有强迫她。

虽然妮基告诉朋友她与警察的关系是不情愿的，而且警察会偷偷跟踪她，让她感到特别害怕，无法摆脱。可是在候审期间，她又通过妹妹联系这个警察，要求对方来探望她。这说明她对这个"强迫"她发生关系的警察，存在感情期待。

而且许多的朋友都知道她被性侵虐待，她会诉说被性侵的细节和过程，但是又始终不肯吐露施暴方的身份。当朋友们试图帮她寻求法律帮助的时候，她又有意识地回避或者拒绝这种帮助。多年来一直如此。

所以检方认为，虽然管理工、警察可能在与妮基发生关系的时候，行为动作比较粗暴，但这并不属于家暴和强奸的范围，而是双方的情趣，妮基与警察之间也许并非一方对另一方的侵犯，而是"情人"关系。她四处说自己被侵犯虐待，也许只是为了获得别人的同情和注意。

又比如，妮基说克里斯的家暴从两人约会的一年多后开始，一直贯穿两次怀孕的过程，她的接生婆也对家暴伤做了记录。但是在她第二次怀孕时到医院做的体检记录中，却没有一条提到有家暴伤，按照她和接生婆的说法，如果曾经遭受家暴，为什么会没有记录呢？

辩方强调：可是有那么多其他的照片证据，证明她遭受了殴打虐待。

检方强调：可是你们没有提供足够的证据证明，那些伤痕不是她自己造成的。

辩方又强调：她的肩胛骨上有一个明显的牙印，她怎么可能咬到自己的肩胛骨上？

检方回应：那你们如何证明这个牙印属于克里斯呢？

如何证明施暴方就是克里斯？在这个问题上，妮基一方输得一败涂地。

检控官指出，所有关于家暴的证词，全部是来自妮基一个人的说法。没有一个证人或者直接证据，能够证明造成那些伤痕的人是克里斯。

事实上，妮基嘴里提到的曾经侵犯过她的人，除了那个管理工、警察，还包括一个名叫瑞斯的人和一个名叫阿罗的人。

她与这四个人的关系，全部发生在她搬去与克里斯同居之前，这四个人性侵和虐待她的行为也几乎是同时间段发生（并不是同时，而是时间段有交叉）。

妮基对朋友和心理医生多次提到自己被性侵，但是说不清楚对方到底是谁，比如，她朋友作证说，某次看到她的伤痕，她说是克里斯造成的，可是经过调查却发现那个时间段克里斯根本不在当地。

在法庭上妮基说在她住在妈妈公寓那段时间，同时遭受了管理工、克里斯的虐待和家暴，前后时间长达一年半。她接受警察的邀请搬去他家，也是因为他得知了她被性侵的情况，可是，D.T. 后来作证说，他只听妮基提到被管理工性侵，始终没有听她提到过也被克里斯性侵。

即使医院接生婆和心理医生有她曾被多次性侵的记录，但这些记录最多只能证明她遭受了性侵和虐待，却不能证明对方就是克里斯，一切都是来自她的说法，而她的说法却被证明没准儿。

后来就连妮基自己也承认，她只能模糊记得某次被家暴，但是她不能明确地记得对方到底是克里斯还是管理工。

她现在提供证词说克里斯在同居前（2012 年）就开始家暴她，可是在 2010 年至 2012 年期间，她就告诉了无数朋友自己身上的伤痕都是来自管理工，却从来没有说过是克里斯在家暴她。直到多年后她又改口说，那段时间克里斯也家暴了她。

甚至包括网站上的虐待视频，辩方能提供的所有截屏上都只有妮基一个人的图像，从来没有出现过克里斯的镜头。所以，如何能证明这一切都是克里斯干的？

对于案发当天的情况，妮基也提供了自相矛盾的证词。

她承认在案发前整个晚上自己的手机就在手边，也提到克里斯要求她关掉手机，可他并没有把手机拿走，所以她依然有机会打电话，但是再怎么害怕，她也没有打电话联系任何亲人或者朋友。这如何证明她是怕到极致才不得已开枪的？

妮基又说克里斯为了毁灭证据，特意砸坏了摄像机和电脑（因为他需要用摄像机来拍摄虐待视频，用电脑编辑上传到网站），还把电脑丢进浴缸里。但是警方恢复了硬盘后，无论是在电脑还是摄像机上，都没有找到任何与视频或者家暴相关的证据。

而无论是妮基本人还是她的朋友都作证说，许多朋友、医院护士或者心理医生都曾经无数次地提醒她保存证据。可在案发后她就让电脑泡在水里，没有做任何抢救措施，像是完全没有想保存证据的意思。

妮基自己的解释是，她没有办法关掉水龙头，而之所以把电脑留在水里没有带走，是因为她不想破坏证据。

但与此同时，她又承认自己在开枪后，捡起了掉落在地上的弹头（破坏了证据）。只不过她不记得自己后来又给放在哪里了。

所以检方认为，电脑和摄像机其实都是妮基损坏的，目的是栽赃给克里斯，却没有想到警方能恢复硬盘。

在案发后，妮基也没有立刻打电话报警，而是打电话告诉了朋友，然后开车带着孩子离开，过了一阵不知道为什么她又回到了家里，磨蹭了好一阵才再次离开。这更令人怀疑她在清理现场。

之后她在街头告诉警探的话，与被捕当天在警局给出的供述，也有不少不吻合的情况。

比如，最开始她的说法是她用膝盖顶住了克里斯打掉了手枪，她抢先捡到。但是后来她又说，她是用胳膊肘打掉的手枪。再后来，她到了法庭上又改口说，她看到克里斯在沙发上睡觉，跟过去一起躺着，她当时以为克里斯睡着了，起身的时候惊醒了他，然后枪掉到了地上，被她捡了起来。

警方在克里斯的手机上发现，案发当晚有人搜索过"他们会发现她中枪的时候是睡着的吗""要打哪儿对方才会立刻死亡""他们如何判断中枪时当事人是否睡着"。

检方认为这个搜索历史是妮基在杀人之后用克里斯的手机搜索的，目的也是栽赃。

因为妮基反复说克里斯威胁要在她睡着之后杀了她。可根据她之前的渲染，克里斯根本没必要临时去搜索这样的问题。

而且他一边喊着要在她睡着之后杀了她，一边自己先睡了，这个行为感觉非常不连贯。所以更像是她在克里斯睡着之后开枪打死了他，再用他的手机搜的关键词。

除了无法从证据上证明克里斯就是家暴凶手，检方还请来了若干证人证明克里斯的性格非常不符合妮基所说的家暴凶手特质。

首先，妮基的律师根本找不到证人能证明克里斯性格暴虐，虽然关起门来谁也不知道门背后真实的样子，但是多年来的日常接触多少还是能看出一个人的性格如何。辩方找来的证人人数不少，却都只能作证说，他们是从妮基那里听说克里斯如何如何，没有一个人能正面地作证自己亲眼见过。

妮基自己在法庭上也说，两人在交往之初，她告诉了克里斯自己在5岁的时候曾经遭受强奸的经历，解释说这段可怕的经历让她对性十分恐惧，而克里斯的反应是，"你放心，我不会强迫你的，我会一直等着你"。

　　然后他就真的等了一年多，其间始终没有催过妮基或者表达过不满。到他们真的发生关系时，妮基也说克里斯表现得十分温柔体贴，非常照顾她的感受。那么，一个人怎么会毫无理由地发生这样突然的转变？

　　妮基的解释是，因为她告诉了克里斯自己被管理工侵犯的事情，克里斯产生了强烈的嫉妒，所以开始变得粗暴。

　　但是检控官请来的心理学专家说，虽然没有一个统一的"家暴者"性格模式，但一个会家暴的人行为应该是前后一致的。他不会因为听说别人强暴了你就突然开始家暴行为，家暴并没有这样的开关。他如果会家暴，在听说管理工的行为之前，就一定会表现出迹象。

　　另外在常见的情况下，大部分家暴的缘起是出于嫉妒心和控制欲，所以家暴者会事无巨细地监控妻子的行动，包括她的起居、社交，禁止她与朋友交往等，家暴者会不择手段地控制她的一切，对她有各种限制。

　　但是没有任何证据能证明克里斯是这样的人。

　　妮基可以日常与朋友见面，可以随便学音乐学画画（她的一个好朋友就是她的音乐老师，也是辩方的"王牌证人"，提供了大量妮基遭受家暴的证据），可以随便上网、去看医生检查身体、与家人接触，还可以定期接受心理医生的治疗，等等。这一切都说明克里斯对她并没有掌控的意愿。

　　比如，虽然克里斯不以为意，却没有反对妮基非要在家里生孩子的坚持。又比如，妮基要求绝对素食，一点肉都不能吃，克里斯作为健身教练也从来没有表示过抗议。另外家里的经济来源主要是克里斯的工作收入，平时经济上颇为拮据，但是妮基坚持要买有机的食物，平时大部分时间都是克里斯去买菜购物，在这一点上他也顺从了她的要求。他还一直让妮基留着自己做手工挣的钱做零花，经常开玩笑说那些小钱就是闹着玩的，自己留着吧。

　　克里斯的性格看起来也完全不属于"嫉妒发狂"的类型。

　　比如，妮基承认曾经告诉了他自己被 D.T. 强暴，但是克里斯并没有逼着她从 D.T. 家搬出来，很难想象一个会嫉妒到发狂的男人，能接受自己的女朋友住在会强暴她的人家里一年多。

而按照妮基的证词，克里斯在她搬去 D.T. 家前就已经家暴性侵她一年半的时间，那为什么最后她还要选择与克里斯同居呢？

妮基也承认克里斯在其他方面都是非常好的男人，他对孩子非常好，会主动承担家务照顾孩子，从来不对孩子发脾气。

在案发的前几天，妮基给克里斯发送了一条短信，骂他是"长不大的混球"，口气非常凶狠暴躁，还直接数落克里斯连拼写都拼不对，真是蠢得出奇。

而克里斯在一条发给妮基的短信中写道："如果我让你这么不快乐的话，那也许我应该离开。"语气中的难过和卑微完全不符合妮基描述中那么居高临下的施暴者形象。

所以检控官提出，显然克里斯和妮基之间的地位和关系并不像她所形容的那么单向。

另外妮基的律师也无法提供任何物理证据，包括短信、邮件、录音或者社交媒体记录等，来证明克里斯曾经对妮基有过任何语言霸凌的行为。没有任何证据能证明，他会辱骂她、羞辱她，甚至妮基自己发出的短信或者任何文字记录中，也找不到一条提到过克里斯家暴她的描述。

所有的控诉都仅仅存在于她的口头描述中。

而按照妮基的说法，引发凶案的导火索就是儿童组织的拜访。可是在工作人员离开后，无论是妮基本人还是克里斯的同事都表示，他的情绪非常平静稳定，完全没有一般人被揭穿的暴怒表现。

妮基说当天晚上克里斯回来之后和她发生了关系，但是整个过程非常温柔体贴。妮基的律师认为，这说明克里斯已经下决心要杀了她。检控官却说，这其实说明克里斯根本不是那么暴虐的人，他这样温存小心，代表他想弥补安抚妮基。

妮基本人当庭承认，在工作人员走后，克里斯告诉她："别担心，

这些都是冲着我来的，跟你没关系，肯定会没事的。"在她枪杀了克里斯之后也告诉警官，克里斯觉得当天儿童组织的拜访是个笑话。

所以从这个角度可以看出，克里斯并没有把这当成一件了不得的大事，他也并不是那种非常易怒并狂躁到不可自控的人。

所以检控官反问："你说这样的人，会让妮基怕得要死，这么多年都不敢反抗，不敢离开？"

庭辩到最后，妮基在遭受家暴多年后反杀，为了证明自己是不得已，必须回答一个问题：为什么她不求助，不离开？

她的辩护律师请来了一个心理医生，提出了"受虐妇女综合征"这个观点。这种后遗症一般出现在有家暴经历的女性（妻子）身上。因为长期经历家暴，受家暴的一方（女性）容易产生习得性无助心理，从而会给自己洗脑，认为这种被对方粗暴对待是应该的，所以不能挣脱。

所以妮基的辩护律师解释说，她一直受到克里斯的控制，才始终压抑，不敢求助，不敢离开。

但是检方认为这是谎话。

妮基承认虽然家里比较拮据，但是克里斯的家人一直在给钱支持他们。另外妮基本人与她的爸爸有个联合账户，她爸爸时不时也会给这个账户打钱，她自己也会做些手工上网售卖，所以经济上她并没有被约束，要离开的话，不会因为口袋里没钱活不下去。

妮基的律师请来的心理医生也是女性受伤（虐）心理后遗症的专家，但是这个专家在法庭上也承认妮基的情况与一般的女性受伤（虐）心理后遗症患者不太一样，比如她从来没有受到过社交孤立。

有受虐妇女综合征的受害者一般所处的环境非常孤立无援，施害者会切断她与外界的接触，阻断她向外界求援的途径，将她与正常的社交生活完全隔离开以方便洗脑，而且会严密地监视她的行踪，这样才能更好地掌控受害者。

但是妮基始终与朋友有密切交往，有着正常的社交活动和往来，克里斯也从来没有禁止过她与朋友见面或者发送短信，甚至从来没有查看过她的手机和短信，所以她可以放心大胆地在短信里吐槽哭诉。而且克里斯也没有阻拦过她见心理医生，没有阻拦过她去医院检查身体、治疗伤处。

从这个角度来说，妮基有着相当程度上的自由，证明她并没有在生活上受到克里斯太多的约束和控制。

另外包括所有出庭作证的妮基的朋友和她本人，都承认在过去的几年里她曾经有无数的机会求助。朋友们在了解到她一直遭受家暴后，曾经无数次地劝说她报警求助或者离开。他们也都曾经在不同时间提出过不同程度的帮助，但都被妮基拒绝。

妮基本人也当庭承认，她曾经接受过专业的建议，教她如何能安全地带孩子离开克里斯，她也明确知道有多种选择可以帮助她安全地脱离这种险境，是她自己选择不这样做。

她在法庭上的解释是，之所以选择不离开，是因为觉得自己无处可去。

可是在交叉庭辩中，她的朋友、心理医生、亲戚都曾经多次提出帮助她打包行李、收集证据、在她离开后收留她。他们要么提出愿意让她来自己家里住，要么愿意提供空余的房子让她躲藏。

包括关注了克里斯在特定网站频道的那个警察，也曾多次联系妮基表示可以提供帮助。他可以逮捕克里斯，终止侵犯行为，也可以继续深入调查下去，收集证据帮助妮基获得孩子的监护权，唯一需要的就是她在文件上签个字。但是在他和其他朋友多次劝说之下，妮基依然拒绝签字。

更有意思的是，这个警察不是她的好朋友找的吗？后来却证明，原来妮基从来没有对警察说过关于自己被家暴虐待和偷拍视频的事，一个

字都没有，全是她告诉了好朋友，好朋友转告警察的。

检控官找来当地警局的警察作证，证明他也曾经与妮基深入交谈，询问她被侵犯的事情，但是交谈的几个小时内妮基始终不肯讲述任何细节，也不肯说侵犯她的人到底是谁。

所以从这个角度来说，包括儿童保护组织的工作人员拜访，都证明政府机构曾经多次介入提供帮助，是妮基自己选择不接受。

为妮基作证的那些医护人员也承认，在看到妮基身上的伤痕之后，他们曾经无数次提出要帮助她，但是她始终拒绝披露家暴方的身份，而且十分不配合。比如，在接生婆表示关注，需要拍照留证之后，妮基也曾经要求不要做伤痕记录，不要拍照。

又比如，有一个医护人员曾经详细地对妮基解释，法医鉴定护士检查与证据性－性侵犯法医检查是不同的。前者目的并不是收集鉴证证据，所以这个记录将来不能作为证据来帮助她起诉。而后者收集的记录可以被保存下来，作为证据提交，法庭会认可，但是必须征得当事人的同意才行。

妮基拒绝了这个建议，明确选择了前者。

就在案发的两周前，妮基曾经接受一个医生评估，在这次评估中她没有对医生提起任何有关家暴的事情，医生也没有看到她的身上有任何伤痕。

后来朋友们听说儿童保护组织将要来访的时候，纷纷提醒妮基，这是个脱身的好机会，可是她依然选择了不吐露实情。

更不要提在过去的几年中，她在接受检查的时候，曾经多次给出自相矛盾的解释和说法。这说明她的许多话根本不可信。

最后检控官还拿出了两个"王牌证据"。

就在案发的 4 个星期前，妮基给一个朋友发了条短信。短信上这样写道：

"没事啦，不用担心，我还没想好怎么样才能杀了他自己还可以脱罪，所以我还留在这里。"

她在4秒钟之后又补了一个做鬼脸的表情包，她的律师解释说这句话显然是在开玩笑，但无论如何她之后的做法遥遥印证了这句话多少反映了她的真实想法。

另外一个证据，是检控官找来的专家证人证明，克里斯在被枪杀的时候，妮基是用枪口直接顶在他的额头扣动的扳机。

可是妮基曾经多次提供证词，说当时自己所处的地方距离沙发有几步之远。

专家证人又说，根据克里斯头部枪口的情况判断，虽然无法直接证明在妮基开枪的时候克里斯是不是睡着了，但至少可以确认，她开枪的时候克里斯丝毫没有动弹。

这样就推翻了她所说自己是处于极度的危险之下，不得不开枪的理由。

检控官认为在这一天之前，她曾经有过数不清的机会离开克里斯，离开这个家。而即使在这个晚上，她也有机会离开，甚至在她手中持枪的时候，也可以离开。但是她选择了扣动扳机杀死对方。

换句话说，妮基可以选择不杀死克里斯，而她却依然这样做了。

根据法律，正当防卫的前提是被告必须能证明自己处于一种绝对危险，没有任何其他选择的情形之下，只有杀死对方这一种方式来保护自己。

可是检控官通过这一系列证人和证词，完美地证明了，辩方不能证明克里斯就是对妮基实施家暴的人，而且妮基自愿主动地放弃了无数次可以安全离开摆脱现状的机会，所以妮基不能证明自己处于完全没有任何其他选择的绝境。

经过三天的讨论，由8名女性和4名男性组成的陪审团得出了二级谋杀罪名和非法持有武器罪名成立的结论。

在陪审员女性居多的情况下，居然还给妮基判了罪名成立，可见双

方在法庭上的交锋结果，辩方是一败涂地。

在罪名成立后，下一步就是等待法官宣布刑期。

2019 年 5 月，也就是在妮基案件结束的几个星期后，纽约州州长库墨签署了家暴幸存者正义法案。这条法案允许法官在家暴行为被证明存在的情况下对凶手酌情减刑。

如果妮基的法官能接受的话，可以最低只判她 5 年刑期。

2020 年 2 月是宣判刑期的日子，法官在长达 47 页的宣判中表示，妮基距离脱身只有一步之遥，她完全可以离开，却依然选择了杀人。而她提供的前后不一的证词使人无法确认施暴者的身份。所以他拒绝了妮基要求酌情轻判的请求。

妮基被判 19 年到无期徒刑。

案子写完了。

这个案子令我感到五味杂陈。写过那么多案件，这是第一起让我觉得特别"撕裂"的案子。

以往的案件在整理材料和写作的过程中，我一般都会有自己的看法或者结论。无论最后的判决如何，至少我的心里是有一个很明确的倾向的。

而这个案子，却让我觉得一言难尽。

支持妮基的人非常多，许多人都相信她是无辜的。有一篇关于这个案件的报道写得非常好，题为"对她不利的那些证据（The Evidence Against Her）"。

这篇文章很明显地站在同情妮基的角度为她作出了各种解释，同时作者也做了许多非常细致深入的调查工作。

报道中详尽地解释了家暴案中常见的情况，96% 的家暴案受害者是女性，每天有 4 名女性死于家暴，而当被家暴的女人奋起反杀的时候，法律和舆论却条件反射地要求她必须满足一切无辜的要求——她必须证明自己是完美受害人。

妮基明明有那么多照片和人证，她的痛苦也那么真实，看下来真的有让人不忍卒读的感觉。

那她为什么会输掉这场官司？真的是法律不公吗？

可是在看了检方的种种陈述理由之后，我也觉得他们说得颇有道理。事实上，的确没有充分的证据来证明克里斯就是施暴者，至少辩方提供得不够。

比如，关于那个网站的视频截屏。同情妮基的观点认为，非常明显，这就是克里斯的作品，这个视频就能充分证明他在虐待妮基。

检控官说，可是你怎么能证明拍摄和上传视频的人就是克里斯呢？

同情妮基的观点说，视频的账号名由克里斯的姓 + "respect" 组成，意思是克里斯牛，自我描述是 29 岁的男人，喜好与克里斯一致，这不是他是谁呢？

但是这些信息被禁止当作证据呈堂，原因是没有官方证据能证明账号就是克里斯本人开的。

那么，如何能证明呢？需要网站方配合才行。

检控官和妮基最初的律师都表示曾经找过网站要证明，可是他们都表示没有收到对方的回复，所以一直没能收集到这个证据。

总之，阴错阳差到最后，拿不到证明，法官就宣布这部分证据无效。但这个账号背后到底是不是克里斯呢？信的人坚持说是，不信的人坚持说不是。是或者不是，都无法证明。

检控官后来说过一句话，解释她为什么一定要坚持给妮基定罪，是因为妮基的行为给社会带来了一个非常坏的榜样。

因为她曾经有那么多的机会可以逃离，有那么多的途径可以寻求帮助，她依然选择了杀死对方。如果这样也能脱罪的话，那就是在告诉其他处于真正家暴绝境里的女人：这个社会，这个系统，是无力的，也是无用的。它们拯救不了你们，你们只有杀死对方或者自己去死这两个选择。

所以如果原谅妮基的作为，那就是在告诉这些已经很绝望的女人，这个世界和这个社会，不会给你们提供任何帮助和出口。这就是在给她们雪上加霜，让她们更加丧失寻求帮助的勇气和信心。

在抛开施暴者到底是不是克里斯这个问题之外，这个案子里最大的疑问，就是为什么妮基不肯离开、不肯求助。妮基的解释是因为恐惧。她害怕克里斯不让她走，害怕克里斯会毁掉她的名声，害怕会失去孩子。恐惧战胜了一切，变成无形的枷锁把她捆得牢牢的。

我相信有这样一种恐惧会强大到令人丧失正常思索和判断的能力。

可是，为什么她在受到公寓管理工、警察，还有另外两个男人的强暴和侵犯的时候，也没有反抗和逃离呢？而且都是在前后长达一年半的时间里。

她之后不敢逃离也许是因为有孩子，那有孩子之前为什么也不敢逃离呢？

个人猜想，对于妮基来说，她的悲剧其实在 5 岁的时候就已经种下了种子。小时候被强暴的经历，还有来自亲生母亲扭曲的对待，使她变成了一个"易害体质"。而据研究，在童年时期遭受过性侵的人，长大后受到侵犯和家暴的可能性要远远高过普通人。

这大概是因为这样长大的孩子，会对人生和自己都有强烈的怀疑，所以对应该怎样才算是"被正常地对待"没有概念。

这个案子写到最后，真是有种无所适从的感觉。

支持妮基的一方认为，看吧，受到家暴的一方，你到最后要么死在对方的手里，要么如果你不能做一个完美的受害者，就要把牢底坐穿，这多么令人绝望。

而支持判决的一方认为，她并没有真正走到绝路，或者应该说，绝路是她自己选择走上去的。本来有那么多可能，却非要做这样的选择，让那些在遭受家暴的人岂不是更加不敢求助？

很多家庭暴力谋杀发生在受害者选择离开之后。所以要真正地解决家暴的问题，仅仅对妮基这一个案子的判决，起不到什么作用。更加重要的还是政府机构在最后悲剧发生之前，能及时介入并且提供真实可靠的保护。

可是在妮基的这个案子上，政府机构的确也介入了，甚至是多次介入，但最终，悲剧依然发生了。

2020 年 4 月，妮基在监狱里感染了疾病，虽然她后来从病症中恢复过来，但是监狱停止家属探望，她不知道什么时候才能再见到两个孩子。

两个孩子被妮基的妹妹领养，克里斯的家人也被允许定期探望。我也不知道是像过去那样，有爱着自己的父母在身边但是埋着一个"巨大的雷"对他们好，还是现在这样更好……

写错别字的凶手

这个案子发生在 2009 年伊利诺伊州的哥伦比亚市，该地人口不多，是个非常安详平静宜居的小城。

2009 年 5 月 4 日的下午。

11 岁的加里特依依不舍地跟小伙伴告别，明天就是小伙伴 9 岁的生日，小伙伴邀请他和弟弟一起留下来过夜，帮他庆祝生日。

加里特小心地询问小伙伴的妈妈："我们可以留下来过夜吗？"她回答说："当然可以啦，你回去跟你的爸爸妈妈说一声，收拾好今天晚上穿的睡衣和明天的书包就行啦。"

听了这话，加里特高兴极了，飞快地跑回家。

可是不到 5 分钟他就垂头丧气地跑了回来："我爸说今天晚上不行，我们必须 8 时 30 分之前就回去。"

失望的加里特只好带着弟弟回家，为了安慰他，小伙伴保证周末一定会再邀请他一次，那个时候他的爸妈肯定就会同意了。

第二天早上，小伙伴兴高采烈地准备好了去上学，可是在校车站等来等去都没有等到加里特兄弟。

他看到小区里来了很多辆警车，不远处有一栋房子外面围上了一圈黄色的拦截带，外面站了很多人。他认出那正是加里特的家。

哥伦比亚警局的高级警探贾斯汀正好也是加里特家的邻居，两家的房子紧挨着。

2009 年 5 月 5 日这天早上天还没亮，他就被床头的电话惊醒。睁眼一看，时钟正指向 6 时 42 分，这距离上班还有一阵子。他刚刚在 3 个小时前爬起来哄家里半岁大的小女儿，这会儿脑子还不是特别清醒。

他接起电话"喂"了一声，电话那边传来一个陌生男人的声音，急促且焦躁地自我介绍说："我是克里斯。"

这个名字他很熟悉，虽然他们从来没有说过话，但他知道，这就是住在隔壁房子里的那家人。男主人克里斯是一位名人（化名 J.M.）的首席贴身保镖，漂亮的妻子雪莉是家庭主妇，他们还有两个可爱的儿子——11 岁的加里特和 9 岁的加文。

J.M. 通过电视节目吸引了非常多的追随者。金钱和名誉如流水般涌入，她和担任首席执行官的儿子都是超级富豪和社会名流。

很早以前，克里斯办公室的电脑就收到过一封威胁信。信中说 J.M. 传播的理念纯粹是扯淡，但是因为她太有名了，无法接近，所以只能找她的身边人下手。首选的目标，就是离她最近的这个保镖。

威胁信中赤裸裸地说："如果我不能接近 J.M.，我就会找她身边的人下手，如果我不能接近他，我就会找他的妻子和孩子。我知道你们的行程安排，所以我一定能找到机会。我知道那个家伙住在哪里。"

看起来是因为有人对 J.M. 不满，但是因为克里斯尽责的阻拦，使这人没有机会接近她，所以他转而痛恨克里斯而想报复他的家人。

在收到威胁信的几个月后，1 月 27 日，克里斯家的信箱也收到了一封没有邮戳的威胁信，信上说："……赶紧公开承认你们信的都是破玩意儿，我不会再给你们'oppurtunities'了。没时间了，你们好好享受在印度的行程吧……"

看来写信的人文化程度不高，连机会（opportunities）这个单词都拼错了。

虽然克里斯立刻报了警，但警方对发信人也没有什么头绪，毕竟这人只写了几封威胁信也没干别的。以防万一，警方决定给克里斯家小区安排更多的巡逻班次，以尽力确保他家人的安全。

几个月过去，巡警没有发现周围有什么可疑的迹象。接下来的日子也风平浪静，好像写信的人气消了就忘记了这件事。

可是转年的 1 月 2 日，新年刚过，克里斯家的信箱里又出现了一封打印的威胁信。根据前后的时间线，警方确定了这封信的投递时间，但因为找不到目击证人或者其他的线索，所以无法确定这封信是怎么出现在信箱里的，更别提找到写信人了。

几个月后，4 月 27 日，克里斯家的信箱再次出现了一封没有邮戳的威胁信。信中最后直接说："你最恐惧的噩梦很快就会降临的！"

克里斯的妻子雪莉当时被这封信吓坏了。收到信的时候，克里斯正陪着老板在夏威夷出差。这封信显然是被人手动塞进信箱的，而当时家里只有她一个女人带着两个未成年的孩子，想想就很恐怖。

克里斯回家后，立刻又联系了警方。负责这个案子的警探是他们的邻居贾斯汀警探的好友，克里斯就找到了他，嘱托他帮忙留意。

贾斯汀警探在跟同事商量之后，决定伸出援手。他利用自己近水楼台的优势，在自家孩子房间的窗户上装了一个摄像头，这个摄像头正对着克里斯家的信箱。如果有人偷偷来塞威胁信就会被拍到。

不过几天来并没什么动静，所以贾斯汀警探收到克里斯的电话时，感到非常疑惑。

电话那头的克里斯好像在开车，传来的声音有点模糊："我给家里打电话，但是一直没有人接听，不知道雪莉他们出什么事了，你能帮我去看看吗？我在路上，还有 5 分钟就能到家。"

贾斯汀警探立刻一边套上衣服一边通知当晚值班的巡警。当他抓上手枪和对讲机来到克里斯家门口时，值班巡警也正好赶到。

他们俩先按了按门铃，无人回应。他们商量了一下，决定先让值班巡警绕到房子后面查看。几分钟后，贾斯汀警探的对讲机响了，传来巡警的声音："你要不要来看看，他们有个窗户开着，外面的纱窗被拆掉了。"

这说明有人试着从窗户进入室内，那入侵的人还在屋里吗？

贾斯汀警探一边通知警局申请更多支援，一边跑到后院。房子后面的确有扇窗户打开着，可后门还锁得好好的。

他俩拔出手枪，也从打开的窗口爬进去，进去后就是房子的地下室，屋子里能闻到空气中酸闷的味道，屋里安安静静，仿佛暗示着不祥。

在走上一楼的时候，首先映入眼帘的是墙上鲜红的大字："惩戒完成""受死吧！我一直盯着你们呢！"这些大字布满了几个房间整面的墙，加上鲜红的颜色，令人不安的感觉更加强烈。

这时他们听见了车库门被打开的声音，应该是克里斯匆匆赶到了家。

贾斯汀警探立刻过去通知克里斯需要保护现场，让他暂时先不要进门。这时警局的另外一名警探也赶到了，三位警探一起开始在房间里搜索，然而在一楼并没有什么发现。

于是他们三人往楼上走去，在楼梯尽头的墙上，赫然又是红色喷漆写的大字："你已经付出了代价！"

随后他们依次在楼上的卧室里发现了雪莉和两个孩子。

雪莉俯卧在自己卧室的床上，已经没有了生气。警探试着把雪莉翻过来的时候，注意到她的身体僵硬，胸前的皮肤已经出现了紫红色的斑痕。

接下来他在加里特卧室的床上发现了他的尸体，他一动不动地躺在床上，身上还半掩着被子，好像睡着了一样。在他床边的墙上，红色油

漆的大字写着："你知道这就是你的下场！"

在加里特的手和手臂上发现了红色的喷漆，显然是凶手在杀害他之后对着墙喷写这些大字时，红漆溅射到了他的身上。

这时贾斯汀警探跟了过来，9岁的加文也死在了自己房间里。他的身上盖着一个布单，布单上有红色的喷漆，喷漆甚至溅到了他的脸和头发上。

这时楼下传来克里斯焦灼的喊声，贾斯汀警探赶紧下楼，拦住了心急如焚的克里斯。他把克里斯劝到了房子外，让他在前门的走廊上站稳，然后通知了他这个悲惨的消息："他们都不在了。"

克里斯听到噩耗立刻惊呆了。他一时站不住，靠着墙壁慢慢地坐到了地上，抱着头无声地哭了起来。

不久救护车赶到，把雪莉和孩子们的尸体接走，克里斯也跟着救护车到了医院。

在救护车上一起陪同克里斯赶往医院的警察不经意地注意到，克里斯的胳膊上有几道血痕，于是问了他一句，但是神情恍惚的克里斯没回答，而是开始一下一下地砸车上装载了三个尸体的轮床。

因为这个案子可能涉及知名人士，警方一开始考虑的嫌疑人是克里斯老板的对头。如果这个凶手针对的真是克里斯老板，情况就会很复杂，要考虑的范围也会扩大很多。

凶手能对她的首席保镖家人下手，那也会对她身边的其他人下手，最终也会找到她的头上。而她接触的人又广又多，平时周游全球的行程安排也相当紧密。这要抓凶手，难度瞬间提升好几倍。

另外，从这个凶手的行为模式可以看出，他提前很久就追踪到目标并发送信件威胁，之后甚至精准追踪到受害人的家里，而且在警方如此密切的关注之下得手，说明这个凶手非常老练。这应该不是他的第一次犯罪。

难道是个连环杀手吗？

想到这里，当地的警局长冷汗都下来了。他立刻联系上级，申请召集本州最强的队伍来参与调查。随后，上级派来 25 名经验丰富的警察配合当地警局工作。

按照程序，调查的第一步是调查受害人的家属，也就是死者的丈夫克里斯。

克里斯有三个兄弟，他是其中最安静老实的一个，从小就很斯文谦和，不喜欢暴力。在美国打猎是很普遍的事情，但是他非常心软，大家记得有次他爸爸抓到只兔子要剥皮，他站在一边想劝又不敢劝，难受了很久。

读书的时候克里斯的口碑也非常好，他学习认真，性格温和，热爱体育运动，训练也特别刻苦。用中学时期教练的话来说，他就是你想要而得不到的"别人家的孩子"。

在高三的时候，一名海军陆战队的征兵负责人来到他们学校。聆听了几次热情激昂的征兵演讲后，克里斯就明确了他之后的道路。高中一毕业，他立刻加入了海军陆战队，成为一名光荣的驯犬师，专门负责警犬的训练，拿了无数的证书和奖状。

22 岁那年，他在圣安东尼奥的一次会议上认识了 21 岁的雪莉。当时她是名空军的军警，也负责队里的警犬训练。

克里斯和雪莉一见钟情，3 个月后他就带着姑娘回家见了父母。

一开始克里斯介绍雪莉给父母说："这是我朋友，她住在芝加哥，我顺道送她回家。"（克里斯家就在芝加哥城外不远）

他父母当时没在意。雪莉看起来很文静，身材瘦瘦小小的，穿着短短的热裤，小腿上有一条细细的刺青，这就是他们对她所有的印象。

很快克里斯就开车带着雪莉离家往芝加哥而去，当晚没有回家。第二天一大早，家里的电话铃声响了，克里斯在电话那头兴奋得飞起："我们结婚了！"

与心爱的人闪婚，大概是他这辈子做过最越界的一件事了。

不过他并没有得到想象中父母的祝福，父母在听到消息后甚至显得有几分冷淡。

他挣扎着解释："……我们只是一时情浓……"妈妈淡淡地回答说："可是你接下来还有一辈子呢。"

不久后，他们才知道，原来当时雪莉已经怀上了加里特。

大家本来以为克里斯会一直在军队里发展，因为当时他在军队里非常顺利，而且他也很热爱军队生涯。但1998年，他决定退伍。

J.M.恰好是克里斯父母的老朋友，她几乎看着他长大，正好她事业蓬勃发展，越来越需要升级安保配置，克里斯身手了得，又经过海军陆战队的专业训练，立刻在她的安保队伍里获得了一个职位。

接下来的几年克里斯兢兢业业，加上又是"自己人"，他的职位迅速得到提升，不久被提拔为J.M.的首席保镖，专门负责她的个人安保工作，手下有专门的安保队伍，年薪也达到了10万美元以上。

从此春风得意马蹄疾。

雪莉在生下大儿子之后，退伍做了家庭妇女。

她的生活重心转向了家庭。加里特和加文被养育得非常好，两个孩子性格截然不同，加里特更为沉静，而加文开朗活泼，两人在妈妈的看护下都快乐无忧，他们一家四口更是众人眼里的模范家庭。

因为工作的性质，克里斯需要经常出差。当上首席保镖后，他的妈妈曾经对这份工作感到忧心忡忡，觉得很危险，克里斯笑嘻嘻地安慰她说："其实根本没什么危险啦，你只需要让人看起来凶巴巴的，剃个光头，练出浑身的肌肉，然后永远都不要笑，装得很可怕很吓人就行了。"

不过，2009年的春天，克里斯开始留长头发了。

就在凶杀案前的一个星期六，他去家附近不远处的一个发廊修剪头发。雪莉当时先去拍了张护照的照片，他们不久后要一起出国一趟，她需要重新办理护照。办完之后过来理发店与克里斯会合。

给克里斯理发的发型师还记得，当时雪莉拍完照片过来找克里斯的时候，他正坐在理发的围布下面一动不敢动，还笑着跟妻子打招呼。两个孩子当时和朋友一起在外面野营，所以这个周末只有他们夫妻俩，克里斯计划理完发后带着妻子去找家高档的餐馆吃饭，然后好好享受一下难得的二人时光。

发型师说，他看到克里斯的手悄悄地从围布下伸出来，温柔地牵住雪莉的手。雪莉虽然站得有些别扭，依然不舍得抽开。他们带着笑意看着对方，小声兴奋地商量晚上的安排。当他们肩并肩离开的时候，大家都忍不住感叹这真是一对可爱的小夫妻。

雪莉长得非常漂亮，在遇见克里斯的时候是个无忧无虑的年轻女生，生活就是"军队＋驯狗"。认识了克里斯的3个月后，一切都改变了。

她怀孕了，接下来就是结婚生子，退伍转职为家庭妇女。

不过那个时候雪莉并没有觉得这样的生活有什么不好。虽然没有出去正式工作，她依然有很多事做，生活相当充实。雪莉的性格随和开朗，这使她成为社区特别受欢迎的妈妈。

虽然克里斯的工作需要经常出差，但是他们俩有自己的感情保鲜方式。雪莉把克里斯的来电铃声设成一首名叫《幸运》的歌，所以每次接到克里斯的电话，就会唱起"I'm lucky I'm in love with my best friend... lucky we're in love in every way"。翻译过来就是："真幸运啊爱人也是我最好的朋友……真幸运啊我们如此地相爱。"

每次电话铃响起时，雪莉就会忍不住笑起来。

克里斯和雪莉曾经带着孩子们一起拍过一套全家福，镜头里相亲相爱的一家四口令人无比羡慕。两个男孩子活泼爱玩，但是他们也非常有礼貌，从不失仪。

这个家庭的好友们回忆起来，都觉得雪莉是温柔可亲的妈妈，她永远会张开温暖的双臂拥抱两个孩子，而克里斯是严厉的爸爸，他会按照

军队的方式管教儿子们。但大家也都说，即使他如此严厉，孩子们依然爱他爱得不得了。

他平时在家待得少，对孩子和妻子的感情表达也比较含蓄。他很少当着别人的面拥抱或者亲吻他们，但是他会花时间陪他们玩，而且从不吝啬大力夸奖。他业余的时候还会担任孩子们的棒球教练，训练完了之后，会带着孩子们美滋滋地享受一碗冰激凌。

就在案发的十几个小时前，门口的监控摄像头还拍到了克里斯和两个孩子一起掷球的镜头。

按照程序，在发现尸体的几个小时后，警方就已经展开了调查。他们先把调查重点放在了寻找威胁信的作者上。负责案件调查的警探介绍说："我们整理了一份名单，列出所有可能想伤害 J.M. 的人，然后分别确认案发时他们都在哪里，根据这个来排除掉没有犯罪可能的人。"

他们找来克里斯，希望作为首席保镖的他能提供更多信息。负责问询他的，正是他求助的邻居贾斯汀警探。

但是问着问着，他发现这个克里斯的反应不对啊。

当他问道，你知道你的妻子和孩子们发生什么事了吗？他说知道。又问，那你知道他们是怎么死的吗？克里斯却回答说，我不知道，你们没人告诉过我……

警探们觉得哪里有点不对。他们互相讨论了一下：

"有人告诉过他吗？"

"没有。"

"为什么？"

"因为他从来没有问过。"

他们回忆起早上经历的过程，发现了一个特别令人感到奇怪的地方。虽然克里斯表现得悲痛欲绝，但他似乎并没有关心任何细节。他哭得浑身颤抖无法自控，却从未要求过去看看现场。

当地的警探们即使没有经手过许多凶杀案，也知道在失去亲人的第一时刻，受害人家属的条件反射是不愿意相信、不能接受。他们会拒绝接受亲人已经不在了的现实，不顾阻拦疯了一样地冲进现场，试图唤醒已经去世的亲人。

而克里斯始终没有踏入妻子和孩子被害的房间一步。他一直老老实实听话地在楼下和门廊上等候，等着警探过来告诉他那个不幸的消息，然后跟着救护车到了医院。

他甚至没有问过一句，他们是怎么死的。

接下来，当被问到当天早上他的行程时，克里斯说他有每天健身的习惯，所以他早上 5 时 43 分就离开家去健身房了。之后，他打了好几次电话叫雪莉起床，始终没人接电话才慌了神。

当警探问到两人的夫妻关系时，克里斯说两人挺好的，很恩爱。案发前的这个晚上，两人还一起在沙发上聊天聊到深夜，雪莉最后熬不住了在他的怀里睡着了。

警探说："真的吗？你们没有吵架吗？"

克里斯满脸的莫名其妙："没有呀。"

警探说："可是为什么有人告诉我们，昨天晚上听到你们家传来吵架的声音呢？"

克里斯坚决否认："没有，我们昨天一切正常，我睡觉前刷牙洗脸，检查门窗，跟平时没什么两样。"

中间休息的时候，克里斯收到了他爸发来的问询短信。他犹豫了一下后问警探："话说我需要请个律师陪同吗？"

一般问这种话的背后意思，就是在试探自己有没有被当作嫌疑人。警探安慰他说："不用不用，我们现在只是要了解一下前天晚上你的行踪而已，走走流程。"

但是警探话锋一转，接着又问："那你们夫妻关系正常吗？最近有

没有出现什么问题？你有没有在跟别人交往？"

克里斯先是立刻回答夫妻感情很好，犹豫了一下又补充说，的确是有过一点点问题，主要是交流沟通方面，但是已经通过看婚姻咨询处理好了。

警探接着追问："那你有婚外恋情吗？"

克里斯沉吟了一下回答说："也没有。只有一个平时比较聊得来的女生，我们可能会聊得稍微多一点。"

这个与克里斯比较聊得来的女生名叫塔拉。

塔拉一头微卷的黑发，长得明艳可人，笑容娇媚。巧的是，她其实是雪莉的高中同学。

她住在佛罗里达州，有次雪莉全家一起去佛罗里达州玩的时候，约了她一起见面吃饭。这样在雪莉的介绍之下，她也认识了克里斯。

与年纪轻轻就结婚生子的雪莉不同，塔拉一直单身，在一家舞廊当舞女，有时候会去附近的一家酒吧做招待。因为长得漂亮，她身边一直有追求者。

不过两个女人的关系并不亲密。那雪莉知道老公跟自己的高中同学经常相谈甚欢吗？

克里斯拧着眉头回答说："一点点吧……不过我们之间真的什么都没有！我绝对不会这样伤害我的家庭和孩子！"

为了证实克里斯的话，贾斯汀警探联系了塔拉家的所在地佛罗里达州圣彼得堡警局，让他们上门查询一下。

当地警局的香农警探接到电话后，便出发去塔拉家拜访。当时她想的是也就简单聊一下，确认一下对方案发时间在哪儿，在做什么，最多不过 20 分钟。

没想到塔拉一听说雪莉死了，立刻交出了自己的手机和电脑，表示你们要了解什么？随便查！

香农警探翻了一下塔拉手机的聊天记录，当时就意识到有哪里不对，赶紧抽空给贾斯汀警探打了个电话，说情况有点复杂，看起来这俩人的关系不一般啊，说完抱着塔拉主动提供的这一堆东西回了警局。

这边接到电话的贾斯汀警探大概心里有数了。

他回到问询室，客客气气地告诉克里斯说："我必须跟你说一声，我在圣彼得堡警局的凶杀案同事正在跟塔拉聊天。你猜怎么着？她说你俩有私情，还给我们看了不少照片呢。"

警方在塔拉的手机里发现了许多克里斯与她的合影，甚至还有一些不雅照片。塔拉解释说，这是他在向她剖白心迹。

更令人无语的是，在塔拉的手机里还发现了拍摄于夏威夷州的一些合影。原来在雪莉收到恐吓信的时候，克里斯本来应该在夏威夷陪着老板出公差，但实际上他把塔拉也叫了过去。白天陪老板，晚上陪塔拉。

但是克里斯不承认这是婚外恋。

他理直气壮地说，对他来说婚外恋的定义是跟第三者同居，而且有计划要一起继续走下去。他没想着要破坏自己的家庭和塔拉长相厮守。

不过也不能怪克里斯这么理直气壮，当他爸妈得知这个消息的时候，第一反应是吃惊，第二反应居然是觉得可以理解。

他爸表示，塔拉只是在某个层面满足了他的需求而已，而雪莉做不到这一点，这能怪他吗？

克里斯和雪莉之间的确出现了很大的问题，甚至在遇到塔拉之前就出现了。

虽然他们结婚 12 年，克里斯的父母却始终未曾真正接受雪莉这个儿媳妇，双方关系颇为紧张。过节的时候雪莉甚至不愿意跟他回家陪父母一起庆祝节日。

另外，两人对待钱的态度也有矛盾。克里斯的年薪很高，他希望享受这个年薪带来的生活，换句话说，他认为自己的钱最好花在自己的身

上，而且要花得值。但是雪莉出手特别大方，还喜欢拿钱去帮助别人，她会自己掏腰包买食品和毯子，甚至亲自开车去送给街头的流浪汉。

朋友们有次亲眼看到克里斯表达对她如此大方的不满："悠着点吧，你这也太善良了。"

但雪莉只是笑了笑，压根儿没听进去。

克里斯更多的不满是觉得雪莉结婚之后变成了贤妻良母，令人感觉无趣。她把心思都放在了孩子和家庭上面，再也不是当初刚认识时那个奔放自在、无拘无束的姑娘了。

当然雪莉还是有无拘无束的一面，那就是在给自己花钱方面。克里斯的朋友曾经听他抱怨，虽然他年薪 10 万，没想到家里居然还欠着信用卡的债。同时雪莉还埋怨他的这份工作不好，经常不在家。克里斯 3 年前就想过换工作，可是哪有比现在挣得还多的工作啊？

他在跟着老板出任务时，有时候条件非常艰苦，有时候晨昏颠倒。老板的要求也很高，因为他是贴身保镖，有时候还会被当保姆用。所以他精神压力非常大。

与此同时，他觉得与家庭越来越割裂，跟妻子孩子相聚的时间太短，几乎没有时间来培养感情。孩子在飞快地长大，妻子也好像变得陌生。

雪莉的女朋友们都听她提起过，克里斯对她毫无兴趣。

克里斯之所以会这样，是因为已经找到了情感寄托——塔拉，但是雪莉知道吗？

一开始她是不知道的。

她只是隐约有点感觉，却抓不到真正的问题所在。因为克里斯对朋友抱怨的是觉得她花钱太多，而对她说的，是觉得她阻碍了自己事业的发展。

吵架的时候克里斯曾经脱口而出，指责她和孩子挡在了他和事业之间。如果没有她和孩子们，他就能全心全意追求事业，完全不会有任何牵挂。

但是很快她也不能欺骗自己了。

圣诞节聚会时，她貌似随意地跟朋友提起来："你想不想看看我老公的情人长什么样？"然后她掏出手机，在社交网站上搜出了塔拉的账号，苦涩地笑了。

不过在那之后，朋友们注意到他们俩情况貌似有所好转。在 J.M. 的建议下，克里斯和雪莉去做了婚姻咨询，两人的感情好像逐渐升温回暖。克里斯会瞅着空子就给雪莉打电话，每次接到克里斯的电话，雪莉都欢喜雀跃得像个情窦初开的少女。

就在案发前的那个星期六，他们刚携手去参加了一个关于婚姻家庭的活动，计划着要重温结婚时的誓词。

美国的婚礼习惯是在结婚的时候，新郎新娘会各自朗读一段誓词，这往往是婚礼最动人的时刻，几乎没有不哭的新娘。而"重温誓词"就是在结婚多年后安排一个仪式，让夫妻俩再重新纪念一下携手多年的爱情。

所以可以看出来，克里斯是有打算和雪莉好好过日子的，至少安排上看起来是这样。

虽然警方知道了克里斯和塔拉的私情，但并不能因此证明他就是凶手。所以在初步问询后，他安然无恙地从警局走了出来。

不过塔拉那边却几乎对警方交代了个底儿朝天。

塔拉说她跟雪莉是高中时期彼此最好的朋友，毕业后一直还保持着联系。她与克里斯之前的交往不算多，真正关系开始深入是 2008 年的 11 月，当时她去参加 J.M. 的一次活动，见到了站在一边英姿飒爽的克里斯，顿时就一见倾心了。

后来有次克里斯陪着 J.M. 去佛罗里达州出差，雪莉打电话给塔拉，让她也去现场听听，结果反而是给他们俩提供了接触的机会。那之后两人的感情迅速升温，每天都不停地打电话发短信互诉衷肠。

直到 12 月中旬，J.M. 又来到佛罗里达州公办，这次克里斯不需要

日夜保护 J.M.，就打电话让塔拉来了酒店，两人自此确立了关系。在那之后，克里斯只要出差有机会就会带上她。

塔拉跟警方解释说他们俩是真爱，因为他们在一起还会谈到未来。克里斯专门去挑选了一对定情戒指，和塔拉一人一个。直到最后出庭，塔拉都一直戴着这枚戒指。

我专门去搜索了一下定情戒指和订婚戒指的区别。总的来说，两者的含义不同：定情戒指表示两人的关系确定下来，是严肃的男女朋友关系；订婚戒指则是意味着两人准备步入婚姻。

从款式上来说，订婚戒指的设计一般是中间一颗大钻石，象征一心一意。定情戒指的设计则会相对简洁一些，会使用出生石这样的装饰，或者就是简单的一个环儿。

与克里斯轻描淡写地将两人的私情描述成一般感情不同，塔拉是真心实意地觉得他们之间是爱情。

她说两个人已经商量好一切，并订好了票，打算 6 月 14 日去加勒比海坐游轮，而且已经开始讨论订婚戒指的款式，去店里看了好几次，甚至开始联系举办婚礼的地点，在婚礼网站上开了账户，准备接受亲友们的祝福。他们的计划是先让塔拉搬到伊利诺伊州，然后在圣路易斯买个房子，婚后两人就定居在圣路易斯。

他们甚至开始商量孩子的名字。

不过，这一切的前提是，克里斯必须先离婚。塔拉说自己对这一点是非常坚决明确的。

她说克里斯也明白这一点。为了让她安心，克里斯正在咨询律师关于离婚的事情，很快就会准备好一份离婚协议，计划着 5 月 4 日去律师那里就可以取到协议交给雪莉，让她签字。

但是 5 月 4 日当天，他又告诉塔拉说事情"黄了"。因为他发现那份离婚协议书拼错了雪莉的名字，律师得重新准备一份，他 5 月 5 日再去取一次，然后拿给雪莉签字。

5 月 5 日凌晨，雪莉和孩子们遇害，当然再也不需要去取什么离婚协议了。

案发 4 天后，雪莉和两个孩子的葬礼在克里斯老家举办。她的朋友们都赶来向她告别，其中包括她最好的朋友凯西。

凯西是 J.M. 儿子的贴身秘书，跟克里斯也很熟。在听说雪莉的噩耗之后，她立刻跳起来脱口而出："肯定是克里斯干的！"但是她老板不允许她这样瞎说，要求她闭上嘴巴，安心为逝者祈祷，不要胡思乱想。

但是在葬礼上待得越久，她就越难以按捺内心的激愤，终于没有等到葬礼结束她就提前离开，直接奔向了当地的警局。

到了警局，凯西说："雪莉曾经告诉过我，如果她出事了，那凶手就是克里斯。"虽然在外人眼里他们是一对黄金夫妻，但最近一段时间两人争吵无数，雪莉有次甚至在吵架的时候歇斯底里地喊道："我不会离婚的，不要指望我主动退出，你能怎么办？杀了我吗？"

凯西还说，在克里斯开始收到威胁信后，她曾经劝他装个摄像头，J.M. 都答应了会给他报销，而且雪莉那么害怕，装个摄像头好歹能安心一点。但是克里斯拒绝了，理由是"雪莉有枪，她知道怎么保护自己"。

只是这些话依然不能证明克里斯与雪莉和两个孩子之死有直接关联。警方必须找其他的办法。

案发当天，克里斯声称自己在早上 5 时 43 分离开家去健身房做运动，走的时候雪莉和两个孩子都还在沉睡。但警方在调查之后发现了许多与他描述不符的情况。

首先是犯罪现场。

第一个进入犯罪现场的是贾斯汀警探和值班巡警。他们注意到克里斯家后院地下室的一个窗户开着，纱窗被拆下丢在一边，而后门的锁还锁着，并没有被破坏的痕迹。这说明凶手是通过这扇窗户进入屋内的。

克里斯提到过，在收到威胁信之后，家里重新安装了定制门窗，这些定制门窗下都加了一片特殊的防破装置。如果有人暴力破坏门窗并且进入了室内的话，肯定要先破坏这片防破装置。

但是贾斯汀警探注意到这个窗户保护完好，整个地下室没有任何暴力进入的痕迹。

鉴证室在检查现场的时候，也发现那扇凶手进入的窗户下的防破装置完好无缺，说明这个窗户根本没有被锁上。

对于一个训练有素的专业安保人员来说，在收到了如此之多的生命威胁之后，居然会"忘记"锁门窗，这几乎是不可能发生的事情。而克里斯在被问询的时候，也曾经明确回答案发前一夜他检查了所有门窗都锁好了之后才去睡觉。

这说明要么是有人在他入睡之后故意又打开了锁，要么是他在撒谎。

另外，鉴证室的专家们在案发现场没有发现任何外来的毛发和DNA线索。除了克里斯全家人的足印之外，现场也只发现了一个属于外人的足印，经过对比检测，确认了这枚足印属于当天首先进入现场的贾斯汀警探。他当时穿了一双球鞋，在早晨6时许进入现场地下室，脚上带着清晨的露水在地下室的地毯上留下了一个足印。

另一个证明现场没有外人来过的证据，是贾斯汀警探在孩子窗户上安装的监控摄像头。

这个摄像头正对着的就是克里斯家的信箱。一般来说，美国房子的信箱就在车库门口不远处车道的尽头。所以有车进出车库或者停到门口，都会经过这个信箱，也会被摄像头拍下。

对准信箱的摄像头拍下了克里斯于5时43分开车离开家，贾斯汀警探在接到电话之后，于6时51分到达克里斯家的门口，克里斯本人6时56分回到家。除此之外更早拍下的镜头，是前一天晚上天黑之前，克里斯与两个孩子在掷球。

也就是说，根据摄像头的记录，在克里斯走后和贾斯汀警探到达之前，并没有人进入克里斯的家。

与此同时，现场鉴证专家证明，克里斯家的后院没有任何有外人来过的痕迹，如足印、毛发纤维、车辙等。

其次是尸体现象。最开始来到现场的警探注意到，雪莉和孩子们的尸体看起来并不像刚刚死亡的样子。

最早发现尸体的警探当时就注意到雪莉的皮肤暗沉，摸上去没有弹性。当他试着想把趴着的雪莉翻过来时，感到她的尸体已经出现了僵化，躯体关节都像卡住了一样，十分僵硬。而当他试着在雪莉的颈部寻找脉搏时，触感也相当僵硬。同时他发现雪莉的胸部出现了紫红色的斑痕，也就是尸斑。

他在加里特的身上也发现了同样的斑痕，而且加里特的眼睛和嘴唇都呈现青紫色，脖子和雪莉一样显得僵硬。

来到现场的救护人员收到通知后大约是 7 时 5 分赶到，他也注意到这时三个受害者的尸体已经变得冰凉僵硬，出现了明显的尸斑。

这里简单介绍一下关于尸斑的知识。

尸斑产生的原因，是人在死了之后，心脏停止跳动，不再向身体四肢输送血液，此时由于重力的作用，失去心泵作用的血液会沿着血管流向尸体低下部位的血管网，并使它扩张，红细胞逐渐沉积，在没有受到压力的部分皮肤上形成紫红色或者暗红色片状的斑痕。

所以，出现尸斑的时候，人的心脏肯定是已经停止跳动了。

但是尸斑出现的时间却非常微妙。

人在死亡的半小时后就有可能出现小块尸斑，大概 5 到 6 个小时后会融合成大片。6 小时以内的尸斑如果按压的话可以消失，如果改变尸体的体位，还会出现新的尸斑。

但 6 小时到 10 小时内的尸斑，再怎么按压也不会完全消失，如果改变体位，还会出现浅浅的新的尸斑。10 小时到 24 小时内，尸斑现象逐渐固定。24 小时之后，尸斑就完全固定，不可能改变了。

所以法医学上可以通过尸斑来帮助推测死亡的时间范围和尸体是否被移动过。

克里斯说自己 5 时 43 分离开家的时候三人还活着，贾斯汀警探于 6 时 51 分发现尸体。那么按照这个时间推测，三个受害人的被害时间就是在这一个小时之间。

但根据现场的救护人员拍摄的照片可以看到，雪莉和两个孩子身上的尸斑已经开始连接成片，这说明他们的死亡时间要远远早于前面提到的案发时间。

最后是尸体体温。当天在现场的法医黛博拉记录了发现受害人时的尸体体温。她来到现场的时候大约是 11 时。当时雪莉的主卧室温度是 25℃，她检测出雪莉的核心体温是 32℃。加里特的卧室温度是 24℃，而他的核心体温是 33℃。因为警方在加文的身上发现了一根长发和喷漆，为了保护现场证据，法医没有提取他的核心体温。

一般来说，人的核心体温超过 38℃，基本就是发烧了。

人在死亡后，人体的核心温度会逐渐下降，最后变成与周围环境温度一致。而体温下降的速度，大概是每小时降低 1℃ 至 2.5℃（当然也要根据周围环境的温度来推断）。

负责尸检的法医在解剖了尸体之后，根据当时检测出的尸体体温，推断三人的死亡时间距离被解剖的 11 时 04 分，大概需要倒推回去 6 至 8 个小时。也就是说，死亡时间应该是凌晨 3 时到 5 时之间。

为了明确死亡时间，警方请来了另外一位鉴证专家——百登博士。他是纽约鉴证组的首席。

百登博士表示需要很多的证据和线索综合考量，才能确认具体的死亡时间。一般来说，需要综合考虑三个因素：（1）尸斑；（2）尸僵程度；（3）尸体的温度。

法医可以通过死者胃里食物消化的程度来判断死亡时间，但是这需要有个前提，就是知道死者在生前的什么时间吃了什么食物，有了这样的参照，才能推算出死亡的时间范围。

不过虽然百登博士无法给出具体的死亡时间，但在这个案子上，只需要确定在克里斯离开家的这个时刻受害人是否还活着。

在研究了现场照片和法医提供的尸检报告后，百登博士认为三个受害者在5时43分的时候就已经死亡了，这是没有讨论和反驳余地的事实。

法医的报告中还提到，虽然三个受害者都是在床上被害的，但只有雪莉的尸体上有三条勒痕，脸上还有被重击后留下的青痕。这说明她在被害的时候曾经猛烈反抗过，凶手没能顺利地一击得手，而两个孩子则是在睡梦中被害的，所以没有反抗的痕迹。

百登博士根据以往的经验推测，用绳索勒杀受害者的话，一般需要紧紧地勒住4至5分钟，才会造成脑死亡。

另外，根据警方提供的一张现场照片可以看出，在加文的身上发现了一根头发，这根头发的长度和颜色与他自己的头发不同，而与雪莉的头发吻合。所以百登博士推测雪莉的死亡时间要早于加文。

凶手用同一根绳索杀害了雪莉和两个孩子。他在杀害雪莉的时候，绳子卷住了她的一根长发，这根长发随着作为凶器的绳索被转移到了加文的身上。

这说明凶手实施杀害的过程，前后可能有20分钟到半个小时之久。

也就是说，退一万步讲，这个凶手在克里斯前脚离开家他后脚就立刻进去杀人，从5时43分开始，也得在6时10分左右才能结束。如果是这样的话，距离三人的尸体被发现只有半个小时的时间，他们的核心温度不可能下降那么快，也不可能出现相应的尸僵情况。

如此说明，三人的死亡时间绝对要早于克里斯离开家的5时43分。

案发当天接触到克里斯的几名警探都注意到他的胳膊上有几条抓

痕。到了警局后，贾斯汀警探问询他的时候，他提出屋子里太冷，能不能要条毯子。

于是贾斯汀警探给他找了条毯子，但是他拿到毯子之后，并没有披在身上保暖，而是拿来盖在了自己手臂的抓痕上。

警探问他这抓痕是怎么形成的，克里斯回答说，前一天他爬到屋顶上去调整电视天线，不小心被树枝划到了。

然而，验尸的时候，法医在雪莉右手的指甲缝里发现了残存的皮肤碎屑。遗憾的是，从她的指甲缝里提取的样本只足以检测出两个结果，第一，DNA 属于一名男性；第二，DNA 属于克里斯家族。

也就是说，虽然这个抓痕十分可疑，但无法由此确认克里斯就是凶手。

现场凶手在墙上留下的威胁字句是另一个调查方向。

这些字句是用红色喷漆喷到墙上的，但是警方没有在现场找到用过的喷漆罐，显然是凶手用完之后就带走了。

警方在提取了喷漆样本后，根据喷漆中独特的树脂配方，分析出这款喷漆是某品牌旗下的产品。他们将样品交给公司的一位设计专家，经过分析证明这款喷漆的颜色叫"苹果红"。

有意思的是，警方当天在克里斯家发现了一张信用卡，购物记录显示，2009 年 2 月 9 日，有人用这张信用卡在当地的一家五金工具店购买了一个该品牌的"苹果红"喷漆。

警察找到这家五金工具店，调出了当天的信用卡签单，找到了这罐喷漆的购买记录，收据上赫然就是克里斯的签名。

在收据面前，克里斯没办法，也只好承认自己的确买过这么一罐喷漆，但他不记得把喷漆放哪儿了。

这样含混不清的回答对他有两个好处，第一是解释了家里为什么找不到自己买的那罐喷漆；第二是也可以解释为有可能凶手正好发现了喷漆，顺手拿来一用。

但就算能勉强解释成凶手来到克里斯家，杀人后一眼看到了家里某处放的喷漆就顺手拿来用，也无法解释接下来鉴证专家的发现。

警方请来的字迹鉴证专家摩尔在对比了克里斯提供的手迹和墙上喷漆的字迹之后，认为它们中的"i，g，c，k，b，p"还有"ing"的笔法走势非常相近。

摩尔在解释自己的发现时这样说道，墙上喷漆的文字中有"花式字体"和"印刷体"两种写法。他对比这两种写法时发现了不一致的地方，如字体的曲线转合、大小写的转换。然而，这种不一致的方式，在克里斯手写的日记和信件中也出现了。

他认为这种"不一致性"是一个人从学校开始学写字时就养成的书写习惯，反而体现了写字人的"一致性"。

不过上面说的这么多证据，都不如最后一个发现来得致命。

克里斯说自己从 2008 年 11 月开始收到威胁信。但是老板 J.M. 证明旗下 900 多名员工中，只有克里斯一个人收到了这样的威胁信，就连信中直指的目标本人她自己，也从来没收到过。

有意思的是，发信人的用户名是"destroychris（毁灭克里斯）"。也就是说，这个邮件账户是专门为了克里斯而注册的。那这个所谓的对 J.M. 心怀恨意的人，为什么一定要跟她身边的这个保镖过不去？这就很难解释通。

为了回答这个问题，警方的鉴证专家联系了相关网站，要到了这个邮件的 IP 地址。经过对比，鉴证专家发现发出威胁信的 IP 地址，和创建这个邮件账户的 IP 地址是同一个。

关于 IP 地址的一个简单常识是，不同电脑可以有相同的"公共 IP"，但是使用的路由器会明确地知道是哪一台电脑进行的操作。

历史记录显示，这个邮件账户是 2008 年 11 月 14 日晚上 8 时 19 分创建的，账户里有 8 封邮件记录，发出了 7 封，还有一封存在发件箱里尚未发出。

这个账号在建立后不久，就发出了第一封威胁信，收件人是 J.M. 公司旗下的若干不同负责人。威胁信的标题是"克里斯一家，他们死定了"，信的内容是反复要克里斯告诉 J.M.，她不能再公开表达看法。

第二封威胁信在 11 月 15 日发出，收件人是 J.M. 和克里斯本人。同一天又发送了接下来的 5 封邮件。11 月 16 日发件人写了第 8 封邮件，但是这封邮件一直没有发送出去。

警方将克里斯的家用电脑、公用电脑，塔拉的电脑，还有克里斯父亲和弟弟的电脑都交给了来自普度大学的罗杰教授，请这位电脑专家进行检测，他也得出了与鉴证室电脑专家一致的结果。

验证结果就是：发送威胁信的人使用的正是克里斯的公用笔记本电脑。

在 2008 年 11 月 14 日这天，发送威胁信的人用这个笔记本电脑连接到一个网络上，这个网络就派发一个 IP 地址给了这台电脑。在这个时间点，只有这台电脑的 IP 地址与建立前述邮箱账户和发送邮件的 IP 地址完全吻合。

罗杰教授甚至进一步证明了这台电脑在三次起草和发送邮件的期间，不曾被远程登录，是人工手动开机关机操作的。也就是说，这都是有人坐在电脑前手动操作的。

面对这样的铁证如山，克里斯是如何反驳的呢？

很简单，他的回答是："我被盗号了。"

但是很快这个盗号的狡辩就被推翻，首先 J.M. 出来辟谣，她的单位里不会有人这样鬼鬼祟祟地用别人的电脑，而且也无法登录别人的电脑。其次这位罗杰教授也证明，这台电脑的防毒软件很给力，根本不会出现有人远程盗号登录的情况，就算有，也会有明确详细的记录。

关于"被盗号"的说法，警方还有一个证据可以佐证。

警方找来了语言学专家莱纳德博士。这位专家通常都是被请去给被告做鉴定的，这次他被警方请来了。

他对比了两套文件，Q 文件和 K 文件。

其中 Q 文件包括"未知作者"的威胁邮件、"隐身人"递送到克里斯家信箱的两封信、凶手在墙上留下的字句，以及加文床上留下的字句；K 文件是已知的克里斯平时发送的邮件，一共 226 封，还有几十条克里斯发给塔拉的短信。

莱纳德博士的任务就是寻找 Q 文件和 K 文件之间在语言学上是否存在共同性。

莱纳德博士首先要做的，是对比 Q 文件中的材料，看它们之间是否有相似性，能不能建立起关系，证明它们都来自同一个作者。

莱纳德博士介绍说，FBI 有个专门的数据库，存储了历史上威胁信的文字样本，里面大概有 4400 条真实的犯罪交流记录，通过比较数据库中威胁信与 Q 文件的开头行文得知，Q 文件的这些材料有很强的相似性，符合同一个作者的写作习惯。

其次，这些威胁信里有许多"带有条件"的威胁语句。通常"没有条件"的威胁信行文是这样的："我要杀了你。"而通常"带有条件"的威胁信是："如果你不给钱，我就要杀了你。"

克里斯收到的这些威胁信里有很多条件要求："你最好不要再出差了""必须今天就停下来，不然的话……"表达出写信人要求："你必须……她必须……"

再次，这些信件里所有骂人的话都局限在特定的几种，没有什么新鲜的花样。

最后，这些信件中，最后一段都是大写的字母。

这些都反映出写作者潜意识中的行文习惯，说明它们都是同一个人所写。

在基本确认了 Q 文件的作者为同一人之后，接下来需要确认的是 Q 文件的作者与 K 文件的作者是否为同一人。

然后莱纳德博士找到了四个非常明显的相似之处。

第一，两份文件的缩写习惯相同。比如用的都是"I'm"而不是"I

am"，"don't"而不是"do not。"

第二，两份文件都喜欢把某些词连在一起写，比如，把"any time"写成"anytime"，这两个词在不同的情况下使用时，有时连起来，有时就不该连起来，但写信的人不管三七二十一都连在了一起。又比如，"have a goodtime""setup some security" 本应该是"have a good time""set up some security"。

第三，两份文件中在使用这个"'"的时候，总喜欢乱用。如把"won't"写成"wont"；把"doesn't"写成"doesnt"（个人认为是写作者打字的问题）。

第四，有的作者在写作的时候会把"you"直接简写成"u"。虽然这在使用英语短信交流中是挺常见的用法，但在写信的时候这么写，并不常见。

莱纳德博士给出的结论是，在对比了 Q 文件和 K 文件之后，他明确地找到了强烈的共同性。分析出来的结论虽然他没有明说，但是稍微有点逻辑的人都能想到了。

但是接下来的发现更加有意思。

警方收取了克里斯的手机、一个笔记本电脑、一个台式电脑、一个外接硬盘作为证据，鉴证室的电脑专家也恢复了里面被删除的全部信息。

经过搜索鉴证，他们发现，克里斯的电脑里有他和塔拉非常多的照片和视频。

在克里斯的笔记本电脑里，电脑专家发现了一个便签条，这个便签条也被同步到克里斯的手机上。

便签条上详细记录了塔拉的生日、身高、眼睛的颜色、鞋子的号码、手指的尺寸、裤腰的尺寸、最喜欢什么花和什么味道的香水，还有她最喜欢的运动、最喜欢的食物、最喜欢的偶像明星。

其中还专门标注了一条："圣诞节：定情戒指，圆形钻石，碎钻。"

这是他在琢磨送给塔拉的戒指上的钻石该怎么配置，到底应该是圆形的钻石呢，还是四颗碎钻。

另一条写着："我们的女儿应该起名叫佐伊·科曼（孩子跟自己姓）。"

然后电脑专家发现，塔拉在看到这个便签之后，还专门进去更新了克里斯的日历提醒，加上了自己狗的生日和克里斯的生日。

更要命的一点是，在克里斯家信箱里发现的那封打印的威胁信里，有一个词拼成了"oppurtunities"。

电脑专家一搜，在克里斯的电脑里，发现有好几份文件、邮件、短信中提到这个词的时候，全拼错了，而且还错得一模一样！还记得凶手在克里斯家墙上留下的错字吗？

在案发两周后，克里斯被正式逮捕，并且以三个一级谋杀罪名被起诉。但是在正式开庭审判前，他的律师提出了好几个听证会要求。

其中一条是禁止前面提到的那位语言学家莱纳德博士的验证结果被作为证据提交，也要求禁止他出庭作证。

被告律师的理由是：检方在试图用语言学家的验证结果"制造"证据证明克里斯有罪。因为这个验证结果是"主观的"，很难量化的。语言鉴证学不是科学！如果允许语言鉴证的结果进入法庭，那必然会引发陪审团的偏见。

但是在听证会讨论之后，法庭决定允许检方的语言学家出庭作证，然后告诉辩方："你们也找个语言学专家来反驳他就可以了。"

另一个被辩方律师提出来要"踢出去"的，就是笔迹专家摩尔的证词，理由也是太主观。

然后检方和辩方都提出只有自己的证人最好，对方的证人都不行，希望法庭统统禁止对方证人出庭。

这个事情的重点在于，案子办到这个地步，谁都知道克里斯是凶手，但是案子本身没有 DNA、毛发足印等物理证据，犯罪的凶器也没

找着，也没有目击证人、犯罪视频。可以说，其实直接证据什么都没有，有的全是间接证据。而双方提出的证人所提供的证词也全部属于"传闻类证词"（hearsay）。

经过听证会讨论，法庭宣布双方证人都可以出庭作证，这个允许"传闻类证词"作为证词呈堂的举动算是给谋杀案证人证词历史开了一个先例。但是，法庭规定部分证词必须在讨论"动机"的时候提出，比如，雪莉的一个朋友提到说她收到雪莉的短信，短信中说自己被克里斯家暴，这个短信部分就不许被呈堂。

在最后一个听证会上，被法庭指派给克里斯的辩方律师欧格拉十分无奈地试图做最后的挣扎："我觉得现在还不适合开庭，我的良知不允许我签字。"

法官就不客气了："那我就问你一个问题，当然我已经知道你的回答了。你能证明检方做的准备还不够充分吗？"

欧格拉律师干巴巴地回答说："我没法回答这个问题。"

法官替他回答了："换句话说就是你不能证明这一点。"然后霸气地下令，签！

2011年4月25日，克里斯案正式开庭。克里斯的头发已经长了出来。出庭那天他穿了正式的衬衫，打了领带，外面还套了一件防弹背心。

这时克里斯又聘请了专门的刑事律师马格里斯为自己辩护。另外还有法院专门指定的两名律师欧格拉律师和斯登律师，这两位律师都有着丰富的为死刑犯辩护的经验。

雪莉的妈妈和弟弟安静地坐在旁听席上等着，被人群隔开的是他们已经陌生多年的雪莉的爸爸。

克里斯父母也出席了旁听，他俩在开庭之前曾经接受过采访，当被问及有妻有子的克里斯怎么能出轨的时候，克里斯的爸爸居然回答说，这很正常。

正式开庭后，检控官首先说了一段话。他提醒陪审团要记住一点：不要抱着天真善良的想法，觉得这个案件不真实，不要觉得没有人会这样残忍地杀害自己的妻子和孩子。要尊重证据，尊重事实。

后来的事实证明，他真的非常有先见之明。

检方请来的警方证人先按顺序介绍了当天发生的情况，几位最早到达现场的警探讲述了第一眼看到尸体时的状态。同时检控官配合着呈送现场拍摄的照片。

其中发现雪莉尸体的警探提到他注意到尸体上已经出现尸斑和尸僵的情况，说明三个受害者死亡时间远远早于克里斯离开家的时间。

但是立刻被辩方律师反驳：你是不是法医？你有什么资格说那是尸斑？

接下来第一个到达现场的救护人员也作证说，他注意到了三个受害人身上的尸斑和尸僵，结果被辩护律师抓到漏洞：他忘记把这个现象记录到他的现场报告中。

检方请来了好几个法医专家，根据三个受害人的皮肤外表和体温等情况，推算他们的死亡时间。但在交叉询问的时候，法医专家也不得不承认尸体体温的变化与客观环境有很大的关系，不能简单地仅根据体温来倒推死亡时间。

法医百登还是耐心地向法庭解释，即使客观条件会对死者的体温下降速度有所影响，但死亡时间无论是 1 个小时还是 4 个小时，体温也不会相差超过 1℃ 至 2℃。因为死者的体温在最初的 3 到 4 小时下降会很慢，所以即使雪莉的体温是以每小时 1.5℃ 的平均速度下降，她的死亡时间也会远远早于 5 时 43 分。

贾斯汀警探作为最早到达现场的检方证人也出庭作证。他证明在案发后，克里斯始终没有问过受害人是怎么死的，也没有要求去看看案发现场，甚至都没有想过上楼看看情况。

案发后他们把克里斯接到警局进行了 5 小时 56 分钟的问询，整个过程都有录像。检控官当庭播放了录像，也看到了在问询过程中，克里斯要了个毯子来挡住手上抓痕的行为。

但是在交叉问询的阶段，贾斯汀警探也承认在整个问询过程中，克里斯都十分配合，他主动提供了多个书写笔迹样本，甚至包括一个喷字的笔迹样本。克里斯还主动提供了自己当天穿着的衣服、鞋子、手机和电脑等证物，并且配合警方搜查他的房子和车。

辩方律师说，看，克里斯就是心里坦荡，才会如此配合呀。

他接着指出，除了配合调查，警方也并没有在克里斯的衣物、鞋子和车上找到任何可疑的血迹或毛发线索。所以一句话：没有证据。

针对检方请来的语言学专家莱纳德博士提出的证词，辩方找来了两位自己的专家。

其中一位专家证人麦肯森博士也是笔迹鉴定方面的专家，他指出凶手在墙上留下的那些字句，明显是经过刻意伪装的。因为一句话里被故意混杂了大小写、连笔字和印刷体。正常情况下没有人会这样写字。

再加上这些字是通过喷漆写的，喷写的时候需要牵动全身，喷写人本身在喷写的时候就不太可能遵守平时的写作习惯。而且也没办法确认是左手写的还是右手写的，甚至不能确认到底是一个人喷的还是好几个人喷的。现在硬把两者做比较得出一个结论，这个结论有多大的可信度呢？

其实麦肯森博士这么说还是有一定道理的，但这个说法很快便被检方反驳得体无完肤。

在交叉询问中，麦肯森博士在检方连珠炮般的追问下承认，检方专家证人对"墙上留言是一个人所写"的假设是合理的，他并没有证据来证伪。他也承认 Q 文件和 K 文件中的笔迹有相似之处。而且他也不能拿出证据证明墙上的文字不是克里斯写的。

另一个辩方请来的专家证人是位名叫巴特斯的教授，他是杜克大学的英语和人类学教授。他指出莱纳德博士的证词里提到的很多错误，本身就很常见，并不足以推断出他们是一个人写的。至于用"u"替代"you"也是现在很常用的一种简写习惯，尤其是在非正式的邮件中，很多人都会这样做。

巴特斯教授基本上把莱纳德博士的每一条证词都给反驳了一遍，最后干脆说，莱纳德博士压根儿就不应该接受专家证人出庭的要求，因为所谓的鉴证语言学根本就不是一门学科，它根本就不科学。

这一轮下来，控辩双方算是势均力敌。

但谁也没想到的是，塔拉居然作为检方证人出庭作证了。为了看她出庭，当天有90多人踊跃登记要求旁听。

据说最初她是拒绝出庭的，结果被法官发了传票要求必须出庭。当天出庭时，她穿着玫红色衬衫，戴着一条金项链，链坠是个十字架，手上戴着克里斯送给她的那枚戒指。

在回答检方提问时，塔拉都用尽量简洁的词语回答，但依然可以听出来她语气中的不满。

塔拉作证说她与克里斯的私情从2008年11月开始，之后两人浓情蜜意无法自拔。5月4日晚上，克里斯告诉她离婚协议上弄错了雪莉的名字，第二天要重新准备一份再交给雪莉。两人短信聊天一直聊到晚上10时30分。

在证词中塔拉提到，克里斯告诉她自己第一次收到威胁信是在案发的18个月之前。然后有意思的是，为了证明她与克里斯只是露水情缘，辩方律师在交叉询问的时候逼着她承认自己跟克里斯的弟弟也有私情，两人在2008年12月还一起去坐了轮船度假。

然后辩护律师说，看，克里斯跟塔拉其实不是来真的，她跟谁都是这样。

当时在克里斯的日记里曾经有过一样的记录，2008年11月5日，是改变他人生的一天，这一天他与塔拉交换了定情戒指。不知道他是否知晓塔拉朝三暮四的行径，不过就算他之前不知道，检方也当庭让他知道了。

另一个引发众人注意的证人，是克里斯的老板J.M.和她的儿子丹尼尔。考虑到J.M.是名人，她和丹尼尔并没有出庭，而是提供了录像形式的证词。

J.M.在证词里说，克里斯为她工作了11年，从普通的保安一直成长到年薪10万的首席贴身保镖，始终勤勤恳恳尽心尽力。她并不知道克里斯有出轨行为，而只是在2008年秋天的时候听说他家里有点不和。

当时她与克里斯讨论过这个问题，克里斯向她抱怨说妻子控制欲太强，自己的日子很难过，她就建议他们夫妻俩去做婚姻咨询，这个婚姻咨询师也是他们公司旗下的专职雇员，在那之后克里斯和婚姻咨询师都向她汇报过，说进展良好，问题正在解决中。

2009年4月，她开始注意到克里斯在工作中有时候会出现神不守舍的情况，而且她也注意到克里斯那会儿开始使用私人手机，之前他都是使用公司配备的手机。

在证词中J.M.承认，如果她早知道克里斯有外遇的话，就会解雇他。之前公司里曾经有过有外遇的雇员，就被毫不留情地解雇了。她详细地解释道，出轨不行，犯有道德过错的员工是不会被宽容的。

J.M.的儿子丹尼尔也作为首席执行官提供了自己的证词。他证明他之前发现克里斯的公派手机电话费猛涨，查了之后发现绝大部分的电话都是打到佛罗里达州的一个号码，他给这个号码打过去之后，是个女人接的电话。

那之后他找到克里斯询问这是怎么回事，克里斯解释说对方是雪莉的好朋友，他是在跟对方的老公探讨婚姻问题。

在克里斯开始收到威胁信后，丹尼尔曾经提出让他停止跟着J.M.出差或者在他出差期间，由公司出钱派驻人手来保护他的家人。但是克里斯都拒绝了。

在总结陈词的阶段，辩方律师坚持认为，检方拿出的所有证据全部是间接证据，没有任何实质性的直接证据能证明克里斯就是凶手，甚至警方也从未证明在发送那些威胁信的时候，克里斯的电脑到底在谁的手上。

"所以他并不是凶手，凶案调查不能结束！"

而检方在总结的时候提醒陪审团："当凶手潜入孩子们的房间时，当他在沉睡的孩子们身边坐下时，当他伸出手把绳索套上他们的脖颈时，他在想什么？他想的是与情人天长地久的未来，是将来会有的女儿。你们看到了照片，孩子们甚至没有挣扎，他们动都没有动一下，也没有尖叫，更不要说逃跑。为什么？因为他们睁开眼看到的，就是他们的爸爸！"

"他们当然不会挣扎，也不会呼救。因为那就是爸爸啊！"

陪审员们聚集起来开始讨论。一个又一个小时过去。在讨论期间他们向法官索取了克里斯家地下室窗户的照片，过了一会儿又找法官询问"合理性怀疑"的明确定义。

美国给被告定罪的一个必须满足的要求，就是需要在不存在任何合理性怀疑的情况下，证明被告有罪。不仅如此，还必须证明绝对没有其他的可能，而不是因为找不到其他的可能。

不久有消息传来，陪审团的投票结果是 7∶5，有 5 个陪审员不同意判定克里斯有罪，如果这样的话，审判就有可能流审（无法达成一致意见）。

在问到原因的时候，不愿意透露姓名的陪审员表示，其实他们都认为克里斯是有罪的，但是他们无法确定没有其他可能（嫌疑人）。虽然无法解释，但是因为没有直接证据，就无法证明他就是凶手。

讨论进行了整整一天，转眼到了第二天，已经有消息说最后结果很可能是案件流审，陪审团却突然作出了决定。

据说他们在讨论的时候，翻到了一张照片。照片上是塔拉和克里斯两人亲密接吻，浓情蜜意。其中一个陪审员无意间把照片翻了过来，看到了背面的日期：

2008 年 10 月 21 日。

而塔拉在法庭上作证说，她与克里斯是在 2008 年 11 月的一个会议上见面认识的。

感到被骗的陪审员们意识到，如果他们连开始约会的时间都会撒谎，那更可能在其他的事情上撒谎。

2011 年 5 月 5 日，在案发的整整两年纪念日这天，法庭宣布：克里斯三个一级谋杀罪名成立。

那么，接下来就是讨论是否应当判处他死刑。

辩方律师欧格拉是法庭指派给克里斯的律师。这倒并不是因为克里斯家经济困难，而主要是考虑到欧格拉在死刑判决上非常有经验，能保证克里斯的权益得到最大限度的保障。

在刑罚听证会上，欧格拉请来了一大群"人品证人"为克里斯作证：虽然他被判决有罪，但不至于死刑。最后欧格拉通知法庭，他代表克里斯宣布选择由法官来决定刑罚。

这里主要就是要了解美国在判刑阶段，有两种形式：法官审判（Bench Trial）和陪审团审判（Jury Trial）。

Bench Trial 就是选择由法官来决定刑罚。Jury Trial 则是由陪审团决定。如果被告觉得陪审团会对自己有同情而从轻判决的话，往往会选择后者。

在这里克里斯应该是考虑到自己的罪行太重，如果把命运交到有着普通人情感的陪审员手上，很大可能逃不过死刑判决。

在总结陈词里，欧格拉没有谈论克里斯，而是介绍了死刑的历史、他经手过的死刑判决等，最后呼吁应该彻底取消死刑。

在最后他以一句艾略特的诗《空心人》作为发言的结束：

这才是世界结束的方式。不是喧哗和暴击，而是轻声地啜泣。

事实上，如果他们再等待一阵子，2011 年 7 月 1 日伊利诺伊州的州长就会宣布取消死刑。所以即使这时克里斯被判处了死刑，更多的也仅仅是象征意义上的惩罚。

下午再次开庭的时候，法官宣读了他的决定。

他说死刑只会"更加加重这个悲剧的伤害"，而让克里斯活着，他就有机会在接下来的每一天里面对自己的罪恶。

所以他判处克里斯三个终身监禁，不得假释。

我对这个案子非常感兴趣，因为表面上看似简单的凶杀案，背后总是有着不为人知的原因。所以我开始查资料，结果越查越多，最后把资料整理出来，觉得整个案子符合情理逻辑了，也就越写越长了。

写了这么多，很大程度上是为了追问"为什么"，我觉得除了表面上的案情和抓到凶手之外，抽丝剥茧地寻找线索，通过法庭辩论证明犯罪，也是一个非常有趣的过程。

虽然法官给克里斯判处了三个无期徒刑且不许假释，但往往初审判决并不是故事的结束。所以接下来我打算讲讲在被判刑之后，克里斯提出上诉，上诉庭是如何回答他的诉求的。

2014 年，克里斯对判决提出了上诉。他对初审有很多不服，觉得法庭犯了很多错误，然后一条条列了出来，要求据此推翻初审判决。

第一条理由就是语言学家的证词不能被采纳。

当时语言学家莱纳德博士通过分析未知作者的 Q 文件和已知克里斯就是作者的 K 文件，找到它们之间类似的行文习惯，得出 Q 文件的作者是同一人，其行文风格与 K 文件相同的结论。

克里斯的上诉申辩中认为法庭允许语言学家对墙上文字和威胁信进行分析，然后作证说它们都是他写的这个决定是错误的。

理由是，通过语言学的知识来分析一个人的"文风"，从而判定它们是否为同一个人的作品，这是个很新的领域，并没有足够的研究和实验来证明它的科学性。谁知道是不是所谓的语言学家自己随意说的呢？

检方回应说，法庭的确规定了所有涉及新科学领域的鉴定方法都必须有科学原则证明才能算数，所以任何一个专家证人的观点，都必须是建立在自己相关领域的科学方法已经被证实的基础上。

那么该如何定义一种鉴证方法是否涉及新的科学领域呢？只有这种方法是专家证人的原创或是之前有人用过却失败了的情况下，才能说这个鉴证方法是个新领域。

但是辩方律师你们提出的申诉观点不对，因为我们检方本来也没说鉴证语言学是门科学，也没说这是个新的领域啊！（所以你们到底是在反对什么呢？）

注意这里的逻辑：辩方提出的反对理由是"你们的鉴定方法太新了，这个鉴定方法不科学，这个证据不对"。而检方的反驳是"我们本来也没说这是科学，而且跟新不新没关系，我们只是让专家证人表达了自己的观点"。

这种反驳方式真是典型的庭辩手法啊。

检方说，我们的专家所做的，只是寻找未知作者文件与已知作者文件的共同性，并没有要他证明这些文件的作者是谁呀。

还记得前面提到过，莱纳德博士并没有明确地说出自己的结论吗？原来早已埋下了伏笔。

这个技巧真的绝妙，他只是将两者之间的关联摆出来给陪审团看，结论却让对方自己得出。如此一来，就无法攻击他给出了错误的结论。

上诉庭在听取了双方意见后表示："你们说得没错。这个鉴证方法既不科学也不新奇，但是为了公正起见，我们允许双方邀请自己的专家证人出庭作证，畅所欲言。"

对法庭来说，与其"一刀切"地禁止某一方的专家证人提供证词，更好的做法是允许证人出庭，并且允许另一方通过交叉问询来更深入地探讨证词的真实性和有效性，法庭也可以更好地针对现场讨论来给陪审团作出指示。真理总是越辩越明！

当时辩方不是找来了自己的专家证人吗？双方不是在法庭上唇枪舌剑过了吗？既然没能当庭驳斥检方专家证人提出的意见，现在再说什么也没用了。

所以这一条驳回。

辩方代表克里斯提出的第二条不服理由，是关于在他的电脑和手机里发现的婚外情视频。辩方认为这些案涉视频与案情不相关和不符合证据标准。而法庭允许这种证据呈堂使陪审团对克里斯产生了巨大的偏见，所以他没能得到公正的审判。

检方回应说，首先我们提交的都是与案情有着密切相关的证据。因为法律上对其的定义是：如果这个证据能更好地证明在法庭上所讨论的事实，那么证据就是密切相关的。

这句话听起来有些拗口，转换一下意思其实就是，只要我们提出的证据能服务于我们提出的观点（能证明罪名成立或者不成立），那证据就是密切相关的。

上诉庭对检方提出的申辩回复说，克里斯是一个国际组织的雇员，这个组织强烈反对婚外恋。案涉视频作为证据证明了被告有婚外恋行为，而这种行为不为他的雇佣单位所容，所以有可能会影响他的工作。因此对克里斯来说，他如果希望摆脱雪莉娿塔拉的话，离婚不是一个选项。

在警方第一次问询克里斯的时候，他首先否认了自己的婚外恋行为，在不得不承认之后，他又试图淡化两人关系的深入程度。而案涉视频的存在则证明了他们俩已经发生了关系并且如胶似漆。

这说明克里斯对警方的回答是在撒谎。所以允许案涉视频作为证据

呈堂，对厘清事实和判案是有帮助的。

所以这一条也驳回了。

接着克里斯的上诉申辩提出，审判庭允许检方找来很多的证人提供证词说克里斯想离开雪莉，从而证明克里斯有谋杀动机，这种证词属于传闻类证词。

传闻类证词一般指证人在作证的时候引用别人的话来作为证词，而这个"别人"的话没有办法去求证。

美国法律规定，如果证词被判定是传闻类证词的话，法庭是不能接受这个证词的。

为什么呢？因为传闻类证词完全无法被证实啊。

美国法律规定，证人提供的证词必须是自己的真实经历（或者想法），在法庭上会被交叉询问考验，以求证其真实性。而且证人一般出庭作证的时候，都要发誓。

传闻类证词完全是通过第三人的口吻说出来的，既无法保证当事人说的是真的，也无法保证他真的是这么说的。所以一般情况下法庭不接受这种证词。

但也会有例外。

检方在初审庭曾经根据"第三方证词可以帮助证明犯罪动机"的理由提出了例外申请。因为当事人雪莉已经无法出庭作证，所以检方找来她的朋友，讲述他们从雪莉那里听到的信息。

为了保证他们的证词符合规定，审判庭曾经举办过一个听证会，请来了13个雪莉的朋友。他们各自拿出了证据和证词，证明雪莉曾经告诉他们，克里斯嫌弃他们母子阻碍了他的事业发展，曾经多次闹离婚，但要求雪莉来主动提出离婚。可是雪莉表示她才不干。

当时检方律师提供了一份文字的证词记录，但是辩方律师没能提供任何证据反驳这份记录。所以审判庭认为，根据证人的证词、证词记录和辩方律师无力反驳这几个理由，可以证明克里斯的行为的确造成受害者本人（雪莉）无法亲自出庭来作证，所以让证人替她来作证，从而只能从第三方的角度转述是合理的。

而且当时初审庭还在召唤证人出庭前，特意交代了陪审团，这是第三方提供的信息，陪审员们需要自己来决定这些证人的证词是否对案情有影响，影响程度如何，等等。

检方律师提到的上诉理由中，还包括一个不符合规定的证词。

初审时有个检方证人提供证词说，雪莉曾经给她发短信说自己被克里斯家暴。但是在开庭前，控辩双方达成一致，同意让这个证人出庭，但她不许提短信的事。然而证人在法庭上没忍住，硬是提到了这个短信。

辩方当庭就提出这违反了协议，要求法官宣布案件流审，但是这个要求被初审法官拒绝了。

所以在上诉书中，上诉律师针对这一点也提起申辩，认为初审庭不公。

上诉庭表示，初审庭做得没错！

一般来说，流审的决定只有在错误极其严重，严重到会影响审判公正性，而审判因此无法再继续的情况下才会发生。

就克里斯这个案子来说，虽然检方证人违反了协议，但是重温法庭记录可以看出，当时检方律师并没有刻意引导她说出这个证词，是她自己忍不住说的，所以这不是检方律师的责任。而且当时法官就要求书记员将她的这句证词从记录中划掉。审判庭整个处理过程没有问题。

再说了，就算这句话真的引起了陪审团对克里斯先入为主的偏见，其他的那些证据也足够多了，不差这一句了。

所以这一条，驳回。

克里斯的律师提出的最后一个上诉理由就是特别好使的"排除合理怀疑"——判决必须建立在能证明克里斯是唯一可能的凶手的基础上。

因为本案没有任何直接证据：没有目击证人，没有凶器，也没有凶犯自白，完全靠间接证据定罪，那如何能证明绝对没有其他的可能呢？

尤其是陪审团自己在讨论的过程中，也多次提出案件的侦破和审理是否真的做到了排除其他一切合理怀疑，不存在其他可能性，还特意询问法官合理怀疑（reasonable doubt）的定义是什么，这说明陪审团对此也并不确信。

所以辩方认为陪审团当时之所以做出"有罪"的判决，是因为被婚外情照片、视频等扰乱了心神，作出了不够理性的决定。

上诉庭对这一条也作出了坚定的反驳。

上诉庭说，我们现在的任务并不是要推翻初审的判决，重审克里斯的案子，而是审查审判庭的证据和材料，确认审判过程没有产生错误和疏漏。

现在辩护律师提出初审庭没有做到排除其他一切合理怀疑，未能完全确认只有克里斯可能是凶手的这个结论，但我们认为初审庭已经完美地证明了这一点。

J.M. 在证词中提到克里斯在 2009 年 5 月 4 日给她打电话请病假，这正是案发的前一天。她注意到这是克里斯为她工作 11 年来第一次请病假。

而塔拉在证词中提到克里斯告诉她会在 2009 年 5 月 4 日给雪莉送离婚协议，然后又拖延了一天说文件上雪莉的名字拼错了，要 5 月 5 日也就是案发当天送。

J.M. 提供的证词证明，离婚对克里斯来说不是一个能考虑的选项，那么这个日期显然不是巧合。

2008 年 11 月 14 日，J.M. 和克里斯都收到了一封来自用户名为毁灭克里斯（destroychris）邮箱的威胁信，几分钟后，克里斯又收到了第二封。接下来的几天里，他们的同事和克里斯分别又收到了好几封。但是这些威胁信全部仅仅针对克里斯一个人，除了他之外，J.M. 的 900 个员工里没有第二个人受到同样的威胁，包括 J.M. 本人和他们的首席执行官，J.M. 的亲儿子。

这能证明威胁信基本就是克里斯在自导自演。

在收到威胁信后，警方介入，增加了克里斯住处附近的巡逻和执勤频率，通过问询和监控可以证明，没有任何人曾经注意到有外人接近过他家的信箱。

2009 年 4 月 27 日，克里斯又收到了一封威胁信，这之后贾斯汀警探安装的摄像头可以证明，案发期间没有任何人接近过他家的正门。警方在克里斯家的周围没有找到任何车辙或者足印，他家的房子没有暴力进入的痕迹。窗户厂家的专家证人证明克里斯家地下室的窗户是人为被打开没有锁，而不是从外面暴力打开的。

这些都证明克里斯离开家后，没有其他人进入他家。

电脑专家证明威胁信发自于克里斯自己的电脑，信中的错字"oppurtunities"也与克里斯自己的拼写习惯一致。

现场的警探、救护人员、几名法医都作证雪莉和两个孩子的死亡时间应该远早于 5 时 43 分。百登法医甚至认为死亡时间应该接近凌晨 3 时。

警方专家证明在现场没有找到 DNA 线索并非因为"没有 DNA 线索"，而是因为这是克里斯和受害者共同居住的家，所以是没有找到陌生的 DNA 线索，并无法据此排除克里斯的嫌疑。

综上所述，上诉庭的结论是，虽然检方提供的都是间接证据，但足够充分，覆盖了所有的逻辑环节，它们足够证明不可能存在另外一个凶犯。也证明了对克里斯来说，他不仅有充分合理的动机犯罪，也有恰到好处的犯罪时机。

本案唯一有可能存在的合理性怀疑的情况，是克里斯离开家的时候，雪莉和孩子们还活着。但是检方提供的证明也都推翻了这一点。所以这一条也被上诉庭给驳回了。

最后的结论就是驳回上诉，维持原判，没有二审的机会。

2018年克里斯再次提起了上诉，这次上诉的理由是当时陪审团第一次投票7：5认为他无罪，后来是看到了照片后面打印的日期才改了主意。

他认为这个照片后面的日期不准确，而从照片的日期引申到自己有罪的思路就更有问题了。自己的律师不给力，所以自己没有受到公正的审判。他要求上诉庭检查这个照片，并且应因为律师的无能，给他一次二审的机会。

2019年4月，上诉庭法官举行了一次听证会，讨论后决定这张照片属于合理合法的证据，并没有对陪审团造成偏见影响，所以也没有侵犯克里斯理应受到公正审判的权利。

然后法官又举行了一个听证会，讨论克里斯的律师到底够不够给力。

原来警方在犯罪现场房间的一个窗户外面，曾经发现过一枚陌生指纹，也就是不属于克里斯家任何一个人的指纹，还曾经在克里斯家之外高速路的一个监控摄像头面板上也发现过一个陌生指纹。

但是警方和双方的律师都没有把这两枚指纹当回事。

从检方律师的角度来说，提出陌生指纹会削弱他们的指控。而辩方律师居然没有据此大做文章就太不应该了。

我的理解是这两枚指纹并没有实质的破案价值，根本连提都不用提。所以双方都很有默契地自动忽略了这个证据。克里斯却十分不服气，认为这说明辩护律师对他不够尽心竭力，要求更换律师。

2020年7月3日，法官表示，鉴于克里斯对律师不满，但始终找不到合适的代理律师，所以同意克里斯在之后的听证会为自己辩护。

9月16日，法官作出了最后的决定。

法官认为，审判庭和之前上诉庭提交的证据都足够充分，不管辩护律师是否尽力到极致，都不足以推翻这些证据所证明的结果，所以陪审团终将得出有罪的结论。更何况整个审判过程没有失误，辩护律师也尽了力，克里斯受到了公正的审判，所有诉求全部驳回。

我还是有两个问题没有找到答案。

第一个问题，塔拉说克里斯告诉她将在 5 月 4 日把离婚协议交给雪莉，后来又说雪莉的名字打错了，要重新再打一份，5 月 5 日给她。

存在这份协议书吗？我觉得是不存在的。

如果真的存在这份协议书，说明克里斯是真的打算跟塔拉双宿双栖。检方可以拿来证明克里斯对雪莉不满，真的想离婚，而不是他说的夫妻感情很好。辩方也可以拿来证明克里斯是真的想离婚，而不必杀人。

双方提都不提，说明协议书不存在。

但是为什么检方不借协议书做文章，说明克里斯是在撒谎，准备这份协议书就是计划好了杀人，而辩方也可以说协议书根本不存在，而是塔拉对两人关系有不现实的幻想呢？

所以更可能是因为克里斯根本不承认这个事情，就算塔拉这么说，控辩双方也都不能拿这个事情当证据。

第二个问题，2009 年 4 月 27 日，雪莉在家里的信箱中收到了第二封威胁信。但这个时候克里斯正在夏威夷。

是谁把威胁信送到雪莉家信箱里的呢？

如果没有送信人，这封信是怎么到达他家信箱的呢？如果是邮局投递的话，应该可以据此找到发信地点啊。

为什么辩方律师没有根据这一条做文章，证明也许还有其他人与案子有关？这完全是还有其他嫌疑人有犯罪可能的合理怀疑啊。

但是这个问题似乎在哪里都没有被提到过。

写到最后，最终极的问题就是：为什么？

　　促使他亲手杀死妻子和两个可爱儿子的动机，是对婚外情人的迷恋，还是对现实生活的不满？是盘算多日的深思熟虑，还是肾上腺激素涌起的一时冲动？是对自己能力的过分自信，还是内心深处的极端自私？

　　我认为最表面的原因，当然是他想摆脱目前的婚姻，又不想失去手上的这份高薪工作。

　　J.M. 在证词里明确说了，公司并不会因为员工离婚而解除合同，但是如果员工是过错方、出轨方，公司不会容忍这种违反道德的行为。据她所知，公司之前至少因此解雇过一个员工。而克里斯是她的贴身亲信，她更加不可能容忍他做出这种事情。

　　所以克里斯如果想保住工作就只有两个选择——雪莉主动提出离婚，或者她不再存在。

　　这也解释了为什么雪莉的朋友们会听到她抱怨被克里斯冷暴力，克里斯在生活上对她各种嫌弃。也许克里斯正是在试图用这种方式逼着雪莉自己受不了先提出离婚。

　　可是没想到雪莉或者是考虑到孩子，或者是因为习惯了目前的生活，又或者是因为经济不独立，还或者是舍不得这段婚姻，总之始终坚持着不肯离。

　　根据后来克里斯临时"回心转意"后雪莉的反应来看，更大的可能是她还爱着他，才会轻易地相信变了心的男人也会回头。

　　于是这样就只给克里斯留下了一个选择，那就是除掉雪莉这个障碍。

　　那么这里就出现了第二个问题：如果杀死雪莉是唯一的选择，那他是什么时候开始盘算这个计划的？

　　他与塔拉 10 月才相识，11 月 14 日就送出了第一封威胁信。这时他就已经想好了要除掉雪莉吗？还是说这个时候的威胁信只是停留在文字层面，只不过随着日子的推移，这个念头变得越来越强烈，最后不可遏制而变成了现实？

　　第三个问题，军队的经历培养了克里斯服从严谨的个性。甚至就连雪莉的闺蜜都说，克里斯在外人的眼里，极度坚忍克己，保守内敛，很少会情绪失控。无论是因为所受的教育，还是出于性格、工作要求，他都是一个非常冷静自制的人，从来不会过度饮酒，也不会不守承诺，工作上认真守责一丝不苟，绝对服从老板的要求和安排。

那么，是什么使一个这样的男人忽然愿意铤而走险背叛家庭呢？

我相信任何一件事情的背后都有原因，正常人不会无缘无故做这种事情。只不过引发最后行为的那个原因，有时候太不起眼，或者相距太远，所以无法联系起来。

对克里斯的行为，我觉得可以一直追溯到最初他与雪莉的"奉子闪婚"。

高中毕业后就入伍的克里斯大概从来没有真正地谈过恋爱，军营生涯能给他们培养感情的空间也不会很宽松。

所以克里斯在尚未与雪莉建立起真正稳定的感情基础时就有了孩子，也许是因为激情的冲动，也许是出于一直受到的教育，他必须对女友和孩子负责，所以他在尚未了解真正的人生和婚姻是什么之前，就步入了婚姻。

然而无论你最初抱着什么样的企盼和愿望，现实总是会教你做人。

更何况男人一脚从军营踏进了工作强度高、长期不在家的事业，女人一个人带着孩子张罗一切琐碎细节。

也许没有一个具体的节点是他们俩渐行渐远的开始，但一边是环境的不同，一边是在不同的环境中自我成长，两个人注定会变成不一样的人，会想要不一样的东西。

真正牢固的婚姻靠的是什么？我认为是双方必须有一个共同的需求。

无论是心灵上的互相理解，还是生活上的彼此陪伴，或者仅仅是生活中的互相照顾，甚至是为了孩子而勉强维系的表面和谐，只要是双方都需要的，那么这就是婚姻可以持续的基石。

也许是克里斯和雪莉不知道，也许是他们觉得不重要，还也许是他

们没有这个能力，显然他们没有这样的机会来培养共同的婚姻基石，年轻时的激情并不足以给几十年的婚姻提供充足的养分。

克里斯对婚姻所有的抱怨，其实都源于夫妻双方没有同步成长，而且也对不能携手同行的对方失去了耐心。

他所抱怨的雪莉喜欢花钱、控制欲太强、不能理解他的辛苦、生活中又枯燥无趣等，其实都是因为他已经不爱她了。

所以我相信克里斯并不是在认识塔拉的一瞬间忽然改变的。塔拉并不是他出轨的原因，厌倦了婚姻家庭才是变心的原因。

但是克里斯的改变是什么造成的？这个时候就带出了第四个问题：他为什么要连两个孩子也一起杀害？

鉴证精神学家坤尼尔曾经说过他的分析，像克里斯这种长期受军队工作严格约束的男人，经过了12年一成不变的婚姻，眼前忽然出现了一个激情奔放的异性，她代表着叛逆和新奇。

坤尼尔说雪莉和塔拉这两个女人对克里斯来说就像硬币的两面。12年后，雪莉不再是最初嫁给他时那个奔放无羁的姑娘，而是变成了天天围着柴米油盐孩子琐事转的妻子。

而横空出世的塔拉就像当年的雪莉一样，带着崇敬爱慕的眼光看着他。因为她是雪莉的朋友，所以克里斯一开始和她聊天接触是安全的、理直气壮的。当最后的界限被突破时，就更加令人兴奋。

从那一刻开始，他经历的一切都与过去的教育和习惯背道而驰，从阳光坠入黑夜，这种泥沙俱下的肮脏与罪恶感又带来无与伦比的刺激，让他感觉好像真实地在"为自己活着"。

而雪莉和孩子们，象征的是过去一成不变而未来一望可知的生活。

他们三人就像一道令人睁不开眼的光芒，形成了一个看不见的牢笼。所以仅仅除去雪莉并不能真正切断过往获得自由，还要除去象征着过去和羁绊的两个孩子。

他要不带一丝留恋和牵挂地走进新的人生。

穿越时空抓到你

这个案子发生在 1979 年爱荷华州一个名叫锡达拉皮兹的城市。

每年进入 10 月底的时候，美国的节日气氛就会逐渐浓厚起来。在孩子们最喜欢的万圣节之后，就是传统阖家团聚的感恩节。人们结束了感恩节聚会后，就会开始集中精力为圣诞做准备，纷纷开启购物模式。

1979 年 10 月，城里新开了一家名叫"西德尔"的商场，这家商场从策划到建成也是经历了重重曲折，折腾了好几年，才终于赶在了感恩节之前开张，准备好迎接圣诞的购物人群。

没想到购物潮还没来临，率先蜂拥而来的是当地的警察。锡达拉皮兹所有的在职警察都被召唤到这家商场，因为在商场的外面发生了整个城市历史上最可怕的案子：

一个 18 岁的女孩被发现死在自己的车里。

受害的女孩名叫蜜歇尔。出事的这天下午她刚刚参加了一场舞会，舞会结束后她到西德尔商场逛街，在车里被发现时，她身上还穿着漂亮的经典小黑裙。

前几天妈妈给蜜歇尔预订了一件大衣作为圣诞礼物，蜜歇尔跟店家约好这天来把大衣的余款付清，顺便把衣服取回家。去之前她问了一圈

儿朋友有没有时间陪她一起去逛街，但正好朋友们都有事，于是她只好自己一个人去了商场。

那天晚上商场里人潮汹涌，但是蜜歇尔琢磨了半天，最后决定还是不买那件大衣，继续去逛逛其他的店。在商场里她还遇上了几个朋友，嘻嘻哈哈地聊了一会儿才分开。那之后直到凌晨 2 时，家里人发现她还没回来，才意识到有哪里不对，立刻报了警。

报警后家人和警察开始四处寻找，直到 4 时左右，有人在商场停车场的一个偏僻角落里发现了蜜歇尔的车。

透过虚掩的车门可以看到姑娘瘫倒在副驾驶座上，车窗和座椅上都是溅射的血迹。因为需要参加舞会，蜜歇尔的小黑裙外面裹了一件漂亮的白色兔毛外套，外套上的血迹甚至已经开始干涸，分辨不出外套原来的颜色。

如此触目惊心的现场，给在场的人都留下了无法磨灭的心理创伤。

来到现场的法医检查了一下，发现蜜歇尔的脸部、脖颈和前胸都有捅刺伤，粗粗数了数一共有 29 处伤口。她的手上有不少抵御伤，说明她曾经在生命最后时刻拼命反抗过袭击者。

根据伤口的形状，法医判断凶器是一种尖锐的武器，很可能是刀具。可惜因为伤口密集，法医无法判断凶器的尺寸。

警方在现场和周围多番搜索，始终没有找到犯罪凶器，说明凶手在作案之后把凶器随身带走了，这也说明凶手在离开的时候十分理智清醒，丝毫没有慌乱。

警方在车里、车外都没有发现任何陌生指纹，但是在车身的灰尘上和车里的血痕中，都发现了橡胶手套留下的按印，看来凶手在作案的时候戴了手套，说明凶手有意识在掩饰自己的身份，这次犯罪是有备而来。

在失踪前，蜜歇尔曾经在商场里遇到一个好朋友，好朋友回忆当时蜜歇尔正在去店里看大衣的路上，手里捏着一把现金，好朋友还提醒她：

"别这样拿着钱，太不安全啦。"她笑着把钱塞到了随身背的包包里。

警方在现场发现她的包包就在身边放着，包里的现金也好好地一分没有少。所以，显然凶手的作案目的并不是钱。

警察还观察到一个有些奇怪的现象：虽然车里满是血迹，车外却几乎毫无痕迹。警方分析认为，有可能当时的情况是蜜歇尔逛完了街之后回到车里，因为天气比较冷，她发动汽车后又等了一会儿，没有立刻离开。凶手趁着这个机会从驾驶座这边开门进去，把她推到在副驾驶座上。所以整个犯罪过程都在车内完成。

经过初步检测，法医认为蜜歇尔的死亡时间是在 20 时到 22 时之间，生前应该没有受到性侵。整个犯罪过程发生得非常快，凶手试着控制蜜歇尔，在重伤她之后就赶紧逃离了现场，而她因为致命部位受了伤，很快就流血过多死亡。

综合这些情况来看，凶手的犯罪目的不是抢钱，也不是性侵，而是简单的杀戮。所以看起来犯罪动机是出于愤怒和私怨，凶手认识蜜歇尔的可能性很大。

现场虽然没有任何明确的证据指向凶手的性别，但可以看出凶手在体力上完全制服了蜜歇尔，大家都认为凶手是个男人。

看到这里，嫌犯的形象几乎呼之欲出了吧。

有了初步动机就方便展开调查了，警方接下来的第一步是排查蜜歇尔身边的社交朋友圈。

蜜歇尔是家里最小的女儿，上面还有一个比自己大 12 岁的姐姐。爸爸妈妈一直想再要个孩子，可是历尽艰辛遭遇了 5 次流产，才终于在 44 岁的时候有了她。在全家人的眼里，蜜歇尔是个奇迹宝宝，也是名副其实的"掌上明珠"。

不过她的生活并没有因为家人的疼爱就变得轻松简单，12 岁的时候，蜜歇尔被诊断出脊柱侧凸，也就是脊柱向一边弯曲，形成咱们通常

所说的高低肩，这种病尤其容易发生在成长期的青少年身上。

为了矫正脊柱，她必须在背上钉一条从后颈到尾椎骨的矫正器。因为背着矫正器，她不能像其他孩子那样随便地行动奔跑，矫正器也时时刻刻提醒她自己和正常的孩子不一样。

还好 2 年后矫正效果不错，医生决定可以取掉矫正器，蜜歇尔终于能像别的孩子一样穿着漂亮的裙子行动自如了。那之后，她就像突然换过羽毛的丑小鸭，脱胎换骨变成了白天鹅。

那个年代有个名叫法拉的女明星，最出名的标志就是一头漂亮有型的金发，蜜歇尔照着做了一个类似的发型，立刻成了全校男生关注的焦点。

其中包括一个年少轻狂的"富二代"。

这个年轻人名叫安迪。在他的猛烈追求下，蜜歇尔和他确认了恋人关系，不过好了 2 年后还是分手了。

提出分手的是蜜歇尔，明面上的理由是自己不想被一份感情约束住。不过有人分析真正的分手原因，可能是因为这个安迪的控制欲太强。因为在分手后，他无时无刻不在关注蜜歇尔跟谁交往了，又跟哪个男生说话了，甚至连笑一下都会引他抓狂。

接下来警方发现了给安迪更增添一分嫌疑的信息：就在案发的那天晚上，他也去了出事的那家商场，而且还与蜜歇尔面对面碰上了。按照之前的行为模式，难说他不是在跟踪她吗？

于是警方把安迪叫来查验当晚的行程，他比蜜歇尔大一岁。在被喊到警局的时候，蜜歇尔的经历已经传遍了整个镇子，所以他也知道发生了什么事。在得知惨案后他整个人状态非常不正常，回答问题的时候也显得精神恍惚。

他倒是很诚实，承认在案发的那天在商场里见到了蜜歇尔，可是当警方问及他们说了些什么时，他就支支吾吾。再问到后来的行踪时，他说商场关门后自己就回家了，不知道蜜歇尔去了哪里。妈妈可以提供他回家的时间证明。

不过大家心里都觉得，妈妈肯定会维护自己的孩子，所以他的不在场证明并不充分。

后来在蜜歇尔的葬礼上，安迪显得悲恸欲绝，几乎整个人都扑进蜜歇尔的棺木里，伸出双臂环抱着她，哭着不肯松手。更离奇的是，到了这个时候他还一直哭唧唧地絮叨着，不知道她临死前最后时刻到底爱的是谁，是他还是后来的男友，她最后想着的到底是哪个。

说他是"控制狂"还真没冤枉他。

但再怎么怀疑，警方的手上也没有证据能证明他与案件有关，只得把他放了。一年后安迪高中毕业参加海军离开了当地。

除安迪之外，蜜歇尔的现任男友当然也是怀疑对象，但是有证据证明案发期间他并不在锡达拉皮兹，所以没多久就被排除了嫌疑。

很快蜜歇尔身边的熟人都被排除了，其中不少还接受了测谎实验，但测谎结果都没能带来突破。这时警方开始考虑陌生人作案的可能性。他们决定扩大调查范围，对社会公开征求线索，没想到立刻就获得了极其热烈的回应。

比如，有人发现附近的一个年轻人在外面溜达的时候随身还带着刀，立刻就被举报了；还有一个商场的雇员也被举报说喜欢跟踪年轻女性，还曾经被人发现猥亵店里的塑料裸体模特。不过这些看起来很多的线索在调查之后也被发现没什么用。

这时开始有传言说蜜歇尔在被害前曾经收到过陌生的骚扰电话，还有流言说在她被害后不久，当地又发生了一起类似的伤害案，但是被警方压了下去。最后警方不得不出来公开辟谣，说这些信息都是不真实的。

其实这个时候警方是锁定了一个嫌疑人的。

这个人名叫丹尼斯，在蜜歇尔被害的一个多月前，丹尼斯曾经潜入当地的一个住宅，持刀威胁女主人的孩子，然后强奸并且虐待了女主人。

警方在对照了这个人的犯罪模式之后，认为与蜜歇尔的案子有一些

类似的地方，尤其是他们在丹尼斯的车上发现了一些类似兔毛的毛发证据，还记得蜜歇尔死的时候穿的那件兔毛外套吗？

可是丹尼斯在被捕后坚决不承认自己与蜜歇尔的案件有关。在接受采访的时候，他的轻蔑溢于言表："这个案子不是我干的，警方只是太无能了，所以拼命想找个替罪羊完事。"

问题在于，不管是不是他，警方也的确没找到充分的证据能证明他就是凶手。几年后，丹尼斯因为肠癌在监狱里去世，这条线索也断了。

案发的 5 个月后，调查曾经有过一点涟漪。警方辗转获得一个线索了解到，在案发的那天有个女人曾经开车路过那个停车场，无意间看到那里停了两辆车，一个男人站在其中一辆车的驾驶座旁。后来她指认说那就是蜜歇尔的车，所以她看到的那个男人很有可能就是凶手。

这个女人看到报纸上说案发时间是 20 时到 22 时，而她路过的时间是凌晨 2 时左右，所以当时没有特别积极地找警方沟通情况，只是简单跟当地治安官的女儿说了一声，她觉得如果这个信息很重要的话，治安官肯定会转告警方的。

没想到治安官把这事给忘记了。

之后辗转了很久，等警方听说这个信息的时候，这个女人也已经把当天的细节忘得差不多了。警方曾经考虑要告这个治安官渎职，但后来也不了了之了。

1980 年 6 月 19 日，警方发布了一份正式的嫌疑人模拟画像。

不过这份画像并不是通过目击证人提供的直接线索画出来的，而是在包括上面提到的那个女人在内的两个证人接受了催眠之后，与画像师交流后画出的图像。

这两名证人在被催眠后描述说嫌疑人是个 20 岁上下的白人男子，大概身高 2 米，体重 150 斤左右，有一双棕色的眼睛和一头卷发。

警方发布这个画像之前，已经把他与各个学校保存的年鉴照片都一一对比过。美国学校每年都会制作一本学生年鉴，基本上会收录所有在校学生的证件照，可对比下来毫无收获。

在发布了画像之后，警方一天之内收到了超过 140 个电话。可是在把这些电话提供的线索逐一过滤之后，结果依然是一片空白。

然后警方精挑细选出 30 多个调查对象或者证人，也对他们进行了催眠，试图用这种方式深度挖掘有可能被掩藏的记忆。甚至警方还喊来了"灵媒"，希望能用通灵的方式获得突破，可想而知结果如何。最后警方发布了 10000 美元的悬赏，也没有换回有用的信息。

最终，蜜歇尔的死因为缺乏线索陷入了沉寂。

转眼 20 多年过去了，这么多年来，每到圣诞节前，当地的媒体就会大篇幅重提旧事，但是年复一年车轱辘话说了不知多少遍，也没什么新鲜的内容。

20 世纪 80 年代的时候，蜜歇尔的爸爸曾经在愤怒和绝望之下状告商场，认为商场对停车场的安全措施有疏忽才造成了这个悲剧。但是官司打到最后，爱荷华州的高等法院宣布商场没有过失。后来蜜歇尔的父母也过世了，虽然他们暗地里觉得肯定是前男友安迪做的，但他们死前连破案的希望都没有看到。

2005 年的时候，这个苦无进展的案子被交到了一个名叫拉里森的警探手上。

他们生活的这个锡达拉皮兹城市非常小，案发的时候整个城市只有 11 万人。那一年拉里森警探刚满 18 岁，正好跟蜜歇尔上同一个高中。虽然当时他们说不上多熟，但在学校里打过照面，算是互相认识的人。自己认识的人遭受到这样的厄运，接过这个案子对他来说，就有着不同一般的意义。

2006 年的时候，调查忽然出现了一个转机。

简单来说，就是警方忽然辗转得到了一个线索，这个线索具体是什

么内容并不重要，虽然内容对案子没有直接的帮助，但引发了后面的一系列举动。

因为这个线索的缘故，拉里森警探又重新去翻这个案子的旧卷宗，然后在几千页的卷宗中一个不起眼的角落里发现，当时负责这个案子的警探之一，曾经把现场收集的血液痕迹送去检测，包括车座上、车窗上、车轮盘上等各个地方收集的血样。

可卷宗里却找不到车轮盘上的血样检测结果。

他追查一番后发现，当初参与这个案子的人太多，小城市的警局在管理上非常吃力，虽然现场的警探收集到了证据线索，后续跟进却出现了问题：血样被送去检验，但检验结果一直没有送回来。

于是拉里森警探顺着这条线追到了当初做血样检测的实验室，要到了报告。报告上赫然写道，在车轮盘上发现了不属于蜜歇尔的血液！

凶手不是戴了手套吗？那怎么会出现他的血迹呢？

拉里森警探想了想，分析很可能是在双方挣扎打斗的时候，凶手拿着刀但是不小心割穿了手套，伤到了自己。

其他案件中也有过类似的情况，凶手在持刀捅刺受害者的时候会带出受害者的鲜血，溅射到持刀者的手上。血液是十分黏稠的液体，顺着持刀者的手往下流的时候，持刀者很容易会手滑，手里的刀反而会伤到自己。所以虽然戴了手套，但凶手的手还是受了伤，留下了血迹。

拉里森警探将这份血样和蜜歇尔的裙子一起送到了鉴证室进行检测，这次的结果非常振奋人心。

在蜜歇尔的裙子上也发现了不属于她的血迹，而且与车轮盘上那份血样属于同一个主人，这两份血液中的 DNA 显示，它们的主人是个男性！

终于，这个隐藏的恶魔要被揭开真面目了。

但是光有 DNA 没有用，这个东西只有在对比的时候才能起到确认的作用，所以关键是要找到可以拿来做对比的人。

拉里森警探立刻把这份 DNA 寄给了美国 DNA 的数据库进行对比。如果凶手曾经犯过罪并且被登记入库了，通过对比就可以把他给揪出来。

不幸的是，他们在这个数据库里扑了个空。

不过没关系，数据库是全国范围的，也许凶手隐藏在案发当地的人群中但是过去没有过犯罪记录，DNA 没能进入数据库。于是当地警方开始张罗着对周围的人进行检测。

要说服潜在的嫌疑人提供自己的 DNA 样本并不是件容易的事情。历尽千辛万苦后警方对潜在的嫌疑人们收集到了 125 份合格的 DNA 样本，从中排除了超过 60 个嫌疑人。

其中排名第一位的嫌疑人就是那位前男友安迪，因为不在当地，要提取他的 DNA 样本十分困难。拉里森警探找到了他，对他说："如果你提供的 DNA 样本与嫌疑人不吻合，你的嫌疑不就洗清了，这不正是你所希望的吗？"

于是安迪主动地提供了样本，对比的结果是：不吻合。

这个结果震惊了许多人，因为在大部分人的心里，他就是凶手。在过去的 20 多年里，他一直背负着这样的怀疑，这么多年都有口难辩，现在终于在 DNA 技术的帮助下证明了自己的清白。

在排除了安迪之后，拉里森警探扩大范围继续调查排除，朋友、同学、亲人、附近的邻居等。可是这份 DNA 始终没有找到它归属的主人。

拉里森警探觉得自己有责任和义务抓到凶手，可是再怎么努力却总是无法拨开迷雾。最后他也受不住了，向上级提出调换岗位，请求换个人来接手这份调查工作。

接手的人，名叫邓林杰。

这位邓林杰警探的爸爸也是位警探。很巧，他正是当年案发时第一批赶到现场进行侦查的警探之一。快 30 年过去，当初案发时才 5 岁的警探第二代已经成长起来，接过了父辈的担子，他发誓决不放弃，要继

续追索下去。

这个时候科技又有了新发展，年轻的邓林杰警探开始琢磨，新的科技应该会更进一步地提升 DNA 的分析能力吧？有没有办法找出更多的信息呢？

他找到弗吉尼亚州的一家实验室，对方说，你可找对人了，根据你这份 DNA 样本，我们可以给你分析出嫌疑人的长相来。

一开始他还有点半信半疑，没想到实验室真的拿出了分析后的结果，结果里不光有嫌疑人的容貌画像，甚至还包括了他的人种、眼睛颜色、发色和肤色的可能性分析。

初步结果推测凶手当年应该是年轻的白人男子，体型适中，很有可能是金发，眼睛颜色偏浅，脸上可能没什么雀斑，等等。因为不知道嫌疑人的具体年龄和发型，实验室提供了不同年龄和发型的照片以供参考。

这可是根据科学分析出来的结果，跟当年催眠后获得的画像不可同日而语。

警方发布了新的画像之后，又获得了如潮水般涌来的电话和线索，镇上几乎每一个金发蓝眼的中年男子都被警方调查过了，结果呢？还是一无所获。

调查又一次地陷入了绝境，邓林杰警探也快崩溃了，感觉好像已经穷尽了所有的调查角度，这次都有点不知道该往什么方向继续下去。

直到 2018 年，一个震惊全美的新闻引起了他的注意。

2018 年 4 月 25 日，曾经肆虐多年的"金州杀手"落网了。抓到他的关键是通过同家族 DNA 族谱对比，终于找到了当初在现场留下证据的凶手。

当"金州杀手"落网的新闻布满各大媒体时，邓林杰警探忽然醍醐灌顶地想到，既然咱们也有凶手的DNA，为什么不试试这个方向呢？

这种名叫"遗传谱系"的新技术，可以通过对比DNA找到与凶手有亲属关系的人，然后进一步排除找到凶手。最关键的是，这种搜查对比是在公共的DNA数据库中搜寻，有许多人自愿上传自己的DNA信息，想通过这种方式来寻找自己的亲人或者祖先，所以数据库更丰富庞大，还避免了法律上的风险。

而这一次带来突破的人名叫布兰迪。

布兰迪是个生活在华盛顿州温哥华市的单亲妈妈。2009年父亲去世后，她在基因网站上传了自己的DNA，希望能找到更多父亲那边的亲人。这次警方通过遗传谱系的技术，对比后发现她是凶手的远亲。

远亲没有关系，只要顺着她找下去，就肯定能找到。于是警方围绕着她开始建立家族树。

要建立家族树说简单也不简单，首先要围绕着她收集所有的亲戚名单，厘清他们之间的关系，然后找到他们，说服他们自愿提供DNA样本进行分析和对比。最后他们终于收到了一个好消息：

与凶手最接近的DNA是三兄弟，他们就住在爱荷华州，而且距离锡达拉皮兹市开车只需要20分钟就能到！

这三兄弟分别是肯尼斯、杰瑞和唐纳德，他们的DNA与凶手最为接近，甚至有可能凶手就在他们中间。但是要确认这一点，还是需要进行DNA对比才行。

现在距离最后的答案如此之近，警探们也十分激动。但是为了不打草惊蛇，警方决定先不让外人知道这个线索，而是通过侧面的手段来获取三人的DNA样本。

他们派出警探分别跟踪这三兄弟：一名警探跟着兄弟一号去吃饭，在他吃完饭之后，顺走了他桌上的吸管；另一名警探通过翻垃圾，收集

到了兄弟二号丢弃的牙刷头。

　　对兄弟三号杰瑞的跟踪，警方稍微费了点功夫，他的生活十分自律，一时很难找到合适的切入点。跟踪他的警探花了好几天时间才摸索出他的行动规律。

　　这天邓林杰警探跟着他来到了一间披萨店，偷偷看着他用一根吸管喝掉了两杯可乐，一直耐心等到他离开才拦住了来收拾的服务员，小心翼翼地取走了这根吸管。

　　在送到实验室进行对比之后，结果很快就出来了。三兄弟的 DNA 与凶手都有关联，但是只有杰瑞的 DNA 显示"一模一样"。

　　这个结果令人振奋又令人困惑。因为 DNA 相符说明杰瑞是凶手没跑了，可是看起来他与蜜歇尔一点关系都没有，怎么会没头没脑地跑去隔壁城市做下如此残忍的案子呢？

　　在研究了杰瑞的背景之后，警方发现他的人设与预想中的冷血杀手侧写并不吻合。

　　根据现场来看，这个凶手是戴着手套作案，说明完全不是冲动型犯罪选手；他对蜜歇尔连捅数刀，说明这人冷血淡漠，很可能没有正常的社交生活，更别提有正常的家庭了。总体来说，警方之前设想的凶手肯定与蜜歇尔有私怨，而且至少应该是个有点孤僻古怪的人。

　　但与侧写结果相反，杰瑞是个温存随和的生意人，与妻子和三个孩子过着正常温馨的家庭生活，在社区和工作中跟人相处都很和睦友好，无论从哪个角度来看，都是个老实厚道的中老年男子，没有一点凶手气质。

　　2018 年 12 月 19 日，是蜜歇尔被害的整整 39 年纪念日，这一天对关心这个案子的每一个人来说都是特殊的日子。邓林杰警探来到杰瑞的公司，对他进行了第一次问讯。

　　邓林杰警探随身藏了个摄像头，把第一次对话拍了下来，他的心里暗自希望经过这么多年，也许杰瑞的内心深处也想对这个事情有个了结吧？最好的结局就是看到警方上门，就和盘托出给大家一个交代。

我们都知道一般情况的偷拍很可能会被法庭驳回。但是在已知DNA相符的前提下，警方可以提前申请法庭批准，所以拍摄的内容可以作为呈堂证据。

在会面的时候，邓林杰警探自我介绍了之后直接告诉杰瑞，我们在现场找到了你的DNA，对此你有什么看法或者解释吗？

杰瑞听到这个问题，脸上浮现出一片茫然。他承认以前的确去过案发的那个商场，但是对39年前的这天发生了什么、自己在做什么都想不起来了，毕竟过去了那么久谁还记得呢？至于DNA，杰瑞只是简单地回答说："我不知道。"

当警探问他是否愿意正式提供一份DNA样本以供对比时，杰瑞断然拒绝。犹豫了一下他又补充说，当然如果法庭下令的话，他也会配合。

如他所愿，邓林杰警探掏出了提前申请的法庭令，拿棉签提取了他的口腔黏膜成分。但直到这个时候他还是挺嘴硬的，在被问到为什么他的DNA会出现在凶杀现场时，他翻来覆去地回嘴："你们去验啊，验出来再说。"

在回警局的车上，邓林杰警探又试探着问杰瑞："有没有可能你的确干了这事但是自己不记得了呢？"

杰瑞顺杆儿爬给出了一个回答："是啊……有的时候你会下意识地封锁一些记忆吧。"

整个过程中，他既没有强烈地否认，也没有给出一个合理的解释，而只是顾左右而言他。对这种反应，邓林杰警探心里有数了：自己抓对了人。

在正式逮捕了杰瑞后，警方再次检测对比了他的DNA，证明与现场遗留的凶手DNA样本完全一致，他被以一级谋杀的罪名起诉。虽然

杰瑞提供不出任何合理的解释，他还是坚决不承认自己就是凶手，面对一级谋杀的罪名，他依然表示自己是无罪的。

对比杰瑞25岁时的照片与实验室提供的画像，两者还真的颇为相似。

对这种情况最无措的是杰瑞的两个孩子，40多年过去，就连他的孩子也都成年有家庭了，他们完全不能相信自己的父亲会是杀人凶手，不要说平时从未暴露出任何迹象，在过去这么多年里，他也从来没有流露出对这个案子的一点点关注。这个从天而降的指控完全没有道理啊。

2020年2月12日，对杰瑞的审判终于开庭，他的律师也采取了同样的辩护方向。

首先杰瑞没有任何犯罪记录，40多年里没有表现出哪怕一点点的暴力倾向，他与蜜歇尔无私怨或关联，连是不是认识都不好说，更别说犯罪动机了。

其次检方没有任何证据能证明案发当天杰瑞曾经到过现场，他们能拿得出手的唯一证据，就是那份DNA……

至于这个DNA，也有无限可能。过去了40多年，警方保存证据的能力怎么样？能保证手上的证据毫无污染吗？

就算检方提出只有在100亿人中才有可能出现两个人的DNA完全一样的情况，从而证明案发现场那辆车的方向盘上发现的血样的确属于杰瑞，那又怎样？能证明血是他的，可是不能证明血是在什么时候沾到方向盘上的啊。能确保是案发的时候弄上去的吗？

辩方律师在整个辩护过程仅仅找来了一位专家证人，这位证人是个分子生物学家，他出庭作证说这个血液中的DNA传播其实是很微妙的。任何时候人只要发生接触，就有可能传播。

比如，有可能之前杰瑞去逛街在某处留下了DNA痕迹，然后蜜歇尔也正好接触了这个痕迹，那不就带到她身上了吗？

至于方向盘上的DNA也很好解释，杰瑞曾经在一家当地的修车铺工作过，有可能蜜歇尔的车曾经被送到这家修车铺维修，然后恰好杰瑞经手了这辆车，那不就有可能留下他的DNA吗？

听起来好像也挺有道理的？

可是留下 DNA 是一回事，留下血迹又是另外一回事了。DNA 可以通过接触转移，现场在蜜歇尔裙子和方向盘上发现的血迹可不是这种接触性方式可以转移的。

这个案子的审判其实对双方来说都有很大的不确定性和可推敲的余地，关键在于辩控双方怎么操作。

从这个角度来说，检控官的工作做得非常扎实。

他首先向陪审团深入浅出地介绍了 DNA 的辨认对比知识，让大家建立起"如果 DNA 吻合那就能确认凶手"的概念。然后请来了当年给蜜歇尔做尸检的法医和出现场的警探们，细致周全地介绍了当初侦破和尸检的过程，让陪审团们了解案子的背景，并且强调整个过程都非常严谨，不可能出现证物污染的意外。

然后他介绍在逮捕了杰瑞之后，警方搜索了他的家，虽然没有发现与蜜歇尔案件相关的证据（毕竟已经过去了那么久），但在他的手机里发现了一些很特别的上网搜索记录。

杰瑞平时没事就喜欢在互联网上搜索一些虐待视频，这些视频有的是真的，有的是假的，但是无一例外都十分血腥变态。

不过法庭驳回了这个证据，因为这个搜索记录显示时间是 2018 年，法庭认为案发时间在 40 年之前，不能拿最近发生的事情去倒推当年的犯罪心理。

检控官并不气馁，他叫来了一个令人意外的证人，这个证人是杰瑞在候审的时候同牢房的狱友。

狱友提到，有天晚上两人闲着聊天，他直接问了杰瑞一句："是你干的吗？"

一般人在这种情况下会回答说"不是"，但是杰瑞却意味深长地说："我不能告诉你。"

两人进一步聊下去的时候，杰瑞顺口表达了自己的心情，他觉得无论这个审判的结果如何，对他来说都是不错的结局。对比 18 岁就死去的蜜歇尔，他至少多了 40 年与家人相处的时间，这已经是赚到了。

真正让这位狱友感到不安的，据说是一次他们在牢房里打牌的时候，杰瑞一直输，输到最后恼羞成怒，阴沉沉地威胁他说："你要是再赢下去，我就要带你去商场走一圈儿了……"

狱友说这段对话让他感觉特别不好，蜜歇尔的案件在当地家喻户晓，他知道案发地点就是商场，杰瑞刻意提到商场的含义不言而喻。

经过 3 个小时的讨论，最后陪审团宣布杰瑞一级谋杀罪名成立，被判终身监禁不得假释。

2020 年 9 月，杰瑞提出了上诉。

这个历时近半个世纪的案子到最后能抓到凶手，也可以说是一件奇事。一个案子经历了三代警探，尤其是邓林杰警探父子俩，在最后破案的时候，两个男人都抹起了眼泪。

但是这个案子和其他抓到凶手的案子的不同之处在于，它的突破并不是偶然的发现，而是三代警探像接力棒一样持之以恒地坚持，才有了这样的结果。

第一代警探负责周全地保护现场和收集证据，第二代警探找到血液建立起 DNA 样本，第三代警探通过家族树顺藤摸瓜找到与 DNA 样本吻合的凶手。其中如果有一个环节松懈放弃，就不可能走到最后。

这个案子的难点在于它的真相与从现场情况延伸出来的分析结果完全不符，现场传递的信息是罪犯是熟人有过私怨，但现实中凶手与受害者其实毫无关联。如果警探不能跳出最初的思路，就真的不可能找到凶手。

所以这里就带出了一个问题：杰瑞为什么要杀害与他并没有交集的蜜歇尔呢？

在接受审讯的时候，杰瑞曾经有意无意地提到过一个名字：乔迪。

乔迪是爱荷华州梅森市一个电视台女主播，1995 年的时候在停车场自己的车附近被绑架后失踪，从此杳无音信。这个案子发生在蜜歇尔失踪的 15 年后，但是对比两位受害的女性可以看出很多共同的特点：她们都是一头金发且有着甜美笑容的年轻姑娘。

乔迪失踪的地方距离杰瑞的家也只有 2 个小时的车程，现实生活中她与杰瑞也没有任何了解或者接触，而他在面谈的时候，就这样提起了毫不相关的另一个受害女性，这令人忍不住猜想，在他们之间是否也有着不为人知的关联？

所以有人推测，看起来是个正常老实人的杰瑞，也许是个隐蔽很深的连环杀手。他的杀人动机并不是出于私怨，而很可能仅仅是追求内心的快感。

这种"陌生人"作案，往往是最难找到凶手的情况，因为不了解动机，无法从社会关系入手寻找联系，这种追凶几乎可以说是大海捞针般困难。而杰瑞平时貌不出众，行为和生活都毫无波澜，谁能想到他会是这样的人呢？

"陌生人"作案被抓之后，身边人也都曾经表示过震惊不解和难以想象，因为他们外表看起来都是普通人的样子，令人完全无法将其与冷血凶残的杀人凶手联系在一起。事实上这种人往往有双重人格，非常善于伪装，做事有很强的隐蔽性。

杰瑞的妻子在 2008 年的时候突然自杀身亡，没有人知道原因是什么。他的表兄弟在 2013 年 12 月 19 日忽然神秘失踪，这一天也正是蜜歇尔被害 34 年整纪念日。当然这些事件也许都是独立存在没有相关性，但围绕着他发生这么多不寻常的情况，那么也可能背后有着我们看不见的联系存在。而更可怕的是，也许还有我们不知道的更多的受害人。

我猜想案发的那天晚上，他也许并不是针对蜜歇尔这个人下手，但应该之前就有作案的准备。她正好出现在适合他动手的时间和地点，也许她停车的地点、当时的状态，正好引发了他作案的意图。

蜜歇尔也可能不是唯一的受害人，甚至可能不是第一个，所以犯罪现场没有留下很多证据线索。而在那之后漫长的 40 年中，他很可能在不断回味当初犯罪时的快感，继续不断地打磨自己的犯罪技巧。

但是蜜歇尔在临死前奋力反抗，留下了宝贵的线索，负责案子的三代警探也紧紧跟随，最后还是没让这个凶手逍遥法外，也算是让人觉得庆幸了。

离奇神秘的治疗

前段时间我看到了一句话觉得非常有道理，即所有的存在都是有原因的，只不过不是所有的存在都有意义。当我们追溯这件事的根本时，就理解了它背后的原因，虽然这一切也许都没有具体的意义。

这起案件发生在2000年的科罗拉多州。

案件的主人公名叫坎迪斯，她于1989年出生在北卡罗来纳州一个很贫穷的家庭。妈妈生下她的时候还未成年，爸爸的年纪稍微大一些，但也不成熟。两个年轻人组成的家庭穷困潦倒，父母常年争吵，不过饶是如此，他们还是给坎迪斯添了弟弟和妹妹。

孩子多了之后家里的负担更重了，不成熟的父母根本不知道该怎么带孩子，也顾不上他们。坎迪斯3岁的时候，爸爸干脆一走了之，留下妈妈一个人带着三个年幼的孩子。不久社工注意到他们家的情况，两次上门带走了孩子，最后彻底剥夺了妈妈的抚养权，把孩子们的信息录入了寄养系统。

美国的寄养系统非常复杂，关于这个有说不完的故事，当然有好的，也有坏的。幸运的孩子在寄养系统登记一段时间后能被领养，另一些孩子则一直熬到成年，也有一些孩子无数次逃跑又被追回来。

坎迪斯是幸运的孩子之一，5 岁的时候，一个单身的护士领养了她，把她带回了家。

这个护士名叫珍妮，领养坎迪斯这年已经 42 岁了。她一直没有结婚，但是很喜欢孩子，领养坎迪斯之后她如获至宝。她给坎迪斯准备了一间单独的卧室，布置得像小公主的房间一样，恨不得把所有最好的东西都给她。

珍妮的身形比较高大，坎迪斯则娇小玲珑，两人牵手走路时，让人觉得特别有爱。珍妮会积极参与所有与女儿相关的学校活动，放假也会带着她和好朋友一起去看海豚表演、登山、骑马，还有冲浪。

有一次她们出去旅游的时候，路上遇到了一只流浪狗。坎迪斯抱着小狗狗舍不得放手，可是家里已经有两只狗了，她知道妈妈可能不会同意再接受新的成员，最后只好依依不舍地跟小狗告别。她回到家却意外地发现小狗已经在家里等着她了——珍妮偷偷地领养了小狗，并且提前送回了家里，给了她一个巨大的惊喜。

在大家的眼里，坎迪斯是一个可爱机灵的小姑娘，精力无限，有着强烈的好奇心。珍妮送她去上骑马课，她很快就能跟自己的马建立起关系，骑得像模像样。

所以看起来这就是一对正常的母女，在茫茫人海中相遇之后过上了幸福平静的生活。然而有些事情出乎预料，也超出了人们的想象。

根据珍妮的介绍，坎迪斯其实有比较严重的不为人知的问题。

大概是因为坎迪斯小的时候，亲生父母总是争吵打架，家里充满了冲突和暴力，给她带来了严重的心理阴影。小时候她被妈妈送到不认识的朋友家暂时借住，又被社工带走两次，最后被送去寄养家庭。小小年纪颠沛流离，没有稳定的生活环境，也没有机会与照顾自己的人建立起健康安全的感情。所以坎迪斯的性格其实非常暴烈，总是处于一种不安愤怒的状态，对身边的人和环境满是警惕与不信任。

　　珍妮说虽然在外面坎迪斯显得轻松友好，但是回到家就会完全变了样子，她有次掀翻了家里的书柜，把每一本书都捡起来扔到外面，还砸碎了最心爱的玻璃马装饰，杀死家里养的金鱼，还有一次玩火柴差点把家给点着。这种暴力和癫狂的状态与她在外面的样子判若两人。

　　更大的问题还不是这个，而是坎迪斯始终无法跟珍妮建立起真正的母女情。

　　珍妮领养孩子就是为了有个孩子可以爱她，她也会爱自己。但是坎迪斯始终拒绝珍妮走进她的心理世界，她不让珍妮抱，甚至拒绝身体接触，更严重的是她从来不与珍妮对视。本来应该是活泼可爱的小姑娘，在家里却对一切亲密关系都表现出冷漠和疏离。

　　为了改变这个情况，珍妮决定寻求专业帮助，带着坎迪斯几乎看遍了北卡罗来纳州的儿童心理咨询机构。专家们的业务范围涵盖了注意力紊乱、抑郁症、创伤后应激障碍等不同心理学领域。

　　有的心理医生在测试后认为坎迪斯小的时候曾经被严重侵犯，倒不一定是性侵犯，可能是对父母暴力产生了恐惧，或者是父母对她的需求漠视，所以她为了保护自己，形成了这种封闭自我、拒绝建立亲密关系的心理防护机制。

　　心理医生给坎迪斯作出了各种测试诊断，除了行为心理治疗，还开了各种药物，包括调整情绪的药物、治疗抑郁症的药物等，但是她的情况并没有得到明显好转。

　　现在已经很难判断坎迪斯的表现到底是因为童年阴影造成的心理伤害，还是她本就是个难搞的孩子。也很难说清珍妮如此急切地带着孩子去看病，是因为坎迪斯的确存在问题，还是因为她的反应和表现不能满足珍妮作为妈妈的渴望。

　　这种矛盾的情况在领养家庭中并不少见。

　　一方面被领养的孩子大多有比较复杂的经历，对新环境需要适应和融入，自己的心态和性格也需要随之做出调整。另一方面领养父母对孩子也可能存在不太现实的期望，而且毕竟不是亲生的孩子，教育和相处

都需要更多艺术。而孩子从过去的环境中带到现在生活里的习惯性警惕和抗拒，也会使养父母感到受伤。

还有一个分析是这种经历的孩子出于求生欲，习惯把好的一面留给外人，而把暴烈焦躁的一面留给同一家庭的亲人，尤其是妈妈。因为妈妈往往是照顾自己且是自己平时最亲近的人，每天都会有高密度的直接接触，所以这种伤害外人看不到。

无论是出于什么样的原因，对珍妮来说，她都无比迫切地希望能改变这个情况，这个时候她也没有想过要放弃坎迪斯，而是更加急切地四处寻求更多的帮助和支持。

这个时候她听说了一个新的名词：RAD（Reactive Attachment Disorder），翻译过来就是"反应性童年依恋障碍"。这种疾病主要是孩子在幼年时期对照顾自己的人没能形成正常依恋，在成长过程中会出现情感淡漠无反应，不能进行正常社交应答，缺乏共情能力等。

在仔细研究了 RAD 的起因和症状后，珍妮激动地发现坎迪斯的情况与这个病的特点都一一对应上了，更令人鼓舞的是，在科罗拉多州一个叫常青镇的地方，有专门研究这个病症的专家和治疗中心。她仿佛看到了黑暗隧道里的一道光，看到了希望。

常青镇并不大，却是 RAD 治疗发展的中心。很快，珍妮联系上镇里一位名叫沃特金斯的医师。

这个沃特金斯医生是 RAD 诊断治疗领域的资深专家，在当地也颇有声誉。经过调研和探讨，珍妮决定带着女儿来常青镇接受沃特金斯医生的治疗。他们商定整个疗程前后共两个星期，费用是 7000 美元。治疗的地点就在沃特金斯医生家的楼上。

美国的很多心理医生会把接待病人的地点安排在自己家里，这样可以让病人感觉更加放松，同时也节省成本。

对坎迪斯进行治疗的除沃特金斯医生之外，还有她的几个助手。在接受了第一周的治疗之后，珍妮和沃特金斯医生都觉得有一些进展。为了强化治疗效果，他们决定对坎迪斯进行一种名叫"重生"的非常规治疗手段。

这种治疗方法是把病人用布单裹起来，对病人的身体施加压力，复制出分娩的环境和效果，然后敦促病人用力挣脱，从而获得"重生"。

他们在 2000 年 4 月 18 日展开了第二周的治疗，但治疗非常不顺利，遇到了障碍。理论上治疗师希望病人能奋力挣扎，用尽全力被"分娩"出来，这样才能告别过去获得新生。但坎迪斯不是很配合，相反她显得很消极，一直在抱怨难受、不舒服。

在疗程进展到最后的时候，沃特金斯医生的助手打电话报警，说现场发生了意外。他们才离开小姑娘不到 5 分钟，回来就发现她的状态不对，好像呼吸不畅的样子，希望警方尽快派人来救治。

数分钟之后救护车就飞奔到了现场。救护人员在二楼的一个小房间里发现了躺在地上的坎迪斯，珍妮正趴在她身上拼命做着心脏复苏。这时小姑娘的嘴唇和指甲已经蓝得发紫，脸上覆盖着呕吐物，浑身被汗浸得湿漉漉的，身体摸上去也凉凉的。

救护人员扒开坎迪斯的眼皮检查了一下，发现她的眼球已经出现了充血，瞳孔甚至已经放大。他立刻判断事故的发生时间肯定不止 5 分钟，显然坎迪斯之前经历了窒息，而且看起来情况很不乐观。

他设法使坎迪斯恢复了一些脉搏，然后迅速用直升机把她送到了位于丹佛的儿童医院，但急诊室的医生实施抢救之后不久，宣布坎迪斯已经脑死亡，造成死亡的原因是大脑缺氧过久。

沃特金斯医生在事后公开信中的解释是："这完全是个意想不到的意外。"

事后经过调查，警方发现沃特金斯医生其实并没有注册心理医师资质，她的几个助手中有一个甚至没有相关的专业背景。这个所谓的"重生"疗程，看起来疑点重重。

但在调查和审判的过程中，沃特金斯医生得到了很多病人的支持。

与此同时，常青镇的"反应性童年依恋障碍"医疗协会和其他医师，都有意识地与她拉开了距离。

此外，新闻媒体上也展开了对"反应性童年依恋障碍"的激烈争论：

> 是什么会让家长们慌不择路地选择到这样一个偏僻小镇，找这么一个没有专业资质的医师给自己的孩子展开治疗？为什么科罗拉多州会准许无资质医师执业？

在最早接触到这个新闻的时候，我也感到很匪夷所思。仔细看了看案件发生的年代，2000年，2000年了居然还会有家长信这种治疗方法，而这种治疗方法居然还有一定市场。我也很奇怪为什么主治医师在治疗过程中没发现出了问题，最后走到了造成病人脑死亡这一步。

新闻中有一段记录说道，当时坎迪斯已经感到非常痛苦，不断要求停止，说自己难受得快死掉了，沃特金斯医生的助手却在一边说："那你就去死吧，快去死吧。"

为什么会有这样粗暴的对待病人的方式？

存在总是有原因的，那么这里的原因是什么呢？

在关注这个案子的人中，有一群特殊的旁观者，他们是曾经带着孩子去过常青镇的家长。虽然不是每个人的孩子都接受过沃特金斯医生的治疗，但都听说过她在治疗界的地位，也对常青镇"反应性童年依恋障碍"治疗中心的理念背熟于心。

一方面他们对这个案子表达出相当克制的关注，既无辩解也无批判；另一方面他们心有戚戚："这也可能会发生在我们身上啊。"

这些家长并不都是领养家庭的家长，那些接受治疗的孩子，也有很多就是自己亲生的。家长们在珍妮的身上看到了和自己一样的对孩子的关怀与焦虑，还有走投无路的绝望。

来到常青镇的家长们，没有一个不是带着这种心情开始的旅途。

他们中的很多人，在不久前都还压根儿没有听说过"反应性童年依恋障碍"，更不知道"依恋障碍"居然是一种病。当他们的孩子被确诊之后，更令人无措的现实是，主流医学界对这种病的治疗莫衷一是，到现在也没有开发出有效的治疗药物。所以一边是每一天与孩子面对面的冲突，另一边是找不到答案和方法的无力。

这些孩子在接触外人的时候会显得相对正常，但是关上门之后就有可能会变得异常暴力难搞，无休止地哭闹，对家具进行破坏，拒绝服从任何指示和建议，故意在食物中呕吐，把家里所有的窗帘都撕成碎片等。

有人会说，有的孩子就是这样顽劣啊，你怎么知道他不是调皮而是有依恋障碍呢？

患有"反应性童年依恋障碍"的孩子最典型的特征，就是无法与人产生情感交流，既无法感受别人的情感，也无法做出任何回应。他们会刻意回避父母的视线交流，极其抗拒父母的管教，毫无道理地倔强，经常处于愤怒的状态，尤其缺乏同理心。

在不理解这一切到底是为什么的时候，家长们会感到迷惘、绝望和怀疑。本身抚养孩子就很难了，得不到孩子的情感回应，更是让每一天的生活变得更加痛苦难熬。

所以当"反应性童年依恋障碍"这个概念出现的时候，他们至少在一定程度上获得了解脱："这不是我们的错，甚至也不能怪孩子，他们只是生病了，而这个病是可以治疗的。"

关于"反应性童年依恋障碍"的研究其实已经有些年头，20世纪70年代的时候有了一次较大的突破。这种突破并不是研究意义上或者治疗意义上的突破——事实上"反应性童年依恋障碍"的治疗一直有些"野路子"的意思——终于有了组织和领导力量。

儿童心理学家福斯特在常青镇成立了一个针对"反应性童年依恋障碍"的治疗中心，这个治疗中心后来也成了全美本领域的翘楚。他采用的治疗手段主要是从加州一个心理医生那里学来的，治疗自闭症时采取

的"减怒治疗法"。

　　具体来说，就是治疗的时候心理医生用比较激烈极端的手段，来"逼迫"病人做出正面回应。比如，会用力把孩子按在地上，不许他反抗和挣扎，然后不断逼问："你现在肯听话了吗？"

　　这样做的意图，就是用"更强的力量"来压制孩子的"倔强"。在治疗过程中，甚至可以采取武力压制手段。在这种不断强势的逼迫之下，孩子放弃抵抗，做出正面回应，最终软化服从。

　　如此看来这种做法非常残暴且匪夷所思吧！但是它在一定程度上似乎颇有效用。

　　有一定比例的家长因此与孩子真的建立起了感情联系，在治疗中放弃了抵抗的孩子，似乎也真的挣脱了束缚，与外界达成了妥协，真的放下了与父母之间的隔阂。

　　我对这种情况的理解是，部分孩子之所以总是处于愤怒和挑衅的状态，不愿意与家长产生交流和感情关联，是因为缺乏信任感。他们本能地用这种方式保护自己，但又不明白问题所在。所以当医生用这种极端方式帮助他们把情绪发泄出来时，孩子们得到了表达和发泄，也看到一切依然安好，也许反而放下了心理负担，从而能敞开心扉。

　　但是这种做法到底有多少科学意义，到底是哪一部分起到了治疗效果，适合哪些病症，会不会对孩子产生更大的伤害，是无法确认答案的。

　　常青镇这种依恋障碍的治疗手段因为一直没有得到科学认证，医师们也不可能获得治疗资质，但是由于科罗拉多州的监管松懈，他们不需要资质认证也可以开馆接收病人。

　　现实中那些觉得自己走投无路的家长，在"抱团取暖"的时候看到了来自常青镇的"成功"案例，于是纷纷踏上了前来求医的道路。

　　世界上的事情往往就是这样，有了需求就必然会产生市场，常青镇的"反应性童年依恋障碍"治疗诊所在几年内如雨后春笋般冒了出来。

由于科罗拉多州的监管规定比较模糊，在诊所里坐诊的医师们有五花八门的背景，甚至只有社工咨询学历的硕士，也跑来接受一下培训之后就加入了这个行业。

由此也可以想见，这些诊所的水平良莠不齐，在缺乏规范的情况下，出问题是迟早的事。

1988年的时候，前面提到的那个"反应性童年依恋障碍"治疗中心创始人福斯特被告过一次。当时在他的指导下，两名医师对一名11岁的男孩进行了"减怒治疗"。几天后这个孩子偷偷从诊所逃跑，然后报警说被这帮人虐待。

当时参与治疗的两名医师之一，就是今天案件中的主角沃特金斯医生。

这件事情对福斯特的影响很大，虽然最后这个案子没有上庭，双方在庭下达成了和解，其中的一个条件就是福斯特在将来的行医中，不得再采用"减怒治疗法"。

在这之后，常青镇的诊所也相应地作出了一些调整，但核心依然是采用一种名叫"环抱禁锢疗法"的治疗手段。

医师会以抱婴儿一样的姿势抱住孩子，这样两人就会以很近的姿态面对面。医师会捏住孩子的下巴，使他不能回避两人的视线交流，然后医师用语言刺激促使孩子情绪爆发，从而达到目的。

如果孩子暴力反抗，医师们也不会在意，因为他们的目的就是让孩子意识到：可以尽情发泄你的愤怒，放下你的恐惧，但是最后一切都会好的。被你发泄冲击的对象（医师和家长）并不会抛弃你，在黑暗的尽头是温暖和光明。

这种治疗方式相对福斯特之前的做法看起来略微温和一些，描述起来有点"霸总"的味道，但本质上依然是以外力约束迫使孩子服从，以达到其身心上的屈服。

"重生式疗法"是这种做法的进一步开发，但是真正采用的人并不多。"重生"，象征着孩子克服种种困境，最终挣脱出来获得生命的过程，

这个过程的尽头，是张开臂膀等待的妈妈。

一般常见的做法，是将孩子用床单裹住，头露在外面，然后其他人用枕头将他包围在中心，模仿分娩时子宫收缩造成的压力，不断地对他施压。然后鼓励孩子奋力挣扎，从这种禁锢中挣脱出来。

1999 年，沃特金斯医生从另外一个治疗师那里学到了对"重生疗法"更进一步的开发，方式更加极端。

其做法是用床单更紧地裹住孩子——像木乃伊一样裹住，然后要连头部也一起裹在里面。这种方式就是更进一步地模仿出生时的环境，除了挤压之外，还包括未知的黑暗。

值得一提的是，这个创新开发新的治疗手段的治疗师本身在科罗拉多州也没有执业执照，他的专业背景仅仅是婚姻家庭咨询方面的硕士学位。

在这个治疗师的现场指导下，沃特金斯医生对病人实施了 6 次"重生疗法"。在他离开常青镇后，她又对另一个家庭的孩子实施了这种疗法，这个家庭最后的反馈非常正面，认为治疗起到了作用。由此，沃特金斯医生信心大涨。

与此同时，珍妮通过网络也了解到了常青镇的组织。她在一次年会上认识了一位心理医生葛博尔，他是最早接触到"重生式疗法"的医生之一，从中学到了很多经验。在与珍妮的交谈中，他确认坎迪斯的病症与"反应性童年依恋障碍"基本吻合，且症状相当严重。

在这样的认识基础上，他建议珍妮带着女儿来常青镇参加一个为期 2 周的强化疗程，而且建议她们住在当地人的家里，不要住酒店，这样效果会更好。

常青镇能同时提供治疗和居住环境的医师不多，沃特金斯医生的诊所就是其中一个。

坎迪斯的疗程从 4 月 11 日正式开始。迎接她们母女的是沃特金斯

医生诊所的四人团队。

三名助手中包括有着加州家庭婚姻咨询执照的茱莉亚，茱莉亚有两个硕士学位，但是在科罗拉多州没有执业资格；诊所经理布瑞塔，还有布瑞塔的未婚夫，高中毕业的杰克。杰克完全没有任何医学背景，是沃特金斯医生花了700美元请来做两周"实习"帮忙的。

疗程一开始先是由一名当地的心理医生对坎迪斯进行评估，心理医生得出结论说病症相当严重，需要立刻接受治疗。

心理医生先给她调整了平时的抑郁症用药。前面提到过坎迪斯在多方看病之后，被先后诊断为抑郁症等，所以一直在服用各位医生开的抗抑郁药物。现在这个医生给她把药做了调整，换了一种具有更强镇定作用的新药。

但第一天的治疗就不是特别顺利。虽然沃特金斯医生使出了浑身解数，但之前在别的孩子身上起作用的方法，到了坎迪斯身上就显得没什么效果。她整个人非常被动，状态游离，就连目光也很飘忽，对外界没什么反应，虽然治疗团队对她采取了各种刺激手段，她始终显得无动于衷，根本达不到刺激后爆发的效果。

经过珍妮的首肯，沃特金斯医生对整个治疗过程进行录制作为研究资料保存。前几天的录像显示她最初采取的治疗手段包括"环抱禁锢疗法"和"强制静坐疗法"。

前面我们介绍了"环抱禁锢疗法"的操作，支持"环抱禁锢疗法"的理论说，这是一种"温柔的喂养"姿势，会使病人感到安全和被爱。

在一段2个小时的录像中，沃特金斯医生将坎迪斯搂住，按在自己的腿上坐着，因为坎迪斯已经10岁了，单凭医生一个人很难完全禁锢住她，于是他们喊来另一名男助手坐在坎迪斯的腿上，这种安排压得她完全不能移动。

随后，沃特金斯医生强制性地用手捏住她的下巴，不顾她的奋力挣扎，强迫她直视自己的眼睛，前后加起来长达90分钟，才将她放开。

有人数了数，录像中坎迪斯拼命挣扎了309次，在沃特金斯医生逼

近她的脸时，她尖叫了 68 次。

"强制静坐疗法"对孩子来说也非常煎熬。医生要求坎迪斯一动不动地坐 10 分钟，然后第二次坐 20 分钟，第三次坐 30 分钟，由此不断重复延长。

另一段录像显示，他们安排坎迪斯躺在沙发上，让珍妮趴在她的身上，压着她不许动，前后长达 1 小时 42 分钟，其间还要求珍妮舔她的脸庞，前后舔了 21 次。这种做法的目的，是逼迫坎迪斯克服心理上的抗拒，接受珍妮的亲密接触。

还有一段是他们束缚住坎迪斯后，强行将她心爱的长发剪掉，最后留给她一头乱糟糟的短发。

虽然这些举动都使坎迪斯十分抓狂，但沃特金斯医生觉得还是没有达到突破她心理防线的地步。

她把第一个星期的疗程效果不够好的原因，归结为坎迪斯不够努力，不配合治疗。但我觉得其实很可能是因为药物的作用。心理医生给她调药的时候，增加了 50% 的另一种镇定药，这种镇定作用极强的药物当然会使她反应迟缓，情绪稳定。

4 月 17 日，心理医生又把坎迪斯的药给换了回去，而这一天她的治疗仿佛有了一些突破。

这天沃特金斯医生决定给她换一种治疗方式，从之前试图用语言和行为对她产生刺激的方式，改成了一种更为激进的"施压疗法"。

他们让坎迪斯躺在地上，用一个床单把她裹起来，只剩头部在外面。然后给她的两侧放上大枕头，再让珍妮面对面趴在她的身上，但是珍妮也会用大枕头来分担一些自己的体重，所以坎迪斯感受到的压力还勉强可以承受。

这种做法的目的是给坎迪斯一些禁锢和约束压力，使她无法逃避与妈妈面对面的视线接触，但同时由妈妈来掌握这种压迫感的分寸，作为被禁锢的坎迪斯没有任何回避逃离的能力。

在持续一段时间后，他们再把坎迪斯从床单里放出来，让珍妮坐在沙发上，然后让坎迪斯过去坐在她的怀里，让她像抱婴儿一样抱着坎迪斯。同时给珍妮一盘吃的，让她像喂婴儿一样喂坎迪斯。

不知道是因为坎迪斯累了，还是真的治疗起了作用，这是在被领养后坎迪斯第一次让珍妮抱她，也是第一次与她有了真正的视线交流。珍妮激动得热泪盈眶。

但是第二天，沃特金斯医生告诉珍妮，她觉得这个进展还不够，决定要对坎迪斯实施"重生式疗法"。

第二天9时左右，珍妮带着女儿来到诊所。他们首先开始的是一段艺术疗程，助手茱莉亚带着坎迪斯先画了幅画，她要求坎迪斯画出6样东西，然后进行讨论。

在坎迪斯放松下来之后，茱莉亚向她解释说，今天会进行一种新的疗程，他们会把她裹起来，让她感觉就像在妈妈的肚子里一样："你想不想重新从妈妈的肚子里被生出来呀？"

"想呀。"坎迪斯回答道。

坎迪斯小时候有一次差点被亲生妈妈从二楼的窗户扔下去，"我害怕，我不想被丢下楼"。

茱莉亚表示理解，然后进一步解释："你会很安全的。你得像小宝宝一样，用全部的力气去踢，去尖叫，使劲儿地被妈妈生出来。从妈妈的肚子里生出来可不容易，你得特别特别使劲儿才行。妈妈的肚子很小对不对？不过你不要怕，你会有足够的空气可以呼吸。等你使劲儿被生出来之后，妈妈就在另一头等你，你要使劲儿地向她伸出你的手，知道吗？"

但是坎迪斯一边听一边打哈欠。茱莉亚关心地问她，是前一天晚上没睡好吗？

坎迪斯说是的，她做了个噩梦，梦到自己死了。茱莉亚说，可能你梦到还是小宝宝的时候感到了害怕，以为自己会死呢。坎迪斯点头说可

能吧，她还记得当时自己被从二楼丢下去的时候，是真的以为会死呢。

茱莉亚向她保证："这次不会的，这次有爱你的妈妈在保护你。"

疗程开始的时候，茱莉亚和沃特金斯医生讨论后决定，由茱莉亚来主导今天的治疗。她指示坎迪斯躺好，还温柔地询问要不要把鞋脱了，坎迪斯回答说"好的"。

疗程开始后，他们让坎迪斯保持着一种类似婴儿的蜷缩姿势，也就是膝盖蜷在胸前，双手抱住膝盖。然后用一张大床单把她连头一起包裹在里面，床单的开口处留在头部上方拧紧塞好。

接着在她的身体两侧放上了四个大枕头，以确认她无法移动。然后沃特金斯医生和三个助手把自己的身体压在坎迪斯身上，一边用力挤压，一边不断鼓励她努力挣脱。

但是进展并不尽如人意。

坎迪斯显得很困惑，虽然她也试着在挣脱，但要么是使不上劲儿，要么是不知道该怎么用力。她一直在问："我该从哪儿出来啊？你们压着我，我动不了啊。"10分钟后，她就开始求饶，问能不能停下来。

她累了，想上厕所。她喘不过气来，动不了。她不想继续了，不想被生出来。

但是大人们不想放弃，从他们的角度来看，坎迪斯就是不够使劲儿，不够努力，她不想配合。这种不配合是不被允许的，不行，必须继续！

他们用更大的力量挤压她，希望用这种方式给她更大的刺激，刺激到她能爆发。

可坎迪斯始终爆发不起来，她一直在弱弱地抗议。在疗程开始后的24分钟里，她连续说了7次："我喘不过气来了……我要死了。"她在被裹得紧紧的床单里哭了出来。

"我要死了……我不想死。可是我真的要死了，我要死了……我要死了……我真的要死了……"她在床单里断断续续地重复着。

但她得到的回应是更大力量的挤压。为了更好地使劲儿，大人们调整了一下姿势，沃特金斯医生甚至用脚抵住旁边的沙发，茱莉亚也撑住了旁边的壁炉。

这四个成年人加起来的体重是 610 斤，而坎迪斯只有 60 斤。

他们一边不断施加更大的压力，一边鼓励她："用力，用力！"

但是坎迪斯只是哭泣着说："我觉得我要死了，让我死了算了吧。"

茱莉亚冷冷地回答说："那你现在就去死吧。"

在我第一次看到这里时，觉得非常不可思议，也觉得难以置信。作为负责治疗的人员，怎么能这么粗暴地刺激病人呢？

后来我看到有资料解释说，这其实是一种心理学上的技巧。

有的逆反心理极强的孩子会不停地嚷嚷说"我要死了"或"我不能呼吸了"，用这种夸张的方式来表达对家长或者医生的反抗。而家长和医生为了避免被这种方式套进去控制住，就采用顺着他说的方法让他意识到那并不会发生，所以我们可以继续该做的事情。

这种技巧有个名字叫"悖论疗法"，如果心理医生不断地安慰说，"没事没事，你不会死的，你好着呢"，病人很可能会逆反地觉得"你不理解我，我都快死了我好不了了"，从而表现得更加抗拒。但是当心理医生说，"对，你要死了，赶紧的，别磨蹭"，病人看到自己还没死也不会死，并没有什么大不了的，这一关就过去了。

这个技巧的理论认为，这种"火上浇油"的做法，可以帮助病人意识到自己有自主的力量，从而能自发控制住局面。

所以当坎迪斯哭着求饶的时候，在场的数位大人并没当回事。他们只是简单认为她想逃避，想要赖而已。

那之后坎迪斯断断续续地哭求他们停止，床单裹得太紧了，其他人太重了，她没有一点点空间和空气，可是所有的祈求都被忽视了。

到后来她说实在受不了了，她要吐了。他们依然没有理她。然后她说她真的吐了，他们还是忽略了她。

最后她哭着说，她要上厕所，她要拉肚子了。

他们的回答是："那你就拉在裤子里吧。"

疗程进行到 31 分钟的时候，只能听到床单里偶尔传来非常微弱的抽泣声。沃特金斯医生问了一句："你感觉还好吗？"坎迪斯低声回答了一句："不好。"

沃特金斯医生与三个助手讨论了一下，认为坎迪斯还在试图抵抗不肯配合，于是他们决定要再加把力。四个成年人调整了一下姿势，以确认自己全部力量都能传递到坎迪斯身上。

他们一门心思想着要把她逼到绝境上，到绝境上她才能爆发，才能突破，才有疗效！

疗程进行到 40 分钟的时候，珍妮对着坎迪斯头部的地方问了一句："宝贝儿，你想被生出来吗？"

坎迪斯从枕头下发出了一声微弱的："不。"

那是她说的最后一句话。

接下来的 20 分钟坎迪斯陷入了沉寂，其间茱莉亚伸手到床单里摸了一把，十分满意，"里面都湿了，全是汗。这是好事"。

沃特金斯医生指了指自己的脸，茱莉亚回答说："她的脸上都是汗，没反应。"

这时珍妮显得特别低落，因为坎迪斯回答的那句"不"，她觉得自己被女儿拒绝了。费了这么大的劲，坎迪斯却不肯配合，不肯尽量改变，不肯接受她当妈妈，太令人伤心了。

沃特金斯医生建议她先离开这个房间，因为坎迪斯会感受到她的情绪，会影响疗效。

于是珍妮离开了这间屋子，到了隔壁房间，她终于忍不住哭了起来。沃特金斯医生跟了进来，搂着她的肩膀安慰了一下，劝她坚持住，不要放弃，然后回到治疗现场，珍妮继续通过监控旁观。

大概 70 分钟的时候，沃特金斯医生决定打开床单查看一下情况，这时距离坎迪斯最后一次发出声音已经过去了半个小时。打开床单的时候，她一动不动。沃特金斯医生轻笑了一声："哈，看她在自己的呕吐物里都能睡着。"

然后他们才发现小姑娘的状态看起来有些反常。在隔壁观看的珍妮本来就是护士，立刻意识到出问题了。她飞快地冲过来，不顾呕吐物扑到坎迪斯的身上开始做心脏复苏术和人工呼吸。但是看到坎迪斯发紫的嘴唇，她心里知道已经太晚了。

这个案子本身并不复杂，因为整个治疗过程都被沃特金斯医生作为医疗资料录制了下来，录像被作为证据呈堂，警方、律师、法官，还有陪审团，都有足够的时间和机会反复观看。现实发生的过程，完全无法抵赖，甚至很难有辩解的空间。

我没有足够的勇气去观看录像，但是读完了从录像中提取的全部对话和文字描述。那些文字自有一种挥之不去的冰冷凉意。据说有陪审员在观看完录像后精神崩溃大哭。

在案子曝光之后，沃特金斯医生第一时间在网上发布了回应，坚持说这就是一次意外的悲剧，征求社区和病人家庭的支持，希望舆论能帮助她说服警方撤案。事实上她还真的获得了不少支持。

一年后这个案子正式开庭，沃特金斯医生和茱莉亚两人都不肯认罪，但最终因为忽视造成儿童死亡罪名成立被判 16 年有期徒刑。另外两名助手因为是服从关系，获得了 10 年有期徒刑，但是可以监外执行，再加上 1000 小时的社区劳动，这两人在审判期间还结了婚。珍妮之后对疏忽照顾儿童罪名认罪，被判 4 年缓刑。

沃特金斯医生在坐了 7 年牢之后被假释，出狱后她被禁止行医，并且必须在严格的监管下才能与儿童接触。

因为坎迪斯的死亡，科罗拉多州和北卡罗来纳州通过了新的以她的名字命名的法律"坎迪斯法"，禁止诊所或者医师继续使用"重生式疗法"或者类似会对孩子身心造成严重伤害的治疗手段。美国众议院和参议院也分别通过了敦促其他州采取类似行动的决议。

坎迪斯用自己的生命为其他可能患有"反应性童年依恋障碍"的孩子们避免了可能的危险。

在庭审的时候，被请来作证的心理学专家和医生都表示，沃特金斯医生采取的这些治疗方法，对坎迪斯来说，基本上没有起到什么作用。

比如进行"强制静坐疗法"的时候，她被命令完全不许动，录像里的小姑娘双腿交叉坐在沙发上，面无表情，眼神空洞，仿佛完全退缩到了自己的世界。但是在学校的老师和小朋友们的记忆中，坎迪斯是个活泼的、精力旺盛的小姑娘。

我读到的材料中，不同的医生对坎迪斯有不同的诊断，也许是资料有限，我看到的诊断中，几乎没有医生提到她可能就是个正常的孩子，医生们都各自给出了不同的诊断说法。

这有两种可能性，一个是我收集的材料不够全，另一个就是坎迪斯的确存在一定的心理问题。这也并不奇怪，完全可以想象，也能够理解她的童年环境和原生家庭会带来怎样的阴影。

但是根据有限的资料来看，我感觉坎迪斯并不是个内心具有极大愤怒感的孩子，她的主要表现也许更多是漠然。她对这个世界没有什么兴趣，为了保护自己，切断了与周围人的情感链接。所以没有爱，也没有恨，换句话说就是，她其实并没有强烈的情感压抑。

所以沃特金斯医生采用的那些以"减怒疗法"为基础、试图通过激怒对方释放内心压抑的治疗手段，抛开极端的方法不说，也许针对的症状就错了。

我看到的报道中，对珍妮的评价都比较中立克制，毕竟她作为一个母亲，即使只是养母，从现有的证据看来也依然是尽力想对坎迪斯好的。

这个案子在录像的证明下，案情简单直白。但录像中没有涵盖到的，是在求医之前坎迪斯与珍妮的相处，小姑娘是不是真的需要这样激烈程度的"治疗"？

这一点细想下去就非常可怕。因为现在已经不可能找到绝对准确的答案，而悲剧已经造成。

事实上，社会舆论对珍妮还是抱有相当程度的同情和理解，一篇报道非常细致深入地介绍了"反应性童年依恋障碍"的病症，还有被这种病折磨得死去活来的家长们，有时候他们的苦是外人所不能想象的。

所以在走投无路感到绝望的时候，珍妮转向了没有合法资质且具有争议的"反应性童年依恋障碍"治疗，身为儿童护士的她，也默许了治疗中心那些非常具有伤害性和侵犯性的治疗手段。

在这个案子的最后，沃特金斯医生始终坚持自己没有错。她和"重生式疗法"的支持者们坚持认为，至少这个治疗的初衷，是想帮助那些需要帮助的人。而部分获得改观的病人和病人家属也纷纷出来支持她和这个疗法。

这个案子给我最大的感触，倒不在于这种疗法的粗暴和匪夷所思，而是需要治疗和帮助的人群，他们无法找到出路的绝望。

一开始我以为是他们的无知选择了"跳神式的专家"，但是真正地看向这个群体时，我才意识到那些专家也许是他们唯一能求到的浮木。

最后的"坎迪斯法"也许能减少违规治疗的情况发生，却并不能真正地解决这些病人和他们家庭的问题，那么在绝望的时候，他们很可能又会迫切地去抓住另一块危险的浮木。这是悲剧，也是作为人类无力避免的悲哀吧。

皮特森和失踪的妻子

这个案子说起来也算是个旧案了，当年案发的时候新闻媒体给予了高度关注，几乎所有的电视报纸都在报道这个案子，给我留下了非常深刻的印象。同时，这个案子在美国的法律史上也具有非常特殊、重要的地位。

案子发生在 2002 年加州一个名叫莫德斯托的城市。

案件的主人公是个名叫莱西的年轻女人。

莱西出生于 1975 年 5 月 4 日。她的父母在高中时候相识相爱，很年轻时就结了婚。因为妈妈年轻的时候认识一个叫莱西的漂亮姑娘，所以给心爱的女儿也取了同样的名字，希望女儿也能那么美丽幸福。

后来莱西的父母感情破裂，妈妈带着两个孩子搬到了莫德斯托，嫁给了第二任老公。这个时候莱西才 2 岁，可以说她是继父一手抚养大的。

虽然父母感情确已破裂，但莱西与生父的感情还算不错，周末的时候她会回到生父的奶牛场探望，帮着干些农活。但是她更喜欢的是和妈妈一起在花园里做园艺。

莱西从小性格就很活泼，她在生父母和继父的呵护下顺利地长大，从来没遇到过什么挫折或者大的困难，所以她特别喜欢笑。

1994 年莱西还在读大学，经常找一个在餐馆打工的朋友玩，在朋友的介绍下，她认识了在同一间餐馆打工的斯考特。

斯考特比莱西大 3 岁，出生于一个重组家庭，爸爸妈妈从前面的婚姻里带来了 6 个孩子，而他是新家庭唯一的结晶。他的父母都是有钱的生意人，家庭条件相当优越。

斯考特的爸爸特别喜欢打高尔夫球，从小带着他在高尔夫球场里玩。他在这方面也颇有些天分，14 岁的时候就能打败成人选手，到高中时已经成为圣地亚哥顶级的年轻球手，很有希望走上职业高尔夫球手的道路。

在很多的新闻报道中，听起来好像是斯考特因为爱上莱西而放弃了成为高尔夫球手的职业理想，但事实上情况要复杂一些。

1990 年，斯考特拿着打高尔夫球带来的奖学金进入了亚利桑那州立大学，同一时期在校的，还有与他来自同一个高中的同学费尔。这个费尔也是个高尔夫球天才，后来赢了 44 场美国男子职业高尔夫巡回赛。所以两人激烈竞争了好几年，斯考特就是"既生瑜何生亮"里郁郁寡欢的"瑜"。

不久斯考特就离开了校队，转校到另外一所大学。

据说在初相识的时候，莱西对斯考特一见钟情，两人第一次见面她就把自己的电话号码给了他。回家后，她也立刻忍不住告诉妈妈："今天认识了一个帅哥，我要嫁给他！"

莱西与斯考特的第一次约会是开船出深海钓鱼，虽然夜深月明波涛粼粼，身边是自己由衷喜欢的人，充满了浪漫的气氛，莱西还是严重晕船，吐了一路。不过这并没有阻碍两个年轻人坠入爱河，很快他们确认了关系，而斯考特也开始认真思考自己人生的发展方向。

因为职业球手的生活和收入都不太稳定，他决定放弃做职业高尔夫球手，改为走正常的白领职业路线，这样更有利于和莱西建立小家庭。

在约会了两年后，他们俩开始了同居生活。莱西大学毕业后不久，两人就结婚了。

两人在婚礼上开心地接受大家的祝福，从婚礼的照片来看，这个阶段可能是因为缺乏锻炼，斯考特胖乎乎的，整个人显得很圆润。

一年后斯考特也大学毕业了，这个时候既然不能打球，就干点别的吧。他爸爸拿出了一笔钱，让小两口在当地开了个运动主题的酒吧。虽然一开始起步有点难，但后来生意越做越旺，周末的时候经常客人爆满，生意好得不得了。

也有报道说，这个酒吧的起始资金不是他爸爸给的，因为他爸爸觉得这个生意肯定会赔钱。但是斯考特坚信一定能赚钱，就跟莱西咬牙把酒吧开了起来。他们一开始真的特别穷，厨房里需要装一个排气口，他们都请不起人来装。最后斯考特去大学上课，考了一个专业证书并自己动手安装。

两个版本的最终结局是一样的，在度过了最初的艰难时期后，酒吧的生意越来越好，所以其实他们俩也曾经共患难。

2000年，莱西觉得二人世界可以进一步拓展，准备要个孩子。

莱西跟妈妈的关系很近，所以有生孩子的打算后，就决定搬到离妈妈更近一点的地方。于是他们卖掉了这个酒吧，搬回了莱西的老家莫德斯托，在当地买了房子正式落脚。

他们买的房子当时价值17万美元，包括3间卧室2间浴室，坐落于一个距离公园很近的高档小区里。他们基本上步入了美国中产阶级的常规生活。

斯考特在大学里学的是农业贸易，毕业后去到一家肥料公司，当上了卖肥料的代理。据说税前月薪5000美元左右，这个收入在当时也算很不错的水平。莱西因为备孕，没有找全职工作，而是在一所学校做代课老师，平时大部分的时间和精力还是放在家里。

在大家的眼里，莱西和斯考特是特别完美的一对，两个人无论是外貌还是自身条件，包括家世，都基本相当。而且莱西非常爱斯考特，朋友们都知道，她以做一个好妻子为人生目标，最理想的生活就是相夫教子，每天看看烹饪节目，再去花园里种种花，她就特别开心了。

好消息在 2001 年的上半年传来，莱西怀孕啦！包括斯考特和莱西的双方父母甚至生父在内的一家人，都特别激动，兴奋地期待着小生命降生。他们已经知道了宝宝的性别，给他起名叫康纳。

2001 年的圣诞节对莱西来说有着非常特殊的意义。这将是孩子出生前最后一个只属于他们两人的圣诞节。她一边张罗着庆祝圣诞节，一边为迎婴派对做准备，一切都井然有序又充满喜悦地进行着。

在翻看他们俩这段生活的照片时，我发现一个有意思的现象：这个时期的斯考特很胖。不说身躯，单看圆润的腮帮子和下巴，胖得几乎完全没有线条，尤其是他们最后的合影上，斯考特抱着怀孕的莱西，周身满满的"婚后幸福肥"。

而这个阶段的莱西总是一副喜气洋洋的样子，她在照片里显得十分放松，丝毫不在意自己走形的身材，满脸都是对生活的满足和对未来的兴奋期待。

2002 年 12 月 24 日这天晚上就是圣诞节前夜了。斯考特一大早就出发去一个名叫布鲁克斯的小岛附近钓鱼，下午的时候回到家里，发现有些不对劲。

莱西本来每天上午都要遛狗。他们家有只大金毛，因为家附近就有个公园，她每天上午会带着狗去公园里散散步，顺便当作锻炼身体。

可是当斯考特回到家的时候，发现他家的狗独自套着狗绳在前院发呆，身上满是泥水，而家里家外都不见莱西的身影。

接下来发生的事情有不同的说法。

根据 ABC 新闻的报道，在遍寻妻子不得的情况下，斯考特直接打

电话报了警。而根据《纽约邮报》的报道，在 17 时 15 分莱西还没回来的时候，斯考特先给岳父岳母打了个电话，然后是莱西的继父打电话报的警。

无论是谁打的报警电话，后面的情节倒是一致的，就是当警方赶到他们家时，发现莱西的钥匙、钱包和平时出门戴的墨镜，都丢在家里没有带走。这些东西都被塞在一个随身的包里，而这个包被塞在卧室的一个壁橱里。

除此之外，他们家显得一切如常，餐桌上摆着为第二天圣诞聚餐精心做的准备，没有任何凌乱不整的地方。这说明莱西要么是自愿离开家里，要么是在家外失踪的。可是一个怀孕 8 个多月的孕妇，会跑到哪里去呢？

第二天天一亮，警方就组织起力量对附近展开搜索，搜索的范围首先集中在他们住处周围，尤其是附近的那个公园。

一开始只是警方和亲友参与，后来社区的邻居们也加入了进来，渐渐地，更多的志愿者参与进来，短短两天内搜索队的成员就接近千人。人们有的步行，有的骑车，有的骑马，甚至有的派出了直升机。朋友和家人四处张贴寻人启事，悬赏金额从 25000 美元增加到 25 万美元，最后提高到 50 万美元。

家人、朋友和志愿者在附近的一家酒店成立了一个指挥中心，帮助协调搜寻和沟通信息，这个时候已经有超过 1500 名志愿者签名参与搜寻工作。

同时莱西的朋友做了个网站，把她失踪前的照片和失踪的情况发布到了网上，消息瞬间席卷所有的新闻媒体，得到了全国的关注。

警方除了找人之外，首先是重建当天的经过以确认下一步的工作方向。负责这个案子的警探觉得，无论如何，一个怀孕 8 个多月的孕妇，不说一声就这样离家出走的可能性太小了，更大的可能是发生了意外。

斯考特非常配合警方的调查，首先交代了自己当天的行踪。

他不久前刚买了条船，这天早上 9 时 30 分左右离开家去海里钓鱼，走之前还陪着莱西看了一会儿她最喜欢的烹饪节目。他走的时候莱西正在拖地板，打算再烤个饼干，然后带狗出去散散步，看起来就跟平常没什么两样。

但是警方查看现场的时候，发现莱西拿来拖地板的拖把和水桶被人拿到了院子里，而且警方在拖把上检测出了大量的清洁用品。说明有人曾经用这个拖把好好地做过清洁，而不是日常普通的打扫，用完之后还特意拿到了屋外。

莱西的狗也是一个疑点。

那天上午有个邻居看到了他家的狗在街上游荡，她将狗牵回了莱西的家。大概半个小时后，另一个邻居又在路上发现了这条狗，于是又送回去一次。

这两个邻居都说，他们注意到狗绳的一头很脏，显然狗自己拖着狗绳在泥水里蹚过，这说明狗已经与主人走失了一段时间。

斯考特说自己下午回来的时候，的确看到狗待在院子里，满脸迷茫。当时他看到莱西的车在家，后来才发现家里没人。他当时没多想，因为钓了一上午鱼，就直接换了衣服去洗了个澡。等安稳下来，直到天色都黑了，莱西还是杳无音信，他才开始觉得不对，接下来的事情大家都知道了。

但负责这个案子的警探从一开始就怀疑上了斯考特。

首先令人生疑的是斯考特的态度，怀孕这么大月份的妻子失踪了，他却显得特别冷静甚至有些漠然，完全没有一点紧张焦灼的情绪，回答问题也有板有眼，丝毫没有关心则乱的惊慌失措。

根据警探的经验来看，如果家里有人失踪，留下的家人通常会特别焦虑不安，而且会有特别多的问题，会心急如焚地一直追问个不停。但是斯考特好像完全没有这样的状态，当警探问他："你有什么想问的

157

吗？"他总是回答："没有。"

在其他家人都强忍担心的泪水，咬着牙展开搜寻和应对媒体的时候，只有斯考特始终有一些淡淡的抽离，好像这是一件与他不太相关的事情。

斯考特提到自己在钓鱼的时候曾经给莱西的手机打过好几个电话，但都没有人接而进入了留言信箱。

他在留言里说："亲爱的，刚才2时15分的时候我给家里打电话留了言，现在我要回家了，不过我没时间去取东西了。希望你能收到这个信息，回见啦，爱你！"

这段话在警探听来，显得特别刻意，谁没事给妻子打电话还会那么清楚地报时呢？

另外他去钓了一上午鱼却一条鱼都没钓着，最令人无法理解的是，这是圣诞前夜，他为什么要把妻子一个人丢在家里自己跑出去钓鱼？

斯考特的解释是，新买了船，激动难耐。

警探就问，那为什么不带上莱西一起呢？斯考特说因为莱西容易晕船。

可警探又发现，前一天斯考特在去理发店剪头发的时候提过一嘴，第二天他要去打高尔夫球，为什么忽然不打球要去钓鱼了呢？

斯考特说，因为天气太冷了……

警探满脸不相信："打球你会觉得冷，深海里钓鱼，海风吹浪打浪不会更冷吗？"

斯考特回答不冷。

另外，他说自己走的时候妻子正在拖地板也很让人觉得不对劲。他们家是有清洁阿姨的，阿姨前一天刚来打扫过卫生，为什么才过去了一个晚上，怀孕8个半月且情况不是特别好的孕妇非要亲自动手再拖一次地板？

清洁阿姨说前一天打扫完卫生没有清理过吸尘器，可是警方发现吸尘器的粉尘袋是空的，也就是说在阿姨走后有人特意清理过这个吸尘器。

　　既然已经请阿姨在圣诞节前好好做过卫生，那为什么莱西要挺着大肚子再打扫一遍，而且理论上粉尘袋应该有很多垃圾，为什么却被清空了呢？

　　斯考特回家就洗衣服的行为更加可疑。按照他的说法，他到家后觉得自己浑身都是鱼腥味，怕妻子闻到不舒服就赶紧换衣服洗澡，然后顺便把衣服丢进洗衣机里洗了。

　　可是他一条鱼都没钓到，而且船上的渔具也看上去像是没有用过，如何能有浑身鱼味儿？

　　还有这个换下衣服立刻就洗的做法，要知道，大部分美国人的习惯是攒够一个洗衣筐的衣服一起洗，如果不是没有衣服穿了，很多人不会立刻开动洗衣机，更别提大家都知道平时这种事情斯考特都是丢给妻子管，他怎么忽然变得这么勤快积极？

　　根据以上种种疑点，警探对斯考特提出，要不咱们来测个谎吧。他毫不犹豫地拒绝了。

　　这个时候莱西的家人都还是相信斯考特的，莱西的妈妈与他站在一起接受采访时，对着全国观众说："我们认为他与莱西的失踪没有关系，他对莱西的爱是真的。"莱西的继父当时就有点不置可否。

　　这时其实出现了一线转机。

　　在莱西失踪的几天后，警方忽然收到一个线报，说就在她家对面发生了一起入室抢劫案，而且案发的日子与莱西失踪是同一天。除非是巨大的巧合，不然很难令人相信这两者毫无关联。

　　后来警方抓到了入室抢劫案的两名嫌疑人，但是经过调查，发现这两个蟊贼跟莱西的失踪没有关系。因为当时莱西失踪的案件还在调查当中，所以相关细节没有披露，警方只是简单地表示"此路不通"，不过，这条线索还是为后来的混乱埋下了隐患。

　　接下来突然出现了一个惊天大反转。

本来整个过节期间大家都还在关注莱西的下落，新年过去没多久，一个名叫安珀的女人突然召开了一场记者招待会，公开了自己与斯考特的婚外情。

27岁的安珀是个按摩师。她长得又高又瘦，一头金发，神态娇媚。她说2002年11月通过朋友介绍与自称单身汉的斯考特相识。安珀是个单亲妈妈，很快被风趣潇洒的斯考特打动，两人陷入爱河。

圣诞节前，斯考特告诉她自己在过节期间得去一趟欧洲，所以不能陪她一起过节了。作为补偿，他提前几天带着她参加了一次朋友的聚会。那天斯考特穿着非常正式的燕尾服，安珀穿着鲜红的礼服，两人腻在一起非常甜蜜。斯考特还向她保证，等过完节就应该有更多的时间陪她了。

可是这个时间应该是莱西刚生孩子的时候，作为新生儿的爸爸，斯考特哪儿来的时间陪情人呢？

圣诞节的时候，关于莱西失踪的新闻铺天盖地。12月30日，安珀的朋友在电视上看到斯考特接受采访，赶紧打电话喊她去看，她才知道，斯考特上电视了。

看到新闻后安珀完全不敢相信自己经历的一切居然都是谎言，她又惊又怒，立刻联系了警方。当时警方决定不要打草惊蛇，经过讨论，决定让安珀带上窃听器找斯考特打探打探。

有人可能会问，这种窃听合法吗？事实上在警方有合理怀疑的情况下，可以向法官提出申请，如果法官批准，窃听获得的录音经过大陪审团同意，就可以拿来作为合法证据。

没几天过新年的时候，她与斯考特通上了话，电话那头传来的声音显得有些遥远。

他还是那么温柔深情，他告诉安珀："我就在埃菲尔铁塔旁边。这里正在庆祝新年……美好得令人感觉不真实……"

可不是不真实吗？他打电话的时候，正躲在大家为莱西举办的烛光祈祷会场外。这个时候大家还抱着她能生还的希望，结果他跑到外面假装自己在巴黎，给情人打电话问候新年。

而就在几天前，他刚刚当着全国的媒体公开保证，自己绝对没有婚外情。

这还不是全部。后来的调查发现，早在斯考特与莱西交往初期，他就曾经有过两次出轨，其中一次甚至被莱西在现场抓到；而在婚后，在安珀之前，还有过若干次婚外情。

警方把这一切告诉了本来对女婿无限信任支持的莱西家人，一开始他们都不信，直到看见了斯考特和安珀的合影才半信半疑。莱西的弟弟坚持要与斯考特直接通话，1 月 16 日，斯考特在电话里承认了自己出轨的事后，就切断了与莱西娘家人的沟通和联系。

到了 2003 年 1 月 24 日，安珀带着律师召开记者招待会，发布公开声明，坦白了自己被斯考特欺骗隐瞒的私情，表示对莱西的歉意。莱西的家人也在记者招待会上正式宣布收回对斯考特的支持，并且呼吁他尽快说实话，好好配合警方调查，早点找到莱西。

斯考特会认输吗？才不会。

在私情被公开，自己深情面具被撕掉之后没几天，斯考特就开始频繁接受几大媒体的公开采访，1 月 26 日，他上了美国全国广播公司的采访节目，接下来又上了 ABC 和拉里·金（Larry King）的节目，试图力挽狂澜拯救形象。

这都是当时拥有顶级流量的媒体和节目啊！

在电视机前，形象经过精心设计的斯考特接受了主持人的反复提问，给出自己这边的解释。

针对最近曝出的婚外情，斯考特解释说自己早在 12 月 24 日莱西失踪的当天，就向警方坦白了自己与安珀的私情。而且其实莱西也知道这个事情，她并没有很在意，因为这已经不是他们第一次处理这种情况了。

最开始他俩在交往的时候没住在一起，斯考特偷偷地交往了另一个女友。结果有天莱西上门找他的时候，女友突然来到他的公寓，开门就

撞见了他跟莱西在一起，三个人面面相觑。

但即使这样，莱西也并没有怎样。斯考特说："她当然不开心，可两人是真心爱着对方，真爱面前别的都是小事不是吗？"

至于安珀，斯考特说他跟莱西解释得很清楚，两人之间没有一丁点的感情，莱西也很理解。

主持人反问道，可是了解莱西的朋友们都不相信，就在失踪的几天前还看到她甜蜜幸福地在秀恩爱，实在无法想象她在已经知道了丈夫有外遇的事情后，还能这么投入，她不是这种性格的人！

斯考特微微一笑："没有人比我们更了解我们之间的爱情和信任。"

其实在 1 月 24 日安珀正式公开他们之间的关系前，斯考特就已经意识到事情瞒不住了，所以接受这么多的媒体采访，借媒体之口来说出对自己有利的"真相"，这应该是他深思熟虑之后的应对方式。只不过他没想到，这样做反而弄巧成拙了。

比如，记者追问他为什么会主动告诉莱西自己出轨的事情，斯考特解释说："因为这才是正确的做法啊，你知道，当你做错事的时候，内疚的感觉会一直吞噬你。你会觉得特别难受，也没法正常生活，你也无法直视她。"

听起来是不是特别正直诚恳？

但是记者又问他，新年夜的时候你在莱西的祈祷会外，假装自己在巴黎给安珀打电话，不觉得有点讽刺吗？

斯考特并不回答。

斯考特在电视上接受采访的录像被传播四方，收视率一时无两，他说过的话也被人反复咀嚼衡量，大家发现了越来越多的漏洞。

比如记者问他婚姻生活怎么样。

斯考特回答说："我能想到的第一个词是'glorious'，我是说我们彼此相爱，对对方都非常照顾体贴，她特别好，她真的是个特别好的妻子！"

"glorious"在英文里有辉煌灿烂的意思，有时候用在口语里也有"令人愉快的"含义。这个不是关键，关键是他在形容莱西的时候，顺口使用了过去时"was"。

这里说明斯考特知道莱西其实已经死了，所以潜意识下条件反射地用了过去时，然后意识到不对又匆忙改口用了现在时"is"。

这个过去时的用法，不知道暴露过多少人的潜意识。

当记者问到他和莱西的孩子时，他迟疑了一下说："那个……那个真的很难过啊。我根本没有勇气走进我们的婴儿室。"

可是事实上，这个时候他已经把这间婴儿室改成了储藏室。

在另一次采访直播中，斯考特的手机出其不意地响了起来，打断了他的采访。他很有礼貌地问主持人："我是不是应该把手机关掉？我以为是关了的……"说着他就站起来掏出手机关了机。

这个插曲给记者留下了很深的印象，她在事后回顾的时候说，此时正是大家心急如焚地寻找莱西的时刻，作为关心她下落的丈夫，难道不应该是紧张地随时等着消息进来吗？怎么会如此从容自若地关机失联呢？除非他心里明白根本不会有新的发现了。

特别有意思的是，斯考特对着电视机前的观众郑重剖白，说自己从来没有爱过安珀，他只是无法解释为什么会开始这段恋情，也说不清楚为什么在告诉了妻子之后，还会继续与安珀联络。他面带诚挚的愧意和莹莹泪光说："这个问题我应该有答案，可是我自己也不知道为什么……"

那可不，即使在几天前安珀已经走到公众面前揭露了他的伪装，他还私下给她打电话不停地说"我爱你"。警方后来披露的记录显示，在记者招待会后他至少给安珀打了几十个电话。

在斯考特密集地上媒体营造清白形象的同时，2003年4月13日，一对在三藩市遛狗的夫妇在海滩上发现了一具婴儿或者说更像胎儿的尸体。一天后，这个地点的一迈开外，海浪冲上来一具严重腐败且肢体残缺的无头女尸。

这个事实的关键点在于，发现尸体的地点，就在斯考特当初说去钓鱼的附近海滩。

4月18日，警方宣布通过DNA对比，确定了他们就是失踪的莱西和康纳，由此正式宣布莱西已经死亡，终结了长达近4个月的搜寻工作。

在莱西尸体被发现前的这段时间，斯考特一直待在圣地亚哥，平时没事就去跟他爸爸和哥哥们一起打高尔夫球。圣地亚哥距离墨西哥边境很近，走着就能过去。所以在宣布了发现的尸体就是莱西和康纳之后，警方就迅速采取行动，赶到圣地亚哥逮捕斯考特。

没想到斯考特的消息也挺灵通，在警方赶到前就已经驾车逃跑了，还与警察上演了一场高速追车的戏码。

最后警察从车里把他揪出来的时候，发现他已经把头发染成了金黄色做伪装，随身带着自己和哥哥的驾照、15000美元的现金、6双手套、野营的器材、4个手机还有干净的换洗内衣和袜子，甚至还带了好几包药物，完全是一副畏罪潜逃的样子。

斯考特的爸爸为他辩解说，他染发是想换个心情；带着哥哥的驾照，是因为前一天在高尔夫球场办理年卡时借用忘记还；车里的衣物零碎是因为这段时间被媒体追逐，他只能住在车里；至于那么多现金，是因为有钱人就喜欢花现金，不行吗？

随即斯考特的明星律师团也迅速成形，其中的领军人物名叫加拉格斯。他以代理名人打官司出名，刑辩经验非常丰富，同时又擅长与媒体打交道，是可以从容应对高曝光率案件的小能手。

颇有讽刺意味的是，在最初发现莱西失踪的时候，加拉格斯律师本人上过好几次电视节目，指名道姓地批判斯考特行为可疑。但是当他意识到这又是一个获得极高关注度和曝光率的案子时，他义无反顾地站到了为斯考特辩护的这一边，而且在开庭之前就丢出了许多颇有用意的预热备案。

6月13日，法医对被冲上海岸的莱西和康纳的尸体做完了尸检。理论上来说，这份尸检报告应该是保密的，但是很快部分细节就被人别有用心地透露给了媒体，一时间又引起了轩然大波。于是检方向法庭提出，既然如此，为了避免有人断章取义，不如把尸检报告全部公开吧。

可是法官驳回了这个请求，并且要求控辩双方就此封口，不许对媒体公开评论任何与案件相关的内容，尸检报告就此封存。

为什么说这个尸检报告泄露是别有用心呢？这要从尸检的结果本身说起。

这份尸检报告长达25页，其中详细描述了莱西和康纳被发现时的身体状态。莱西的尸体严重腐败而且残缺不全，另外她还有两根断掉的肋骨，只是很难判断，断骨是发生在死前还是死后。

尸检报告说在莱西的小腹有一个洞，有人怀疑这个洞可能是刀伤，这意味着康纳是被人为从她的腹中取出。可惜因为腐坏程度严重，法医并不能确定这个洞到底是怎么造成的。因为这个洞，莱西的腹部几乎全空，但是她的子宫和子宫颈都保存完好。

在被发现的时候，莱西身上还穿着宽松的裤子和孕妇衣服，下身缠绕了几圈尼龙胶带。

法医在报告中说，莱西的尸体腐败情况严重，无法判断准确的死亡时间，也无法判断她身上是否存在人为造成的伤口。同时因为腐败和在海里泡的时间太久，无法判断她的四肢是在生前还是生后被砍断。

康纳的尸体状况相对来说就好多了，虽然他一侧的身体也有些磨损，但是整体上几乎没有腐败的痕迹，而且肢体保存得也比较好。在他的肠胃里没有发现任何食物，同时也没有在他的身上发现胎盘和脐带。

联系到莱西的子宫保存完好的情况，法医据此分析，有可能在被冲上海滩不久前，康纳一直停留在莱西的身体里，直到最后一刻，他都被母亲保护着。

法医又根据莱西子宫的情况判断，胎盘似乎是在不正常状态下被剥离的，由此推论康纳是从莱西腹部的那个洞里出来的，可是又实在没有办法根据尸体情况判断是人为取出还是由海水外力挤压出来。

而且一方面无法判断康纳的死亡原因，另一方面也无法确定他是在母体里就已经死亡还是脱离母体后才死亡，法医更加倾向是莱西的死亡造成了孩子的死亡。因为妈妈的生命停止了，能提供给孩子的营养也因此衰竭。

所以可以推测，莱西被害后沉入海底，因为海上的风暴或者其他原因被带出了水面，康纳由于水压从她的身体里挤出。又因为波涛汹涌，他们分别被冲上了海滩。但尸检又没有任何证据能证实这个判断。

值得一提的是，在康纳被发现的时候，他的脖子上也缠着一道尼龙胶带，而且身上有一道深深的伤口。

虽然法医认为这个尼龙胶带其实是在海里的时候缠上的深海垃圾，伤口也有可能是在海里漂荡的时候造成的，被告团队却抓住这一点做文章：这证明了康纳和莱西的死与某些邪恶的组织有关。

辩方律师说，这显然是有人劫走了莱西之后举行了一个邪恶的仪式。辩方坚持认为孩子在被取出的时候依然活着，整个过程都是为了满足仪式要求。

虽然没有任何证据能支持这个说法，但为什么辩方还要坚持这样的观点呢？其实目的很简单：为了把水搅浑。

这个时刻，但凡从辩护律师嘴里说出的话，主要目的都是对被告有利，真假反而变得不重要。

不管真假，只要能给群众也就是潜在的陪审团成员输入一个"有很多其他可能性"的潜意识，就能在最后能不能证明"不存在任何其他可能性"上大做文章。

为了同样的目的，辩方还丢出了另一个可能性。

在斯考特家的小区里，住着一个在职的女检控官。这个女检控官与莱西的身高外形挺像，而且也有一只名叫"麦肯锡"的金毛（连狗的名字都跟莱西的狗的名字一样），她在 2002 年 10 月刚生产完，比莱西的产期早两个月。换句话来说就是她看起来跟莱西失踪前的样子真的很接近。

这个女检控官在 2003 年 1 月 6 日（也就是莱西失踪的几天后）联系过当地警方，说自己曾经起诉过一个罪犯，他的罪名成立而且坐了牢，但是后来发现其实是个冤案。这人出狱之后非常恨她，曾经对她进行多番跟踪威胁。

考虑到莱西与女检控官外形接近，辩方律师提出：有没有可能是那人寻仇却找错了人呢？

除了这些，辩方律师还提交了一份名单，认为这些人的嫌疑也不能排除——这个名单上有几百个人名。

其中，辩方律师曾经大张旗鼓地宣传过一个线索，有个名叫"唐尼"的人，据说与莱西的失踪有关。这人平时涉毒，居无定所，有人说看见在莱西失踪的那天，唐尼开着一辆棕色的面包车，在小区附近转悠。但是警方调查之后，表示这个线索与案件无关。

辩方的这些做法，其实都是在试图说明：除了斯考特之外，其他的犯罪嫌疑人和可能性多着呢！别光盯着斯考特不放，也得考虑考虑他们。

在辩护律师团队有意无意地引导之下，各种各样的信息满天飞。有人说斯考特对狱友承认了自己与妻子失踪有关，还有人说他对安珀也承认了是自己杀死了妻子。每个信息来源都言之凿凿地说自己是官方渠道，但是它们激发的只是更多人把这个事情当作"八卦"一样的兴趣。

审理这个案子的法官不断宣布推迟开庭的日期，考虑到这个案子公开的热度，还将开庭的地点安排到距离案发地 150 多公里以外的地方。

现在网上流传最广的，是一张斯考特在被捕后穿着橘红色的囚服被

带出来的照片，还有一张他坐在被告席上的照片。可能是监狱的伙食不太好，他瘦了不少，脸部下方有了线条，整个人显得俊朗了不少。

其实斯考特在法庭上大部分时候都是一样的神情，没有悲伤也没有激动。

到正式出庭的时候，斯考特理了发，换上了西服，新闻照片出来，又引起一片尖叫。他仅凭颜值就收获了一批坚信他无辜的粉丝。

在开庭前，控辩双方都信心百倍。从检方的角度来说，斯考特初期接受采访曝光率特别高，前后说的话漏洞多得数不胜数，再加上他与安珀的私情举世皆知，个人形象跌到谷底。而且后来检方还提交了好多证据，证明斯考特这人说的话前后矛盾，谎话连篇，出轨成性，明显是个衣冠禽兽。

从辩方的角度来说，这个案子没有指纹、没有 DNA，也没有目击证人，即没有直接证据。虽然检方硬说在船上找到了属于莱西的一根头发，但这根头发也无法证明是斯考特杀死了莱西。辩方可以轻松地说服陪审团凶手也许另有其人。

所以对于审判结果如何，每个人的心里都吊着一口气。

到正式开庭的时候，双方开始了刀光剑影的正面交锋。

在法庭上，检方指出斯考特前后不知道撒了多少谎，如他在电视节目里说，自己在莱西失踪的当天就向警方坦白了与安珀的私情。但事实上是安珀看到新闻主动联系的警方，才戳破了他"好丈夫"的伪装。

在检方提出的证据中有两个证据特别难以辩驳，一个是斯考特亲口描述的时间线自相矛盾，另一个就是莱西和康纳被发现的地点与他的行动路线相吻合。

为了证明莱西失踪的时候自己不在现场，斯考特反复强调，他在24 日早晨 9 时 30 分到 10 时之间就已经离开了家，也就是说 10 时莱西还好好地待在家里。

但是一个邻居作证说在 10 时 18 分发现了走失的金毛狗，她当时有购物小票来证明这个时间，说明此时莱西已经失踪了。

同时斯考特在 10 时 08 分曾经给家里打过一个电话，他的行为本意应该是想证明自己不在家，但警方的专家通过手机信号定位，证明在打电话的时候，他的所在地离家不远，最多步行一两分钟的距离。

也就是说，斯考特 10 时 08 分与莱西通话（假设她此时还没有失踪）到邻居 10 时 18 分发现走失的金毛，她失踪的时间只有不到 10 分钟，可是整个过程却要包括她做好准备出门遛狗散步，被绑架失踪，还没有人听见狗叫？这是很难说得过去的。

检控官根据警方搜集的证据，对案发经过作出了推测。

虽然无法从尸体的情况判断出莱西具体的死亡时间，但警方认为最大的可能是 12 月 23 日晚间或是 24 日早上。

莱西的身上还穿着休闲的家居孕妇服，这说明她失踪前所处的地点是家里；虽然尸体残缺，但因为在住处没有发现大量血迹，警方推测她的死亡方式是窒息。

警方认为斯考特在杀害了莱西之后，第二天假装去钓鱼，其实是去海里处理尸体。根据发现尸体的地点，警方认为抛尸处很可能距离三藩市不远。斯考特可能把重物绑在尸体上，帮助尸体下沉。

警方在搜索斯考特家的时候发现了水泥碎末，一开始斯考特说是修游泳池的人留下的，可是修游泳池的人又说不是他们留下的。然后斯考特承认自己曾经买过一袋 90 磅的水泥。警方在他的船上也发现了水泥渣子，斯考特的解释是他用水泥做了船锚，所以家里和船上都有水泥残渣。

事实上，警方的确在船上发现了一个大概 8.6 磅的水泥船锚，但是专家说，这样小的一个锚，出海钓鱼的时候根本发挥不了什么作用。警方在船上还发现了一根短绳，绳子的长度是在码头停靠的时候捆在岸边的铁环上的那种长度。所以更可能这个船根本没有在深海停下来（钓鱼），而只是去海上转了一圈儿。

那么既然只发现了一个 8.6 磅的船锚，但斯考特买的是 90 磅一袋的水泥，剩下的水泥哪儿去了呢？斯考特解释说他拿来填了车库门口的路。可是专家拿了样本分析之后说，门口的水泥跟拿来做船锚的水泥根本不是一个型号。

所以警方推测，很可能斯考特做了 5 个水泥墩，其中 4 个被用来下沉莱西的尸体，剩下一个拿回家做样子。

但是警方派出了潜水队，甚至放了声波定位器，在发现尸体的附近海域仔细地搜索，没能发现任何可疑的重物。

为了解释这个问题，辩方请来了一位水泥专家，他认为门口的水泥与做船锚的水泥就是一批，大家不用怀疑了。

一般出现这种"公说公有理、婆说婆有理"的情况时，这些证据都会被呈交给陪审团，陪审团在讨论的时候可以反复研究，直到他们决定出相信谁的说法，或者谁的都不相信。

检方提出的动机中提到一条——斯考特的经济出现了问题。

案发时，斯考特每月税前收入是 5000 美元左右，其中 70% 要拿来付房贷，用于信用卡开销以及负担保险等。剩下的钱除了日常的吃穿住行，还要交女朋友。检方找的审计人员在查账之后说，他家已经连续两年入不敷出。但与此同时，莱西的身上还有一笔价值 25 万美元的人身保险。

辩方律师反驳说其实不是这样，虽然斯考特花得多，但他从来没有欠信用卡的账，所以并没有负债压力；莱西刚刚继承了她奶奶的一笔 16 万美元的遗产，还有一批价值接近 10 万美元的珠宝，她打算卖掉一些换取现金。算上这些他们可以说相当富裕了。

至于莱西的 25 万美元人身保险，按照法律规定，如果找不到尸体，必须等到满 7 年才能理赔。所以斯考特为了这笔钱杀人的可能性不大。

另外，辩方说斯考特的信用卡额度是 2 万美元！他要花随时都可以花，完全不存在经济压力这一说。

不过我觉得辩方律师的辩解有些取巧，莱西继承了遗产，斯考特杀了她也一样能拿到这笔钱，甚至更能随心所欲地花，所以最多只能证明他可能没那么穷，却不能证明他不能从杀人中获利。

检方提出的另一个可能的动机，是斯考特没有准备好进入爸爸的角色。

莱西的妹妹和朋友作证说，斯考特曾经多次流露出对当爸爸没有太大兴趣。有一次在被恭喜的时候，他郁闷地回应："我本来指望我会是不育呢。"还有一次朋友说"以后你可以和儿子一起玩男生们喜欢玩的游戏"，他很没精打采地说："我又不是没别人一起玩了……"

朋友们说，能隐隐感觉到斯考特有很强烈的危机和不安，一方面快30岁了感觉还没玩够，有可能也正是这个原因，他在认识安珀之后就立刻放开自己，积极投入婚外恋。

想到要承担起做父亲的责任，对斯考特来说，解决这个心理危机最直接的做法，就是除掉怀孕的妻子，顺带连孩子一起解决了。

不过辩方也轻松应对。他们找来了一群证人证明，斯考特对即将当爹特别兴奋激动；所谓的心理危机不就是诛心吗？就算斯考特想到当爹压力大，也没有任何证据能证明他会一步跨越到杀人。

检方又提到，斯考特告诉所有人莱西在失踪的那个上午计划去公园遛狗，显然是想给大家造成她可能是在遛狗过程中遇到意外的假象。但其实莱西怀孕到后期，因为身体太重已经不去遛狗散步了。

辩方对此早有准备，淡淡地甩出一张照片，正是斯考特和莱西一起在海滩上的合影。辩护律师说，照片拍摄于莱西失踪的一周前，他们小夫妻一起去海边度假，有证人作证看到他俩从酒店步行到海边，这段距离有 500 米左右，甚至还包括一段颇有些陡度的路程，莱西看起来状态不错，所以不存在什么月份大了不能遛狗散步的说法。

不过话又说回来，我觉得辩方的这个说法也并不能证明莱西还能每天早上去遛狗散步。毕竟偶尔一次的状态好不代表每天都好。

另一个关键是，在莱西失踪的当天，斯考特曾经告诉问询他的警探说，在他离开莱西去钓鱼时，莱西正好在看烹饪节目。

前面提到过这个烹饪节目是莱西的最爱，所以早上起来就看并不奇怪。当警探问到有没有印象她看的具体内容是什么时，斯考特回忆了半天，说好像提到了一种名叫"meringue"的甜点。

所谓"meringue"，是一种看起来很漂亮精致的硬糖。

问题在于，警方回去一查，发现提到这个糖的那期节目，明明是12月23日播放的。

根据这一点疑问，警探向法官申请了搜查令，对斯考特的家进行了搜查，而且也是从这一刻开始，警方的怀疑就一直盘旋在斯考特的身上。

可是辩方律师很简单地驳回了这一条证据，他在法庭上播放了12月23日和12月24日的烹饪节目，发现在23日的节目里曾经有5次提到这个硬糖，但在24日的节目里，却只有非常不经意的一次提及。

但是再怎么不经意，也是提到了。

警方的电脑专家在搜查的时候从斯考特的家里取走了5块硬盘。硬盘中提取的上网记录显示，12月初，斯考特在网上搜索了许多有意思的信息，除了买船，还查了海洋图、洋流的方向和速度等，加上他还偷偷摸摸地在网上买礼物送给安珀，这一系列都在暗示他已经在为谋杀做准备。

为什么呢？

这些行为单看起来都可以解释。比如，买船就是忽然爱上了钓鱼；查洋流的信息也是为了钓鱼做准备；买礼物送情人是恋爱中人很自然的行为。

但是他的这一系列行为都有一个微妙的时间点：他的婚外情要暴露了。

介绍安珀认识斯考特的那个朋友从别人那里听说，斯考特其实是已婚，感到自己被欺骗蒙蔽了。他很生气地跑去找斯考特对质，质问他为什么装单身骗人。这个时候斯考特就意识到自己的谎话很快就会被戳穿。

于是在接下来的几天里，他开始张罗买船、查洋流的信息和给安珀买礼物。在他搜索的海洋图和洋流范围中，包括一个名叫布鲁克斯的小岛，这个小岛距离发现莱西尸体的海岸非常近。

检控官透露在莱西和孩子的尸体被冲上海滩之前的几个星期，警方其实就已经在布鲁克斯岛附近的海底有所发现。

他们请了一位资深深海搜寻专家，3 月 12 日，专家根据声波定位器发回的信息，认为海底有一个可疑物看起来很像莱西的尸体。但是第二天海上起了大风，他无法下水实地勘测。

当 14 日他们回到海上的时候，放下的海底搜寻器却无法找到这个可疑物体，虽然接下来的几天定位器还是发回信号，可是当专业的潜水员在 25 日赶到的时候，这个可疑物体已经彻底消失不见了。

当时警方分析这个区域经常有大货船经过，所以有可能是被路过的船只卷走了。然后海上起了风暴，尸体就被海浪冲到了附近的海滩上。

警方请来的一位水文学家证明，对照洋流走向和发现莱西与孩子尸体的地点，也可以反推出莱西和孩子是从布鲁克斯岛附近漂过来的。

所以斯考特事先搜索布鲁克斯岛附近天气和洋流的情况，就显得十分意味深长。

斯考特的新船是 12 月 9 日买下的，当时他带着安珀，用 14 张 100 美元的现金买下了这条不到 3 米长的小船。这个举动本身就很奇怪，美国人很少随身带这么多现金，通常都习惯刷卡或者写支票。现在看来他使用现金的目的主要就是掩饰交易记录。

在买船的这天安珀追问了斯考特撒谎假冒单身的问题，斯考特的回

答是，自己的确是结过婚，但是妻子去世了，这是他第一个没有妻子陪伴的圣诞节。

而更关键的是，他还告诉安珀说自己在 1 月就会有更多的时间陪她了……

参考莱西的预产期，1 月应该正是她生孩子的时间，当爸爸的难道不会更忙碌吗？他却预期自己会有更多闲暇时间，说明莱西和孩子已经不在他的考虑当中。

在斯考特的电脑记录里还有一个有意思的小细节，警方发现他在一个线上平台上售卖了一块钻石金表。这块表来自莱西继承的遗产，但是平台上的卖家却是斯考特。

当然这一条证据并不能真正直接地说明斯考特谋财害命，毕竟检方并不能证明莱西不知道这个事情。但如此呈现在陪审团面前，多少展现了斯考特迫不及待换现遗产的心情。

关于斯考特的这条船，控辩双方也展开了激烈的辩论。

警方在这条船上没有发现任何血迹，找来找去只发现了两根确认属于莱西的头发。但发现头发的地方比较诡异：这两根头发是在一把船用钳子上找到的。莱西的头发为什么会出现在这里呢？

辩护律师回避解释这个问题，反过来攻击警方取证手法有问题，他找来出现场的警探作证，说当时明明从钳子上只取下了一根头发，可是几个月后打开证据袋的时候，却发现里面有两根头发。这说明警方手段卑劣制造了假证据。还好后来对比后证明这两根头发都属于莱西，警方制假的意义不大。

另外警探也作证在发现头发的钳子上并没有找到任何血迹，甚至钳子都有些生锈，显得很久没有用过一样。这说明这两根头发很可能早就出现在钳子上，与莱西的失踪并无关联。

辩方甚至提出头发有可能是在家里使用钳子的时候无意中带上的。

而检方根本无法证明莱西曾经来过这条船，她甚至可能压根儿都不知道斯考特买船的事。

针对检控官指控斯考特的钓鱼之旅是为了抛尸的说法，辩护团队索性做了个实验，证明他买的这条船根本不适合抛尸。

他们复制了一条大小外形都一样的船，拖到海里做了个实验。在船上带了一个 70 公斤的无头假人，脚上绑着水泥墩船锚推下水去。辩方还把这个过程拍了录像作为证据呈堂。

从录像中可以看出来，由于船身狭小，很容易侧翻，侧翻后就会涌进很多海水，而且因为船上承重大，小船吃水很深，做实验的人要把挂着水泥墩的假人扔到水里的确非常吃力，一不小心就会造成翻船。录像显示最后船还真的翻了，做实验的人只好跳到水里奋力游开。

辩方的意思是，这个录像就证明斯考特不可能用这条船去抛尸。

但是法官驳回了这个证据，因为辩方使用的是一条复制的船，船上使用的马达与原船不同，做实验时的天气也与案发当天不一样，所以不是严格的同等条件下做出的现场复原。

而且法官认为，做实验的是被告团队的人，他的身体有意无意地倾斜，也许造成了船体进水。所以这个录像并不能真正地说明什么。

与此同时，法官也说了，如果被告能用原来的那条船，找一个与被告无关的人在同样的条件下再做一次实验，他会考虑接受这个证据。

但是被告团队拒绝了，拒绝的理由没有说。

我在看完录像之后也觉得，这个录像并不能完全证明用这条船抛尸的做法不可行。斯考特回家就洗澡洗衣服，没准儿就是因为翻船在水里了呢？

关于这条船其实还有后续。

斯考特的那位明星律师在法官驳回这个证据之后，把船拖到了自己办公楼的停车场摆着。而这个停车场，恰好正对着 ABC 等各大新闻媒体临时租用的办公室。

当时他拍的这个视频虽然没有被法官接受，也已经被几个新闻媒体

在电视上反复播放过了，而且后来还被上传到视频网站，所以外界相当关注这个线索。有人分析，他这么做的主要目的，其实还是搅浑舆论的水，让大家看看，这么确凿有力的证据都被法官驳回了。

不过法官并不仅仅驳回对被告有利的证据，他对检方的证据也驳回了不少。

比如，在逮捕斯考特的时候，警方在他的车上发现了许多东西，法官允许警方把发现的大部分物品包括15000美元现金和换洗衣物等，作为证据来指控他有潜逃的企图，可是法官把车里发现的12颗药物排除在外，认为这个证物与检方指控无关。

法官也不允许检方提及斯考特始终拒绝做测谎这件事，理由是测谎没那么准确，测谎结果本来也不会被批准作为证据。

在莱西失踪的当晚，警方曾经派出寻人犬。根据寻人犬的反应，驯犬人认为莱西是乘车离开的家，而不是步行。而且认为她曾经到过斯考特的船上，至少在船上留下了气味。

警方据此分析认为，既然现场没有挣扎打斗的痕迹，说明莱西是以和平（或者已经死亡）的方式离开的家，进而说明很可能是乘坐斯考特的车走的。而在斯考特的船上发现她的气味，更说明她曾经上过这条船，甚至可以推论出这条船就是抛尸工具。

但是法官认为这个说法并不确凿，无法作为证据呈堂。

有一名警官在调查的时候，曾经听见斯考特的妈妈给他的一通电话留言。他在当天的报告里记录道："1月17日（这时安珀已经召开了记者招待会，大家都知道斯考特婚内出轨的事了），斯考特的妈妈在电话留言里叮嘱他：'否认，否认，否认，律师早就说了，无论遇到什么事情，否认就完了。'"

检方提出这个留言证明斯考特的父母其实知道发生了什么，担心斯考特会说漏嘴，所以特意打电话提醒他。但是法官认为这个说法纯属臆测，所以这份留言也不能作为证据呈堂。

还有一份报告，是警探问询了斯考特在婚后出轨的第一个情人后记录下来的。报告里说，情人回忆起斯考特在他们分手的时候表现得非常愤怒，他喝醉了之后和室友一起，跑到酒吧里撒酒疯。

这个报告也许能从侧面探讨斯考特的犯罪动机，他知道自己的婚外情很可能不久后就会暴露，然后可能会失去安珀甚至莱西。为了避免走到这一步，他也许就选择了铤而走险。

但问题在于，这些话都是警探听这个情人说的，而她是听斯考特的室友说的，所以法官毫不客气地拒绝了这条证据。

在另一份警探问询另一个情人的记录中写道，"我问她跟斯考特聊过成家、长相厮守吗？她说有次约会的时候，他们碰上了一群带着孩子的家庭，当时斯考特非常厌恶地说，这辈子也不会要孩子，孩子就是自由生活的拦路虎。她觉得斯考特非常明确地传达了不喜欢孩子，也不会要孩子的意愿"。

但是，既然那个情人不愿意出庭作证，这段报告也只能被驳回了。

另外，警方还在斯考特的电脑里发现了大量不雅图片和录像，但是法官认为这些证据与本案无关。

从这一点也可以看出，法官尽力在把审判的证据限制在与案件有关的范围内，希望它们能充分支持或者反驳指控，而不是绕着弯子来描述被告是个什么样的人。虽然我们在事后回顾的时候，会觉得一个人的本质将决定他的行为，但是在法律上，只有证据才能决定。

虽然公众已经知道了案子结果，但是在审判的当时，所有的人都不看好检方的努力。

许多法律界专家在接受采访的时候都认为警方在办案和收集证据的时候犯了太多错误，被辩护律师抓了一个又一个的小辫子。而检方的证据链做得也是不堪一击，本来就是没有直接证据全靠间接证据的案子，

他们也没能把间接证据都连起来做到滴水不漏。

检方请来许多证人，试图证明斯考特在妻子失踪之后表现反常，比如，从来没有人见过他难过，始终一副平静淡漠又游离的样子。辩方就也找来证人，证明私下里他就会表现出难过，每个人表现难过的方式不一样而已。

又如，有个证人作证说当时为了打印寻人启事，志愿者和斯考特一起翻看相册，挑选几张莱西的照片。没想到斯考特开玩笑一样挑选了这样两张照片：一张是莱西穿着睡袍的照片，另一张是她跟朋友喝得有些微醺的时候拍的照片。

显然这两张照片都很不合适，从侧面也反映了斯考特对寻找妻子根本不上心。

问题是检方在准备证词的时候，让这个志愿者再去相册里找出这两张照片时，她却怎么也找不到了。

另外还有个与斯考特夫妇也是好友的邻居被喊来作证，说在莱西失踪的那天晚上，斯考特惊慌失措地给他打了个电话留言，问他："你今天或者昨天见到莱西了吗？"

其中提到"昨天"就很诡异。他不是说自己早上离开的时候妻子还在嘛，为什么要追问"昨天"的行踪呢？

所以理论上来说这个邻居的证词帮助印证了斯考特的可疑性。可是在交叉询问里，他又帮斯考特说了不少好话。比如他证明斯考特很兴奋地期待孩子降生，迫不及待想去买小宝宝的衣服。

其中更为关键的一点是，他证明在案发的当天晚上，他听见了来到现场的警探们无意中的闲聊。警探们交头接耳地说，这事基本上就是斯考特干的了。

这帮助辩方证明了警方从一开始就把注意力放在斯考特身上，先入为主，也许根本没有尽力去排查其他的可能性。

其实记者也追问过被告团队该如何解释斯考特的行为，比如，发现尸体的地点与钓鱼的地点那么相关，应该不是什么巧合。

被告团队回答说，（大意）他们认为是有人故意陷害斯考特，莱西也不是圣诞夜被害的。凶手应该在挟持了她之后，过了一阵子才决定杀人，带着她的尸体去布鲁克斯岛附近，造成好像与斯考特有关的假象。

可是这样也有说不通的地方，什么人会这样做呢？这么做的目的是什么呢？（但被告并不需要证明甚至解释这个目的，而只需要提出有这种可能性就行了）

开庭前，被告团队抛出各种包括存在邪恶组织的可能性，但他们自己也知道那些经不起推敲，所以被采访的时候还是一口咬定是开篇提到过的那两个入室抢劫的嫌疑人干的。

问题在于，警方有足够的证据证明这个案子与那两个抢劫犯罪嫌疑人无关。所以在法庭上，辩护律师也并没有在这个方向深挖。毕竟被告只需要证明存在其他可能就行，并不需要去证明它们。

所以当审判进行到第 3 个月的时候，辩护律师志得意满只等宣布大战告捷，没想到局势在一瞬间被扭转，那之后斯考特的运势就急转直下，再也没有翻身的可能。

扭转乾坤的关键正是安珀。

在安珀正式作证之前，检方在法庭上播放了她与斯考特的电话录音。这些录音是她在知道自己被骗后，配合警方与斯考特在电话里周旋留下的证据。在她召开记者招待会公开两个人的私情之后，斯考特还有脸继续给她打了无数个电话剖白心迹。安珀也很厉害，记者形容她在电话录音中对斯考特追问时，使用了 "grill" 这个词。

"grill" 翻译过来就是 "烧烤"，用在这里就是形容安珀提出的问题，基本上就是把斯考特架在火上来回翻烤，也是很形象了。

在两人的录音中，斯考特一开始并不知道安珀已经识破了他的谎言，还装模作样地说自己在巴黎度假。被戳穿后，他依然面不改色，还是继续甜言蜜语，向安珀表示自己最爱的人是她。在两人聊到莱西

和未出生的康纳时，他有意无意物化自己的儿子，用"那个孩子"来指代。

在1月6日的一段对话中，他深情款款地对着安珀念了一首诗，诗里有一句"我的双手揽住你的腰"，她不明白是什么意思。斯考特解释说："你知道，就是，我的双手环绕在你的腰部，你知道，就像船锚绕过几圈缠在人的身上那样……"

当时这段录音一出，法庭上一片哗然。如果他不是亲手给莱西的尸体缠上了水泥墩船锚，谁会用这样的比喻来形容爱，谁会这样把船锚与人联系在一起呢？

当时有位法律教授评价安珀与斯考特的录音对话时由衷赞叹，但凡检方能像安珀拷问斯考特那样在法庭上追问每个证人，检方现在的情况也不至于这么被动。

有多被动呢？就连他们自己也承认，审判已经进入终局，但比分还是0:5，己方一成胜算都没有。但是电话录音一出，局势瞬间扳平。再加上安珀亲自出庭作证，基本上可以说是亲手给斯考特钉上了棺材板。

作为检方的关键证人，在出庭前安珀就已经是舆论焦点中的焦点。她的"过往今生"全部被挖出来，包括她之前做已婚男人的情人等都被炒得热火朝天，但这些都不能阻止她在证人席上大放光彩。

本来作为第三者的安珀在这个案子中是个很尴尬的存在，但她却成了检控官的致命武器。

之前媒体渲染中的安珀的形象妖娆放浪，没想到出现在法庭上的她温和有礼，始终保持着冷静谦逊的姿态，字字句句理性又克制，给陪审团和旁听人员带来极大好感。

听了录音之后，大家对斯考特的观感就已经降到最低点，而安珀的证词又让这种观感更进一步。

在法庭上她提到在第四次约会的时候，她带上了3岁的小女儿。当时斯考特陪着安珀从学校接上了女儿，对小姑娘非常贴心，和她玩得特别融洽，还细心地帮她更换胳膊上的创可贴，这一举动深深打动了母女两个人的心。

这种丢下怀孕的妻子在家里不管，却无所不用其极去迎合情人的行为，令陪审员们都暗自摇头，旁听席上更是一片嘘声。辩护律师知道，大势已去。

2004 年 11 月，斯考特杀害妻子的一级谋杀罪名和杀害儿子康纳的二级谋杀罪名全部成立，被判处了死刑。

这个案子其实还有不少后续，其中最重要的一个，就是根据这个案子制定了一个"未出生婴儿受害者保护法案"，又被称为"莱西和康纳法案"。从此在联邦法律中，任何对怀孕妇女腹中未出生胎儿造成伤害的人或者行为，都将作为单独罪行被起诉。在这之前，因为孩子尚未来到人世，所以伤害罪都只涵盖怀孕的妈妈，而这之后，妈妈腹中的孩子也可以作为权益受到侵犯的受害者要求公道。

2005 年 10 月 21 日，法院宣布斯考特罪名成立，不能获得莱西的 25 万美元人身保险赔付。年底的时候，这笔钱赔付给了莱西的妈妈。

2019 年 3 月，加州州长签署了一个对 737 名死刑犯暂停执刑的法案，斯考特就是其中一员。

2020 年 8 月 24 日，加州高等法院以 7 比 0 的投票结果，宣布斯考特一级谋杀的罪名依然成立，但推翻了斯考特的死刑判决。法院给出的原因是，当时审判这个案子的法官在挑选陪审团的时候有所疏漏。

因为这个案子检控官提出了死刑要求，所以陪审团将讨论是否应该判处斯考特死刑。在挑选陪审团的时候，法官需要询问候选人是否反对死刑，可是他排除了所有持反对观点的候选人。

最高法院说，这位法官应该再问问，这些候选人虽然反对死刑，但是他们能不能把个人观点摆到一边呢？陪审团中只剩下支持死刑的陪审员，他们有先入为主的观点，自然会更倾向判处死刑，所以这个判决不

够公正。

在斯考特一审判决出来之后，当时有个陪审员瑞秋大出风头。

她在接受采访的时候非常直接地说，斯考特就是个混蛋，圣匡迪科的死刑犯监狱就是他的新家。有另一个陪审员曾经透露，说当陪审团闭门讨论的时候，她走进房间还没来得及坐下，就迫不及待地说："咱们还在等什么？赶紧判了（死刑）就完了。"

瑞秋的态度显示出她对斯考特从一开始就有偏见，所以现在被告团队在准备对斯考特的有罪判决再次提起上诉，争取一次重审机会。

的确没有充分的直接证据能证明斯考特就是凶手，甚至可以有点自信地去掉"充分的"三个字，这个"没有直接证据"的理由都依然成立。

但是根据种种客观情况，如他与安珀的私情、他的前后反应和表现、发现莱西和孩子尸体的地点等，把这些联系起来看，他的嫌疑依然是最大的。如果只有一两件这种事情，那么也许是莫大的巧合，可是如果这些事情同时都发生，那么巧合的可能性就很小。

被告团队的说法是，警方因为有了先入为主的观点，所以根本没有对其他可能做任何深度挖掘，当然这也是有可能的。

但是如果我们站远一点看，谋害莱西的动机、时机以及方法都能满足条件的人，还真的只有斯考特一个。斯考特的家里没有丢失任何东西，除了杀害莱西之外，这个犯罪行为好像没有任何其他的意图，如果是偶然犯罪，又为什么会跑到布鲁克斯岛附近抛尸呢？

所以从个人的角度来看，我还是觉得斯考特是凶手的可能性最大。

但是法律不讲感觉，讲证据。

这个案子当年轰动一时，所以相关的新闻报道文章等多如雪片。在查这个案子的时候，我的心里一直抱有一个疑问：检控官是怎么把间接证据坐实，最后给斯考特定罪的呢？

结果上百篇报道和文章查下来发现，其实根本没有坐实，如果不是安珀力挽狂澜，这事根本没戏。

在调查的时候，警方发现斯考特出轨成性，从一开始与莱西交往到她死亡，已知的出轨次数就差不多一个巴掌那么多，更别提被隐瞒没发现的出轨，所以可以说这人的确人品非常差。

那么为什么他宁肯多次出轨甚至可能杀人也不离婚呢？我想大概有两个原因。

第一个原因可能是出于人的本性，离婚是一个公开打破现状的举动，这个举动的重点在于"公开"二字。他觉得离婚带来的压力和影响更大，所以宁愿选择维持表面虚假的深情形象。

有一种人在面临困境的时候，会觉得虽然现状痛苦，但寻求改变更加痛苦。他们要的并不是从现状中解脱，而是在不破坏现有情况的前提下，悄悄把事情往对自己有利的方向推动，所以撒谎、隐瞒、出轨，甚至杀人，对他们来说都是更容易的选择，因为直接面对解决问题，自己会觉得痛，而偷偷摸摸暗中操作，伤害的只是别人。

在不愿意破坏形象和现状的基础上，第二个原因大概就是觉得自己很聪明吧。觉得自己有足够的本事能不动声色地解决问题，还不影响自己的未来。

很多人在犯罪的时候，都非常笃定自己能做到滴水不漏，事实上莱西的这个案子也的确与"完美犯罪"很接近了。虽然你有无限怀疑，却始终无法确定。

那么这个案子给我带来什么感受？

斯考特坚持说他与安珀的私情其实妻子知道并且默许了，因为他俩在交往之初就经历过这些事情，莱西也并没有怎样，根本早就适应习惯了。

斯考特与安珀之间的事情莱西是不是知道不好说，个人认为她不知道。但也许的确她就算知道了也会原谅吧，就像过去那么多次的原谅一样。

莱西的朋友说，因为她的亲生父母离婚，所以她非常珍惜自己的婚姻。

但是值得吗？

　　也许是因为斯考特特别会哄人吧，这无从得知。为了这样的男人一步步退让，可是让到最后还是不够。即使斯考特不是凶手，她和孩子也没有遇到危险，这样不断被欺骗和背叛的人生就是她想要的幸福生活吗？

　　这个问题也许只有死去的莱西自己才能回答了。

换子疑云和养鸡场的恶魔

这个案子发生得比较早，但也相当有知名度。

1928 年，美国加州洛杉矶。

克里斯汀是一个有点命苦的女人。在案发的时候，克里斯汀已经40 岁了。她 30 岁那年结婚，却没想到丈夫其实是个逃犯，向她隐瞒了过去骗她结婚，连名字都是假的。两人生了一个男孩，起名叫沃特。

1928 年 3 月 10 日，克里斯汀正忙着工作，沃特跑来问她要了 5 块钱，说要去街角的电影院看电影。她没太在意，掏了钱之后就挥手让他走了。

可是到了晚上，多少个电影都该看完了，9 岁的沃特却还没回家。

克里斯汀很着急，立刻报告了警方，警方也开始找人。但是慢慢地发现事态发展脱离了他们的掌控。

这段时间以来，洛杉矶给人感觉十分不太平，连着出了好几起跟孩子有关的案件。

大概两个月前有个 12 岁的小女孩玛丽安被绑架后杀害，而不久前警方又发现了一具尸体，看起来像个十几岁的男孩且一时无法判断他的身份。但是他的尸体上覆盖着一些稻草，稻草里散落着一些拿来做鸡食

的种子。

法医检查后说，这个孩子应该是个墨西哥人，身上有枪伤。但除此之外就再也无法找到更多的线索。

现在前面两个案子还没有头绪，沃特又失踪了，一时间舆论爆炸，警方颜面尽失。

警方在媒体上公开征求线索，一时间各种各样的线报纷纷涌来，有人说在三藩市看到了沃特，不一会儿又有人说在奥克兰看到了他。有人说在一个加油站发现他躺在车后座上，浑身被报纸包着，只露出头；还有人说看到他被两个人抓到一辆车上带走，其中的男人长得像个外国人，旁边坐着一个女人。

沃特的爸爸这个期间由于抢劫正在坐牢，他也跳出来说，有可能是有人想报复他，才绑架了沃特。

虽然每天都有关于沃特的报道，但是调查并无进展。雪上加霜的是，5月又有两个孩子失踪。

失踪的孩子是 12 岁的路易斯和 10 岁的尼尔森兄弟俩，他们在从学校参加完活动后在回家的路上失去了踪影。

他们的家人当然很快报了警，不过几个星期后，家里收到一封孩子们写的信。信纸是从一本书上撕下来的空白页，他们两人说自己不想读书了，决定跑去墨西哥打工。

警方立刻联系了墨西哥的边境局，边境局说没有见到人。但好歹这封信算是一个音讯，比完全没有任何踪迹的沃特好像还强一点。

丢失了孩子的克里斯汀心急如焚，几乎每天都去警局报到，给警方施加压力找人。警方这边焦头烂额，急需一个突破来挽回颓势。

8月，突然传来一个好消息，沃特找到了！

虽然沃特是在洛杉矶失踪的，传来消息的地方却在伊利诺伊州一个名叫德考布的小城。

洛杉矶警方立刻迫不及待地把这个消息分享给克里斯汀，并且开始安排把孩子接回来。两边交换了信件和照片，确认了就是沃特，克里斯汀也答应支付70美元的旅费，终于在8月底，母子俩重聚了。

警方为了重振声名，特意喊来了很多媒体记者，为克里斯汀和沃特的重聚召开了一场记者招待会，让公众一起来见证这个令人喜悦又感动的时刻。

这个时候距离沃特的失踪已经过去5个多月，大概因为这段经历，回到妈妈身边的他仿佛成熟了很多，显得十分沉默拘束，见到妈妈也没流露出特别的惊喜和激动，反而有点拘束不安。

克里斯汀那边就更不给力了，从招待会一开始，她就是一副犹豫不定的样子，见到孩子后既没有情不自禁地激动万分，也没对找回孩子的警方表现出感恩戴德。

相反，她犹犹豫豫地提出："他……可能不是沃特。"

"这怎么可能呢？"负责调查沃特失踪案的琼斯探长几乎嚷嚷了出来。

问题在于，不管他是不是沃特，现在记者就在下面眼巴巴地看着，等着拍摄那令人热泪盈眶的重聚场景，这时候喊停，警方还要不要面子了？

琼斯警探把克里斯汀拉到一边，压低了声音追问她："你到底要闹什么？"

哪有母亲认不出自己的孩子呢？克里斯汀虽然一时间拿不出具体的理由，可是看着站在一边被收拾得干干净净的"儿子"，她的心里有一种说不出的陌生感——他不是她的儿子。

但琼斯警探绝对不能接受她临阵"反水"，软硬兼施之下，终于说服了克里斯汀把孩子接回家"试用几天"。

"先接回去试试看，也许就是不习惯呢。"他铁了心必须把目前的招待会给应付过去。半推半搡地把沃特和克里斯汀拉到一起，为第二天的头版头条拍了张合影。

　　然而三个星期后，头条的热度还没下去，克里斯汀就带着孩子又找来了警局。这次她拿出了证据。这个孩子比失踪前的沃特矮，难道孩子的身高还能往回缩吗？

　　但是琼斯警探对她的说法不屑一顾。他认为是克里斯汀丢了孩子后过分疑神疑鬼，但面对她的证据又无法回避，于是他安排了一个医生上门给沃特做体检。

　　医生检查完之后，语重心长地向克里斯汀解释说，她的确是想多了。被绑架丢失的经历，给沃特带来了巨大打击，这种打击造成了他生理上脊椎变异，所以他的身材出现了萎缩，但很快就会恢复的！

　　第二天报纸上刊登了一篇新闻，大篇幅赞扬警方调查给力，安全找回了失踪的孩子（巧妙回避了对绑架孩子的嫌疑人毫无头绪），然后又指出之所以会发生这种事，根本就是做妈妈的失职。

　　克里斯汀看了报道气得浑身发抖，她收集了沃特老师的签名，还拿到了牙科医生开的牙齿记录，想用这些证据来证明，家里的那个孩子真的不是沃特。

　　可是等待她的结果，却是被琼斯警探送进了精神病院，医生给她鉴定说有严重幻觉，开了一大瓶镇定药，强制每天服用。克里斯汀的病历上被盖了一个章，上面写着"编号12"。

　　这个"编号12"是精神病院与监狱合作的一个特殊协议，专门针对监狱送来的"不听话"的犯人，院方和狱方都心领神会，这个"不听话"并不一定是真的有精神障碍，其实是不服从管教。

　　所以医生又说了，只要克里斯汀承认那个孩子就是沃特，保证带着他回去好好过日子，就能立刻放她出院。

　　克里斯汀当然拒绝了。

　　精神病院里的生活暗无天日，一个正常人怎么能在这样的环境里熬下来？但是她抱着一定要找回真正的儿子的信念，咬着牙拒绝接受医生提出的条件。

直到 10 天后，医生忽然来到病房，告诉她："你可以回家了，他们找到了沃特。"

找到沃特的经历其实相当曲折，故事还得从一个月前说起。

夏天刚过，美国移民局忽然接到一个电话举报。打电话的女人自我介绍说，她叫杰西，是加拿大人。她的弟弟三福被绑架到美国加州，在一间养鸡场里打工。养鸡场的场主其实是他们俩的舅舅，他不仅虐待三福，还杀了人！

她为什么给移民局打电话呢？因为三福也是加拿大人，在警方能根据她讲述的内容展开刑事调查之前，他首先是个非法入境的打工人，所以第一个要介入的单位是移民局。

移民局收到报案后，立刻联系了当地警方，很快找到了三福所住的养鸡场。不过这里说很快，其实也已经是一个多月以后了。

在找到三福时，他正在养鸡场里兢兢业业地做事。警方问他："你舅舅呢？"他支支吾吾，顾左右而言他。直到好几个小时后，他才定下神，说了实话。

他的舅舅名叫哥顿，在听到警察来敲门的时候就立刻带着自己的妈妈逃跑了。临走前还嘱咐他，一定要尽量拖住警察，自己会在不远处观察监视，如果发现不对，立刻就会开枪打死他。

现在三福觉得拖延的时间已经足够久，自己应该已经安全了，才放松下来。这个时候哥顿已经和自己的妈妈逃过了边境，进入了加拿大。

在确认自己脱离哥顿的掌控后，三福爆出了一个惊天大料。

还记得前面提到过的那具无法判断身份的尸体吗？凶手就是哥顿。还有失踪的那对兄弟，他们的尸体就埋在养鸡场的地下！

哥顿其实也是加拿大人，1924 年，因为在老家待不下去，他跟着父母一起来到了美国加州，央求他爸爸买了片地，在这片地上修建了一个养鸡场。

但是很快哥顿提出来，自己一个人忙不过来，需要帮手。于是他回到加拿大，看中了 13 岁的三福，骗他说要带他去外省玩，然后开着车就把他拐带到了美国。

哥顿看中三福的真实原因，其实是他不可告人的癖好，养鸡场也成了他禁锢虐待三福的天然场所。三福没有身份，也不认识别人，只好在养鸡场忍气吞声。

有一天哥顿很晚才回家，三福看到他从摩托车后面取下来一个鼓鼓囊囊的布包，打开一看，三福吓得一屁股坐到了地上，包里居然装了尸块，脸部完全无法分辨。

哥顿在旁边看到他的窘状哈哈大笑起来，交代他去处理了。三福战战兢兢地将尸块丢进火堆里，可是后院的火堆温度不够，虽然烧掉了哥顿带回来的衣服，却不足以完全烧毁尸体。

烧到后半夜，哥顿拿了枪顶住三福的后脑，逼着他想办法。最后他只好掏出斧子进一步破坏尸块。

三福带着警察从养鸡场的一个角落里挖出了一些骨头碎片，上面的确有烧过的痕迹。

后来哥顿在聊天的时候提到，死者是一个 18 岁的墨西哥少年。之所以要杀掉他，是因为"他知道得太多了"！

5 月中旬的一个晚上，哥顿又带回来两个惊慌失措的男孩。他指示三福把两个孩子安排在养鸡场最偏僻的一间鸡舍里。

后来证明这两个男孩就是失踪的路易斯和尼尔森。他们本来要去学校参加一个帆船俱乐部的活动，20 时活动结束，两人在回家的路上被哥顿劫走了。

这个时候，沃特的失踪案闹得沸沸扬扬，哥顿不想让这兄弟俩的失踪引起太多关注，就翻出他们俩随身携带的书包，随手从一本书上撕下一页纸，逼着他们给家里写了封信报平安。说他们厌倦了天天学习的生活，现在已经逃跑到墨西哥，让家里人别去找他们。

可能的确是因为这封信起了迷惑的作用，这哥俩的失踪相比沃特造成的动静要小很多。

几天后，哥顿让三福在养鸡场的一个角落里挖了个大坑，半夜的时候把两个孩子分别拉出去杀害了。

三福说，哥顿用枪打死他们后，逼着他用斧头破坏了尸体，然后埋进了坑里。在填满土之后，表面撒上了稻草梗，围了一群鸡进去，很快那个地方看起来就跟普通的鸡圈没什么区别。

他给警方指认出埋葬两个孩子的地方，可是警方在大坑里并没有找到完整的尸体。

这个坑的泥土明显曾经被鲜血浸染过，挖开后散发出一股重重的血腥气。与此同时，警方在坑里发现了属于两兄弟的衣服和书包，书包里还有一本书，书页的撕边与写下那封信的信纸吻合得天衣无缝。

警方分析，很可能哥顿还是不太信得过三福，在那之后悄悄地把尸体转移了地点。

那么沃特呢？三福说，沃特其实早就死了。

与其他几个男孩一样，3月的一天晚上哥顿带回了沃特，才9岁的小男孩被吓得一直哆嗦。他把沃特关在离卧室较近的一个仓库里，到了晚上就进去猥亵虐待。

但是第三天的时候哥顿的妈妈莎拉忽然不告而至。

莎拉平时跟哥顿的爸爸一起住在另一个地方，偶尔才会来一趟养鸡场。哥顿发现他妈妈的汽车在门外停下时，吓了一大跳，飞快跑去叫三福，让他赶紧把沃特藏起来。

可是莎拉仿佛知道他们有秘密，一进来就满脸狐疑地屋里屋外翻找，最后在一个工具房里找到了被捆成个粽子、嘴里塞了条毛巾的沃特。

正常的情况下，妈妈发现自己的孩子干了这种事，不说大吃一惊或者雷霆大怒，也会赶紧把人给放开吧。可是莎拉的反应却是走上前，拿出沃特嘴里的破布，捏着他的下巴端详了一阵。然后又把破布塞了回去。

她拖着哥顿和三福出了工具房，反手把门又上了锁。本来以为要挨骂的哥顿也露出了困惑的表情，没明白自己的妈妈这是要干什么。

莎拉把他俩拉到沃特听不见的地方时，狠狠地给了哥顿一个耳光。

这时他才知道，原来沃特的照片早就随着报纸传得街知巷闻，这个事情闹得很大。而知子莫若母，他妈知道他一直有问题，直觉这个事情可能跟他有关，这天早上就直接来养鸡场找人了。

为了解决这个问题，莎拉提出的方案是：杀人灭口。因为沃特可以指认哥顿。他曾经在一家超市打过零工，之前沃特跟妈妈去这家超市买过东西，所以他认识哥顿。

她当时并不知道其实哥顿早已杀过一个墨西哥的男孩子，但出于本能，她觉得需要把三福拉下水。

所以她提出了一个令人发指的解决方案：三个人每人拿一把斧子，在她的号令之下，同时砍向沃特。这样三个人犯下同样的罪行，谁也不能独善其身。

处理哥顿案件的警探，把与沃特有关的信息交给了琼斯警探。这下他不能再装作一无所知的样子，还继续坚持克里斯汀带回家的孩子就是沃特了。

那这个孩子到底是谁呢？

琼斯警探憋着一肚子气，让人把"沃特"带来了警局。几天不见，小伙子居然还吃胖了一些。

几乎没费什么工夫，这个孩子就说了实话，原来他是已经 12 岁的亚瑟。他的亲生母亲死得早，把他留给了爸爸和继母。

亚瑟不想跟继母一起生活，就从位于爱荷华州的家里逃跑，一直流浪到了伊利诺伊州。当时沃特失踪的案子上了全国性的报纸，有人发现他看起来跟这个失踪的孩子长得很像，就打电话报告了警方。

警方从线报那里听说之后，立刻就从大街上把他接到警局，问他是不是离家出走的沃特。

其实一开始亚瑟的回答是"不是"。可是他的外形看起来与沃特太像了，负责询问他的警官很不甘心，反复盘问。亚瑟听说沃特来自加州，他听了心中一动，觉得这是个机会。

他倒不是渴望给自己找个妈妈，而是沃特的家在加州。他一直非常喜欢一个牛仔演员，而好莱坞不就在加州吗？他天真地觉得，正好可以趁这个机会去好莱坞看偶像，就改口说了"是"。

于是警方和他皆大欢喜，就把他带回去"塞"给了克里斯汀。

琼斯警探没办法，只好承认自己犯了错误，把克里斯汀从精神病院里放了出来。然后打电话喊来了亚瑟的继母，让她把孩子接回了家。

这个时候警方已经从三福那里得知，沃特其实死在了他们三人手中。但是不知道为什么，根据三福交代的信息，警方并没有找到沃特的尸体。

克里斯汀从精神病院出来之后，立刻联系负责哥顿案子的警方，询问沃特的下落。警方告诉她，孩子已经死了。她怎么都无法接受，她要亲自问问哥顿。

那天哥顿在看到移民局的人带着警察上门时，意识到情况不妙。他让三福帮着拖延警方，吓唬他说自己会在不远处监视，但其实一秒都没停留，立刻就带着妈妈往加拿大跑。

不过哥顿母子俩刚过美加边界没有多远，就被加拿大的骑警发现了。

所以虽然加拿大骑警很快抓到了哥顿母子，但由于引渡交接的手续又拖了两个月，才把他们俩给送回美国接受审判。

在等待引渡的期间，哥顿和莎拉被分开关押。看起来他们俩并没有提前商量好该怎么应对局面，两人自顾自地开始了表演。

哥顿这边在监狱里联系了温哥华的《太阳日报》，接受独家采访，卖掉了自己的故事版权。

他在采访中，把自己描述成一个勤勤恳恳、任劳任怨却被误解的小业主，所有的误会都有合理的解释。

记者问他为什么要连夜跑回加拿大呢？他说，那是为了保护他的妈妈："你知道谣言的伤害力有多大吗？我真的不忍心让她去面对那些针对我的无端指责和控诉。"他原本的计划是带着妈妈回到加拿大，把她安顿好了之后，自己再孤身一人回到美国，去面对警方和法院。

采访里他真的把自己形容成了一个颇有点悲壮气质的年轻人，却没想到，另一边他妈妈给警方讲述了一个完全不同的故事。

在被捕后不久，莎拉就大包大揽地把杀害沃特的罪行给承认了。

因为她不知道那个墨西哥男孩子和失踪兄弟的事，所以只交代了与沃特有关的内容。她把哥顿给撇得一干二净，因为害怕三福会背叛，她干脆独自承担了全部罪行，交代说是自己一个人绑架了沃特，然后也是自己独自杀死的沃特。

因为她认罪的速度太快了，律师与检控官立刻达成了协议，就连审判的流程都没有走，法官直接给她判了罪名成立，无期徒刑。

于是这样一来，沃特的案子，就从哥顿的起诉书上被划掉了。

其实警方在后来的调查中，认为死在哥顿手上的孩子可能多达20多名，更别提曾经被他绑架侵犯过的对象。而且后期因为这个案子的关注度极高，哥顿获得了非同寻常的曝光率，所以他也兴奋地不断给案子添油加醋，一会儿说自己杀了这个，一会儿又说杀了那个。

但是因为缺乏实在的证据，最后起诉书上就只有墨西哥男孩和失踪兄弟这三名受害者。

检控官的起诉罪名，基本都是根据三福的证词来的。可是问题在于，按照三福的证词，现场没有挖出尸体，那证据链怎么办呢？

那个墨西哥孩子的尸体是年初发现的，虽然他的衣服都被烧了，但是在尸体上发现了带有鸡饲料种子的稻草。他的死亡原因是枪击，据推测凶器是一把来复枪，哥顿的养鸡场里正好有一把这样的枪。

失踪兄弟的尸体始终没有被找到，虽然在三福指认的坑里挖出了很多碎骨，那个时候也没有 DNA 技术，甚至连验血的科技都还没有正式发展出来，所以虽然警方和哥顿都心知肚明这些应该就是他们兄弟的遗骨，却很难建立起直接的联系。

没想到的是，反而是哥顿逼着兄弟俩给家人写的那封信起到了关键性的作用。

那封信写在一张从书上撕下来的空白页上，警方在坑里找到了这本书。而这本书是尼尔森从图书馆借的，书的后面还盖着图书馆的章。

自信心爆棚的哥顿开掉了法庭给他指派的律师，亲自上阵为自己辩护，并且主持了被告方对三福的交叉庭辩。

据记者报道，虽然哥顿仪表堂堂，看起来甚至颇有几分俊朗，可是他在法庭上的表现却惨不忍睹。

美国法庭审判中，在交叉庭辩时，如果一方律师问出对己方不利的问题，另一方律师就会立刻大喊："反对！"如果的确有违反规定的地方，那么法官就会说，行了不许问或者证人不用回答。

所以哥顿在法庭上追问三福，主要目的肯定是要问出证词的漏洞，得到对自己有利的证词。但没想到，整个过程中，检控官连一句"反对"都没有说，而是静静地看着哥顿在庭上表演，一步一步给自己挖坑，最后给自己钉上了棺材板。

最后法官判决哥顿绑架杀害三名受害者罪名成立，判处了他绞刑。

但是在所有人中，最不想哥顿死的人，其实并不是哥顿的妈妈莎拉，反而是沃特的妈妈克里斯汀。

因为始终没有找到沃特的尸体，克里斯汀就坚持认为沃特还活着，怎么也不肯接受孩子已经死了的说法。她给哥顿写了很多信，哀求他告诉自己沃特的下落。哥顿则因为这个案子没有算到他的头上，就一口咬定自己不知道。

大概是知道自己难逃一死，哥顿决定把克里斯汀当作自己最后的消遣。他在收到克里斯汀的信后，跟她有来有往地通信，还在最后执行前，同意见她一面，告诉她"真相"。

克里斯汀满怀希望地跑去死囚监狱见了他最后一面。哥顿也兴致勃勃地等着她的到来，然后看着她的眼睛说："我骗你的，我什么都不知道。"

他几乎是大笑着把目瞪口呆的克里斯汀丢在会客室，几天后上了绞刑架。

在哥顿被处决的5年后，突然有对夫妇带着个男孩来到警局，他们倒也不是报案，而是备案。

按照这个男孩的说法，1928年，他被一个男人绑架后关在了一个养鸡的农场里。在经受日夜折磨后，他终于找到了一个机会逃跑，辗转回到了家里。

他失踪后，他的父母曾经报警，后来忽然发现儿子回来了，父母喜极而泣，冷静下来后，决定立刻带着孩子搬家。这一走就是7年。

按照这个男孩描述的情况，警方认为绑架他的人就是哥顿。而他还给出了一个信息，在他被绑架关在鸡圈里时，还有一个小男孩跟他关在一起，逃跑的时候，两人一起跑掉了。根据时间推算和他的描述，另外那个跑掉的男孩应该就是消失得完全没有痕迹的沃特。

那么，沃特真的还活着吗？

这个猜测给了克里斯汀极大的鼓舞，她接下来的全部人生，都花在了继续寻找沃特上。然而几十年过去，依然没有结果。

但是这个男孩所说的情况，与三福的证词其实是相悖的，三福说哥顿只抓回来 3 个孩子关在养鸡场，而这 3 个孩子都死了。他从来没提到过有几个孩子曾经活着逃跑的情况，那这个忽然生还的孩子，和那个听起来像沃特的孩子，又是谁呢？

关于养鸡场这个案子，三福本人曾经写了一本书，讲述自己亲历的噩梦。另外还有一本根据案卷采访和报道写的有关哥顿的传记。有人对这两本书作出这样的书评：在开始读之前，请做好思想准备，这个案子的细节令人震惊得可怖惊悚，哥顿对那些孩子们犯下的罪行，要比新闻报道中的更令人发指。

那么现在来到了寻找"为什么"的环节。

接下来我要介绍的内容并不完全包括在官方案卷之中。

莎拉在加拿大被捕后，向骑警坦白说是自己杀死了沃特。但是除此之外，她还爆出了一些与这个案子本身没有直接联系的料。

首先，她说哥顿并不是她的亲生儿子，虽然她的丈夫塞鲁斯的确是哥顿的亲生父亲。而哥顿的亲生母亲温弗瑞，却是她与哥顿爸爸所生的女儿。

也就是说，其实哥顿是莎拉的外孙。

而三福是温弗瑞长大结婚后生的儿子，所以他其实是哥顿同母异父的弟弟。

塞鲁斯在温弗瑞很小的时候就开始猥亵强暴她，最终她怀孕生下了哥顿。但那个时候她的年龄太小，只好假装是妈妈给她生了个弟弟。

另外，莎拉不知道出于什么样的心理，一直把哥顿打扮成一个女孩，逼着他穿女孩的裙子，直到他年满 16 岁，开始出现明显的男性特征，并且开始反抗，莎拉才不得已停止了这种做法。

哥顿其实是个长得挺帅的小伙子，眉眼俊美，身材修长，而且他喜欢读书和古典音乐，在加拿大接受记者采访时，那个记者深深地被他的外表所倾倒，用大量笔墨描写哥顿看起来如何俊朗挺拔，举止文雅，连头发丝都透露着风度翩翩。

但是他留下的照片中，虽然脸上都带着笑容，那笑容却无一不透出一股阴森的邪气。

据塞鲁斯后来交代，哥顿17岁那年他们从加拿大搬到洛杉矶，其实是仓皇逃跑，因为当时哥顿长期猥亵多名男童事发，对方家长准备提起诉讼，一旦定罪，哥顿就要坐牢。所以他们连夜带着哥顿逃到了美国。

他们夫妻俩其实并非不知道哥顿的这些劣行，只是装作视而不见。塞鲁斯自己就不是个好人，这些年一直没有被抓到而已。

所以当哥顿提出要在偏远的地方买个养鸡场时，他们也立刻答应了，觉得这样又隐蔽又安全，只是没想到哥顿这么快就闹出了更大的祸端。而且更加没有想到，揭穿哥顿的是自己的亲外孙女杰西。

哥顿在被捕后，上庭时，还有被定罪后，有时候显得过度兴奋。仿佛即将走上绞刑架的是别人，而他更看重的是被媒体和世人关注的那些光芒片段。

后来有人给他做诊断，认为他可能患有极端偏执的精神分裂症，还患有双相躁郁症。所以他的情绪总是处于不稳定的状态，极易发怒。但与此同时，他也非常自恋。

后世的犯罪心理学家认为，哥顿的这些特性，如他的病症，也许与乱伦造成的基因缺陷有关，也与他童年和成长时期遭受的经历有密不可分的关系。被迫穿女孩的衣服，成长在畸形的不伦关系中等，使他没有机会建立正常的人伦观念和社交关系。所以他会再度把这种伤害加诸其他的孩子身上。

这个案子值得一提的是三福的命运。

虽然他销毁了墨西哥男孩的尸体，也坦白交代自己参与了杀害沃特的罪行，但因为是未成年，他并没有被起诉，而是被送去一个青少年行为教养院，直到成年才出来。

但是他在这个教养院里表现得极其出众，表现出希望重新开始人生的强烈愿望。在带着老师们的祝福离开后，他参军入伍，后来又回到加拿大，当上了邮递员。他与妻子结婚55年，领养了两个儿子，并且把他们抚养长大。

他是这个案子中唯一得到善终的人。

纽约的"山寨"杀手

　　黄道十二宫杀手是 20 世纪 60 年代末到 70 年代初活跃在北加利福尼亚州的一个连环杀手。他最后一次出现在公众面前,是 1974 年 1 月 29 日发给媒体的一封信。在信的末尾有一段结语:"Me=37,SFPD=0。"意思是自己杀死了 37 个人,但是当地警察却毫无建树。

　　这个连环杀手的一个特点就是作案之后喜欢写信给媒体炫耀示威,信里会带一段密码暗示案件细节,然后信末有一个独特的签名,以此来证明自己就是罪犯真身。

　　1974 年之后,虽然媒体也曾收到过若干封号称是"黄道十二宫杀手"的人写的信,但都存在真实性的疑问,普遍来说警方和公众都认为这个杀手在 1974 年后就逐渐沉寂了。有人认为他可能残废了,或者被抓了。也有人认为他可能就是死了。

　　但是在 1990 年,纽约突然出现了一个自称是"黄道十二宫杀手"的凶手。

　　1989 年 11 月 17 日,纽约警方收到了一封信,信上画了一个饼状图,在"金牛座"标记的旁边写着一句:"第一个星座的人已经死了。"

　　信中原文如下(我自己加上了翻译):

This is the Zodiac. 我是 Zodiac（黄道十二宫杀手）。

The First Sign is dead. 第一个星座的人已经死了。

The Zodiac will kill the twelve signs in the Belt when the Zodiacal light is seen. 在黄道带上的光乍现的时候，黄道十二宫杀手会杀掉十二个星座的人。

The Zodiac will spread fear. 黄道十二宫杀手会散播恐惧。

I have seen a lot of police in Jamaica Ave and Elden Lane but you are no good and will not get the Zodiac. 我在牙买加大道和埃尔登巷看到有不少警察在晃悠，但是你们拿我一点办法都没有。

Orion is the one that can stop Zodiac and the Seven Sister. 只有猎户座能阻止黄道十二宫杀手和7姐妹。

这封信写得没头没脑，看得令人费解。警察翻出来最近发生的没有头绪的案子搜了一遍，并没有发现任何有联系的线索。平时没事就写封信给警局胡扯一番的人也很多，所以当时警方并没把这封信当回事。

可是接下来第二年的3月8日发生了一起案子，受害者是一个名叫马里奥的49岁中年男子。案发的地点在纽约布鲁克林区的一个十字路口附近。这个区域平时治安就不太好，但是附近的房租很便宜。

马里奥有先天残疾，走路必须拄着一根拐杖，而且视力很差，但他还是找了份在餐馆洗盘子的工作，努力挣钱养活自己。

这份工作非常辛苦，餐馆打烊之后他要洗到深夜才能洗完所有盘子，然后坐地铁回家，从地铁站出来还要走一大段路。他正是在这段路上出了事。

在马里奥一瘸一拐走着的时候，不知道什么时候身后跟上了一个蒙面的年轻人。这个人快步追上马里奥之后对着他的后背开了一枪。还好马里奥比较机智，他中枪后立刻倒下装死。枪手拿枪抵着他的头静静观察了一阵，相信他是真的死了才离开了现场。

马里奥又趴了一会儿，确认枪手已经走了之后，爬起来回到距离不

远的家里，给自己做了杯咖啡压压惊，然后打电话报了警。

值得庆幸的是他受的伤不重，过了段时间就康复了，但是子弹永远嵌在了他的脊椎旁。他当时没有看到枪手的正脸，只记得枪手戴了一副滑雪面具和手套。

在马里奥受伤的 21 天之后，3 月 29 日发生了第二起袭击。案发地点距离马里奥被袭击的现场只有 6 条街，也是在一个地铁站附近。这次的受害者是 33 岁的杰曼。

那天晚上杰曼刚从朋友家的聚会回来，他在聚会上喝了不少酒，一路上晕晕乎乎地连路都走不稳，正在琢磨到底是去女朋友家还是回附近的爸爸家。

在穿过一个高中操场的时候，他注意到操场边的长椅上坐了个人。走过这条长椅后不久，他听见那个人跟了上来，下一刻他就发现自己中枪了。

他倒下后，枪手倒是没补枪，而是搜出了他的钱包，翻找了一会儿后把空钱包丢在他的身上就离开了。

杰曼所受的伤比马里奥重一些，子弹穿透了他的肝脏，但他幸运地活了下来。警方发现枪手并没有拿走钱包里的钱，而只是拿走了他的护照。

和马里奥一样，杰曼也没机会看到枪手的脸，但是现场找到的子弹头提供了一条有意思的信息：这个弹头上没有槽痕！这说明枪手使用的应该是一把自己家里自制的土枪，所以枪的杀伤力有限。可惜这也意味着警方很难通过弹道痕迹找到这把枪。

78 岁的约瑟夫住在皇后区，年轻时他曾经参加过战争，是个勇猛的战士，现在年纪大了，平时得拄着一根拐杖走路。

他居住的地方治安很差，朋友们曾经劝他找个好些的房子搬走，但是因为穷，他根本没有能力离开。年老力衰的他只能依靠社会福利勉强维生，有时候穷得连饭都吃不起，只能跑去翻垃圾桶找吃的，所以约瑟夫养成了天黑后出门散步的习惯，既可以享受安静的时光，也不用担心被邻居发现自己翻垃圾桶。

1990 年 5 月 31 日凌晨 1 点多，约瑟夫决定出门去遛一圈儿，顺便买份报纸。

在原本空无一人的街道上，突然不知道从哪里冒出来一个年轻人。

这个年轻人跟在他的身后走了几步，忽然开口说想要杯水喝。约瑟夫回头看了看，才意识到那人是在对自己说话。他觉得有些莫名其妙，摇了摇头接着往前走。但是因为行动不便，他走得很慢，而那个年轻人始终跟在一边，在又叨唠了几句关于水的话后，年轻人从口袋里掏出了一把枪，对准他开了一枪。

约瑟夫被路人发现后报警送到了医院，警方在现场发现了一张手写的纸条。纸条上画着一个饼状图形，还有三个星座标记。下面写着一句话：

This is the Zodiac——the twelve sign will die！这是黄道十二宫杀手——十二个星座都将陨落！

这是第一次在案发现场发现提到黄道十二宫杀手的纸条。

几天后，6 月 6 日《纽约时报》和一个电视台的 60 分钟节目组也分别收到了一封信，信的内容要更为详细一些：

This is the Zodiac! 这是黄道十二宫。

The twelve sign will die when the belts in the heaven are seen! 十二个星座当天边第一道光显现的时候他们都得死！

The first sign is dead on March 8 1990 1：45 am! 第一个星座死在1990 年 3 月 8 日的早上 1 时 45 分！

White man with cane shoot on the back in the street! 一个挂拐的

白人男子在街头被射中了后背!

The second sign is dead on March 29 1990 2∶57 am! 第二个星座死在 1990 年 3 月 29 日的早上 2 时 57 分!

White man with black coat shoot in the side in front of house! 穿黑衣的白人男子在房前被射中了身侧!

The third sign is dead on May 31 1990 2∶04 am! 第三个星座死在 1990 年 5 月 31 日的早上 2 时 04 分!

White old man with cane shoot in front of house! 又是个拄拐的老白人男子在房前被射!

No more games pigs! 这是玩真的!

All shoot in Brooklyn with 380 RNL or 9mm! 所有在布鲁克林的枪都来自 380 RNL 或者 9mm 口径的手枪!

No grooves on bullet! 你们在子弹上找不到槽沟! (无法确认弹道)。

（落款）Faust

信上也有一个饼状图,画着 3 个星座标记,分别是天蝎座、双子座和金牛座。除此之外,还有一个画着圈儿的十字架。这个十字架通常是古早的凯尔特十字架标记,另一个象征是枪支瞄准镜的准星。

熟悉黄道十二宫案件的人立刻认出来,这个画着圈儿的十字架就是当初那个杀手的标志性签名档。

约瑟夫经过紧急抢救脱离了危险,负责这个案子的警官找到机会问他当时事发的经过。但是约瑟夫醒来之后说话颠三倒四,一份证词改来改去,先说枪手好像是黑人,后来又说其实是白人,或者有可能是西班牙裔,完全没法给出靠谱的线索。

其实现场本来还有一个目击证人,是个年轻的女人,当时正在与男友幽会,两人都看到了枪手从现场逃逸。可他们俩都拒绝与警方合作,主要是因为这个男人有妻子。两人害怕婚外情就此曝光,所以不肯配合提供任何证词。

负责这个案子的一名警探比尔曾经是"山姆之子"案件行动组的组员，基于经验，他对奇怪的案子有着特别的警惕性。他与搭档都认为如果这仅仅是个抢劫案，为什么行为人会留一张这样奇怪的纸条？

他们决定要谨慎一点，没有把这个案子当作一宗普通的抢劫案对待，而是认真地整理出所有相关线索，其中包括了一份从纸条上提取的指纹。

三个星期后，本来已经枪伤初愈的约瑟夫死于伤口感染。这个枪击案因此升级成了意外杀人案。

其实直到这个时候，还没有人把这一系列的事件都联系起来。因为在写给报社的信件上，写信人明确地写着"所有的案子都发生在布鲁克林"，但是约瑟夫的案子发生在皇后区，两边的警方没有联系，不知道还有别的类似案件存在，更加想不到它们之间有关联。

可这时《纽约时报》的一个想出名的记者带着这封信找到了布鲁克林警方，想深度挖掘一下。

但令她失望的是，接待她的警察看了信之后，认为这根本是在瞎扯。因为事实上在布鲁克林发生的这两起枪击案的受害人都没有死，所以在搜索数据库的时候，根本调不出相关的"死亡案件"。不过警察答应她，他们会花时间调查一下这封信讲述的情况，让她留下信的复印件。

几天后，皇后区那边的比尔警探正好来这边出差，无意中发现了这封信。他立刻认出了第三起案件正是自己辖区刚刚发生的那起。

于是比尔修改了搜索条件，根据案发时间和受害人的星座在系统里非死亡案件中搜索，于是找到了马里奥和杰曼这两起案子。马里奥正好是天蝎座，杰曼正好是双子座，而最后一个受害人约瑟夫是金牛座。与那封信的饼状图所画都对上了。

显然枪手在实施第三起案子时，没有意识到自己已经跨区到皇后区，也不知道三个受害人并没有当场死亡。

因为三个受害人正好有两个都是靠拐杖行走的白人男子，第三个人因为喝醉了而处于反应不灵便的状态，其中一个受害者提供信息说凶手有可能是黑人，所以警方一开始猜测这是不是针对白人弱势男子的袭击。

但是在与那封信联系上之后，就说明了两个问题：

第一，这三起案子虽然发生的地点分散，但彼此关联。第二，虽然受害者几乎都没有机会看清楚凶手的正脸，但凶手对受害者有着相当程度的了解，毕竟连星座都知道呢！

这个时候距离震惊全国的"山姆之子"案刚过去没多久，谁也不想再经历一次那样的紧张和压力，都希望尽快破案。1990 年 6 月 1 日，警方组建了一个"十二宫杀手"专案组，这个专案组由 65 名警探组成，集中力量在这一系列案上。

遗憾的是，因为对整个系列案情没有思想准备和宏观认识，布鲁克林区警方对前两个案子收集的线索非常有限。事实上，枪手曾经在第一名受害人马里奥身边也留下过一张纸条和一把土枪，但警方在搜索现场的时候压根儿没注意到，完全漏掉了这个线索。

不过专案组的工作有一点成效，有人想起了前一年收到的那封信，从纸堆里翻了出来。专案组在正式向社会公布这个消息之前，花了整整两个星期对这几封信进行研究，但有几个问题他们需要先找到答案。

首先，写信的人就是枪手吗？

通过几封信和纸条的字迹对比，倒是能判定它们都是一个人所写的。但是三个受害者并非都来自布鲁克林，而且三人都从枪击中活了下来。这与信中所写就不甚相符。是写信的人不了解情况，还是他自己糊涂了？

不过写信的人对三个受害者的情况（两个挂拐、一个老头、都是白人男子）、他们的星座、受到袭击的场景和时间，甚至包括子弹头的情况都描述得相当准确。这是除了枪手本人之外不太可能有其他人知道的信息。所以警方推测写信的人应该就是枪手本人。

其次，这个枪手就是当年的"黄道十二宫杀手"吗？

很快警方和媒体都注意到了两者的相似之处，除了开门见山的的宣言，以及与星座的关联之外，还有那个带圆圈儿的十字架签名，类似的诗歌式的写作方式，对子弹的描述等，都是黄道十二宫杀手的标志性做法。

但是话又说回来，自从黄道十二宫杀手出名后，关于他的传言满天飞，这些特征早就不是只有他一个人才知道的秘密。换句话说，要模仿这些特征实在是太容易了。

而且从1969年到1990年的时间跨度，加上黄道十二宫杀手被确认是白人，所以警方推测，纽约的这个杀手应该是个"山寨"杀手。

接下来负责案子的警探们有了个突破，他们从三个案子里找到了一个隐藏的规律，发现每个案子的案发时间间隔都是21的倍数。如果这样推算，那么下一个案子应该很快就会发生在6月21日，这天正好是巨蟹座的第一天。

虽然三个案子中，两个发生在布鲁克林，一个发生在皇后区，但它们基本都围绕着中央公园。于是警方在6月21日这一天派出了大量人手在中央公园附近巡逻。没想到，这天枪手却换了个地方作案。

这次的受害者是一个名叫莱瑞的"流浪汉"，案发地点是距离中央公园不远处的一个小花园。

30岁的莱瑞本来是个普通的白领，之所以睡大街完全是他的个人选择。为了省钱他退掉了租的房子，但是又觉得庇护所不够安全，就在小花园里找了个长椅想凑合一晚。

在他睡着之后，原本在不远处另一张长椅上假寐的一个年轻人悄悄地走了过来。他先轻轻地从莱瑞的靴子里掏出藏着的钱包，翻找了一番

后并没有碰钱包里的 49 美元现金，而是把钱包放了回去，然后站起身对准莱瑞的胸口开了一枪。子弹从动脉擦过穿透了莱瑞腋下，但还好幸运地错开了他的心脏，警察及时赶到，莱瑞捡回来一条命。

警方在莱瑞躺的长椅旁发现了一张纸条，这次的纸条上也画了一个饼状图，不同的是多了一个新的星座标记，标注的是巨蟹座。毫不意外，莱瑞的星座就是巨蟹座。在这张纸条上，警方还发现了一枚完整的指纹。

躺在病床上的莱瑞提供了两个新的线索：首先他回忆起前几天有一个陌生人曾经问过他的星座。然后还提供了这个人的面部特征——这个人是 30 岁左右的黑人，大概 5 尺 10 英寸到 6 英尺高，体重可能接近185 磅。这是警方第一次有机会画出本案嫌疑人的画像并公布。

6 月 22 日，枪手给媒体发了一封信，特别生气地指责大家居然不相信他就是真正的"黄道十二宫杀手"。在信中他描述了第四名受害者的信息和当时的状态等，以证明自己就是枪手，顺带又强调了一遍自己就是正牌的"黄道十二宫杀手"。

他在信中咆哮道：

> 我就是黄道十二宫杀手。我看到你们报纸上居然有争议，认为我寄给你们的信跟之前黄道十二宫杀手寄给媒体的信不一样！你们是瞎了吗？居然说字迹不同！这就一个黄道十二宫，同一个黄道十二宫，只有一个好吗？！

但是警方的专案组通过对比字迹，认为写这封信的人与前几封信的作者是同一人，可与"黄道十二宫杀手"没关系，而且按年龄来说，当初的十二宫杀手到这个时候也应该是个老人了。所以写信的人，极大概率是个模仿犯。

警方分析，按规律来看，这个枪手的作案时间间隔是 21 天的倍数。后面警方开始大范围地铺开调查，了解了 50 多个嫌疑人，始终没有弄清楚枪手如何得知前几名受害者的星座。所以最后除了劝告公众不要轻易对陌生人透露自己的生日和星座之外，警方的调查几乎没有实质性的进展。

奇怪的是，6月的这次作案后，纽约的这名枪手忽然消停了下来，几轮21天过后毫无动静，到1990年11月底，警方的专案组也解散了。

转眼到了1992年8月10日，纽约的皇后区又发生了一起凶杀案，这次的受害者是个名叫帕特夏的39岁女性。但是这个案子当时并没有引起警方太多的重视，主要原因是作案方式与过去不同，帕特夏在身中两枪后被捅了很多刀，而之前的案件中凶手从来没有用过刀。

将近一年后，类似的案子接二连三地发生。1993年6月4日的半夜，40岁的詹姆斯在皇后区被身后跟踪的年轻人击中臀部。7月20日还是在皇后区，一个47岁的有精神疾病的流浪汉约翰被不知道从哪里冒出来的枪手正面直击，射中脖子，当场死亡。

同年10月2日，40岁的迪安在公园的长椅上受到袭击，枪手也是对着她的脖子开枪，好在子弹错过了大动脉，最后她半身残疾，终身服药，但总算保住了一条命。

可是这些案子一直到1994年8月1日才全部被联系在一起。因为这天《纽约时报》又收到了一封信，写信人说自己为1992年6月到1994年10月间发生的枪杀案负责。

写信人在信里列举了案子具体发生的时间和场景，还附上了一份手画的密码释图。信的左下角写了一句莫名其妙的话："安息吧，瞧咱们多讨厌他们。"

与黄道十二宫杀手一样，他也加了一个自己与警方的对比，纽约警方的成绩是0，而自己的成绩是9。

警方经过对比，确认了以上4起案件中，被用刀刺死的帕特夏是狮子座，被射中了臀部的詹姆斯是射手座，伤重身亡的约翰是处女座，终

身残疾的迪安是唯一重复的星座——金牛座。

但是信中提到的 1994 年 6 月 11 日的一起案件，警方却始终没办法找到任何相关的内容。

后来警方发现，事实上 6 月 10 日在海兰公园曾经发生过一起枪击案，受害者是个白人男子，但是这个案子因为没有人报案，也就完全无从了解具体的情况了，也没准儿是枪手弄错了日期。

于是摆在警方面前的问题是：这封信的写信人，与 1990 年前后一系列枪杀案的枪手是同一人吗？他是黄道十二宫杀手的模仿犯吗？最后在对照了字迹之后，基本确认至少信都是一个人写的。

1994 年 8 月 8 日，警方再次成立了专案组，不过这次专案组成员从之前的 65 名减少到了 25 名。可是在警方还在匆忙查证的时候，这个枪手忽然又销声匿迹。在危险没有迫在眉睫的时候，人们的记忆往往都是短暂的。专案组在第二年 4 月又被解散了。

直到 1996 年，也就是纽约的"山寨"枪手消失的两年后，案子峰回路转出现了新的意外突破。

1996 年 6 月 18 日，东纽约警局接到报案，报案人称一个男人在自己家的三楼持枪与警方对峙，还打伤了自己 17 岁的妹妹。还好姑娘逃了出去，但是家里还有一个人被困在房间里。

对峙了 3 个小时后，枪手终于同意缴械投降。警方从房顶吊下一个桶，让他把所有的武器都放在桶里，然后自己空手出来接受警方逮捕。

警察把吊桶捞上来一数吓了一跳，里面装了 13 把自制的土枪。警方进入枪手房间后，还发现了 2 个自制土炸弹和足够再做 9 个同样炸弹的剩余材料。另外还有大量的弩、匕首和其他自制武器。用这些武器足以组建一小支部队了。

事后警方确认这个枪手是 28 岁的赛达。

赛达被捕后被带到警局接受审问。他倒是挺老实，一五一十把当天发生的事情都交代得挺清楚，然后认罪画押。

巧合的是当天在警局值班的一个警探恰好是当年的专案组成员，他看到赛达认罪画押的签名上，赫然是他刻骨铭心的圆圈儿十字架，就连赛达的字迹都是那么眼熟。

"他写 s 和 t 的行笔，还有他喜欢在字句下面画道道的习惯，我立马就认出来了。"

他立刻要求对赛达的指纹进行对比检测，结果出来证明他的指纹与之前 1990 年的一次案子、最近写给《纽约时报》的信封上收集到的指纹都相吻合。

这个"山寨"杀手就这样被意外抓到了。

当警方把指纹记录丢到赛达面前时，他面无表情地在椅子上扭来扭去。警探苦口婆心地劝他："你还是都交代了算了，这对咱们都是最好的选择。"

然后赛达一五一十地把之前的罪行都交代了。

1990 年时，22 岁的赛达和妈妈还有同母异父的妹妹一起住在东纽约的一幢公寓里。外表上乍一看，赛达是个招人喜欢的年轻人，个性安静，头发和脸颊都修整得干净清爽，衣服也穿得正经端庄，就连他住的房间也收拾得一尘不染。

而且据说他一辈子没有抽过烟喝过酒，更别提吸毒了。

但这个看起来老实憨直的年轻人没有工作，也没有朋友，他甚至连高中都没有读完。他因为携带武器去学校被老师发现，学校勒令他停学回家反省，结果他回家后就干脆直接退学了事。

赛达和妈妈、妹妹住在一起，但是妈妈也没有工作，靠社会福利维生。家里只有妹妹一个人在课外去餐馆打工，拿回一张数额可怜的支票贴补家用。

年轻力壮的赛达也不肯工作，但同时他又觉得靠福利是件丢人的事

情，要另外想办法弄钱。他弄钱的方式是去自动售卖机和公共电话亭这种地方偷零钱。

可以确信的是，赛达的确既不吸毒也不贩毒，而且对毒品深恶痛绝。

在家没事的时候，赛达主要看书和电视。他可不是爱学习，他喜欢的书都是关于战争和武器方面的内容。也正是通过这个途径，他接触到了关于黄道十二宫杀手的信息，立刻被深深吸引，其中一个原因就是这个杀手把警方耍得团团转，获得全国关注，自己最后还能全身而退。在他眼里，这简直是"酷毙了"。

另外，社会上关于黄道十二宫杀手的各种信息也特别多，这相当于给赛达提供了一个全面的参考对象。在认真研究了相关记录之后，他决定要接过这位杀手的"火炬"，成为新一代"传奇"。

在媒体公开报道纽约的"黄道十二宫杀手"后，赛达兴奋地为自己精心制作了一本剪报，反复咀嚼体验当时犯罪的经历和感受，同时还总结经验。他在网上订购了子弹，但手枪是自己手工组装的，这样他可以替换枪管，警方就无法通过打出的子弹弹道追查到他。

对赛达来说，犯罪只是理想的一部分，他的计划是袭击→引起关注→销声匿迹成为传奇，三个部分缺一不可。

在很长一段时间里，他认为自己天赋异禀，不用担心被警方抓到，但同时他的内心深处也有隐隐的担忧。所以他决定要像原版的黄道十二宫杀手那样，在实现目标之后就停手。

可是在家里，他与同母异父的妹妹经常水火不容。

其实，从小时候起兄妹俩的关系就相当恶劣。赛达比妹妹大5岁左右，经常仗着自己的体型优势欺负妹妹。一开始两人的表面矛盾是性格冲突，赛达性格安静孤僻，而妹妹开朗奔放、喜欢社交。两人动静不相容。

妹妹进入青春期后更喜欢往外跑，赛达就开始对她进行各种限制约束，只要稍有不服从就拳脚相向。

到了1989年前后，可能因为妹妹接近成年，赛达不能再像过去那样随意地用暴力控制她，两人表面上有一段时间相安无事。但这时已经埋下了爆发的种子，最后导致了他的被捕。

在1990年的几起袭击后，赛达停息了一年。这段时间他整理了所有相关报道，反复研磨分析警方的对策，自己也多次重返犯罪现场，一边重温当时的刺激感受，一边琢磨该怎么改进自己的袭击方式，因为显然警方已经找到了"每隔21天倍数的犯罪规律"，他需要重新考虑这个模式。

而与此同时，警方的专案组因为没有进展直接被解散了，也给了他喘息的机会。

1992年准备好再战"江湖"的赛达制订了新的计划，8月10日，他在皇后区选中了39岁的帕特夏作为新的目标。

一开始他在接近帕特夏时显得彬彬有礼，帕特夏的真实身份很可能是个"站街女郎"，赛达装出对她感兴趣的样子，在她跟着他到了林子深处后，他就掏出手枪对准她开了枪。

但是子弹杀伤力有限，而且关键是自制的手枪不能多次放枪。帕特夏挣扎着起身反抗，让对这种局面没有做好准备的赛达惊慌失措，不得已掏出随身携带的匕首对她捅了多刀然后仓皇逃跑。

犯罪过程中发生的意外和血腥的场景给赛达造成了一定的心理创伤，那之后他惊魂未定地休整了将近一年，才重整旗鼓袭击下一个受害人。

这次他也顾不上装神弄鬼了，干脆打乱了作案规律，不定期地连续攻击了三名受害人，在这个阶段的袭击中，他也没有在意受害人的星座，每次犯罪之后就尽快离开现场，所以出现了一个重复的金牛座受害人。

但是接下来有过一个转折点。

1994年3月10日，赛达曾经因为非法持械被逮捕，警察在他的身上发现了一把自制的土枪，但当时他非常配合地被带到警局录口供，丝

毫没有反抗，也就没有引起警方的重视。

理论上来说，他的指纹也应该被录入数据库，与全国的犯罪记录进行对比，只要一对比就能发现，原来追查多时的枪手其实已经被收入了囊中。

然而，赛达的那把土枪被贴错了标签，所以警局从来没有对土枪进行过鉴证对比。又因为他之前没有犯罪记录，土枪的"鉴证"也没什么结果，在被拘留了6天之后，他安然无恙地走出了警局，案件被撤销，他的指纹记录也被销毁，曾经入网的连环杀手侥幸逃脱。

那之后，纽约的"黄道十二宫杀手"再次销声匿迹。

那么回到最后真正引发赛达落网的这场事件，也有些令人不知道该说什么好。

前面提到过他不沾毒，但他的妹妹却开始结交一些在他看来非常差劲的朋友，这些人的主业就是组织黑帮贩毒。

所以赛达禁止妹妹跟这些人交往，妹妹却觉得自己已经是家里唯一靠谱的人，你一个无业游民凭什么管我？两人的矛盾逐渐激化，爆发了几次激烈的争吵，最后都是互相咒骂着结束。

赛达警告她如果再见到她跟这些人搅和在一起就决不容忍，而妹妹反骂回去说"你等着吧，他们会先找到你并且干掉你的"。

1996年6月18日，赛达看见妹妹又一次把毒贩朋友带回了家，并在隔壁屋进行某些交易。他顿时气坏了，对着隔墙疯狂捶打起来。但是这次妹妹没搭理他，依然我行我素。于是气疯了的赛达掏出一把土枪，对着隔壁开始无目标射击。

妹妹尖叫着跑出房间，大喊着让他住手，赛达也气势汹汹地冲出来斥骂，两人在客厅里对吵起来。这个时候他已经完全丧失了理智，一边吼叫着一边举枪对准了自己的妹妹，在她转身逃跑时射中了她。

还好土枪的杀伤力有限，受伤的妹妹还是勉强逃到了邻居家敲门求救。邻居把她藏进家后反锁了房门，然后打电话报警。那名毒贩朋友也把自己反锁在妹妹的卧室里，躲在床下瑟瑟发抖。

首先赶到现场的是救护车，两名急救人员冲到邻居家抢救中枪的妹妹，但是很快他们俩跟邻居和妹妹一起都被困在房间里，因为赛达居高临下占据了战术高点，楼里的人出不去，楼外的人进不来。楼下的警车排成一排，最后集中了17名警察包围了公寓楼，对峙了好几个小时，直到通过谈判，赛达弃枪投降。

接下来的事情大家基本都知道了，他老老实实地配合写认罪书，顺手画上了标志性的带圈儿十字架，然后就被认了出来。

虽然这个发现好像很偶然，但警方的证据却十分扎实。赛达的指纹与两起袭击案现场发现的指纹吻合，与两封写给《纽约时报》的信封上发现的指纹吻合，他的DNA也与信封上的邮票后唾液相吻合（舔邮票真的是个坏习惯）。

而赛达自己在初期的略微挣扎之后，也详细交代了每一起袭击的细节，警方整理出一份10页纸的材料，他再次签字画押。最后他在皇后区以三项谋杀罪名和一个枪击罪名被起诉，另外在布鲁克林区以三个假冒"黄道十二宫杀手"枪击罪名、枪击自己妹妹的罪名和袭警罪名被起诉。

1998年6月，皇后区的审判首先开庭，在持续6个星期的审判中，检控官召唤了45名证人，提交了超过150份证据，实打实地把赛达与皇后区"黄道十二宫杀手"枪击案联系在一起。

辩方律师对此能反驳的余地很小，他们只是在开庭前提出了一个"有效追溯期"的问题，将赛达的15项罪名减少到10项。

在法庭上，辩护律师针对赛达的认罪书提出了一个疑问：他亲笔书写和签名了他袭击妹妹和与警方对峙的认罪书，但是那份关于纽约"黄道十二宫杀手"的8个案子10页纸的认罪书却是由他口述、由警探记

录的，所以辩方律师对陪审团说："这个认罪书可不是他亲笔写的，是警察写的。现在你们猜猜，这份认罪书的内容到底是他告诉警方的，还是警方告诉他的呢？"

这里的暗指在于，警方在审讯过程中有意无意地透露了案件信息，所以即使赛达并不是凶手本人，也掌握了外人不应该知道的线索，那这份认罪书的真实性就存疑。

辩方律师的另一个挣扎角度也显出了经验丰富。虽然犯罪现场发现的指纹、写给媒体信上的指纹和信封上的唾液都证明了属于赛达：但这些只能证明他碰过那些信纸和信封，并不能证明他就是开枪的人！

出庭的赛达在开庭第一天忽然莫名其妙地暴跳如雷，口不择言地指责法庭程序不公，又说法庭指派的律师不行。在被庭警按到被告席上之后，他对着法官大喊大叫，喝令法官听他说话。法官好似完全没在意地环顾四周问道："你们谁有个什么东西，能把他的嘴堵上吗？"

后来辩护律师对他的失控作出了解释，说赛达很辛苦，自从法庭开始选择陪审员，他每天就只能睡不到4个小时，因为每天要花很多时间在法庭和监狱之间奔波，晚上很晚才能回到监狱，凌晨就要起床准备出发。

实话说这倒的确是有点打乱赛达的规律，他过去都是白天在家睡觉，凌晨出来作案的。

最后在讨论了5个小时之后，陪审团对赛达作出了有罪的判决。因为他在皇后区杀害3人枪伤1人，被判处83.5年有期徒刑。接着布鲁克林法庭因为8起谋杀未遂判处他152.5年有期徒刑。所以基本上他应该是要把牢底"坐穿"了。

不过身陷囹圄的赛达却在入狱后找到了人生的"春天"。在审判期间由于他相貌英俊，媒体上都是这种口吻："被他的英俊震惊了""他的短发和清秀的面庞""永远面带一丝羞涩的微笑"……

现在案子写完了，这个案子除了与"黄道十二宫杀手"有关之外，其实也就是一个没什么离奇之处的连环凶杀案。但是我觉得这个案子有一个地方很有意思。

赛达始终没有透露过两个关键信息：第一，他是如何获得受害者星座信息的；第二，他的犯罪动机是什么。

第一个问题我也查了很久，没有找到明确的答案。我的猜想是，一部分是出于运气，恰好这几个受害者大部分都是不同星座。

但前几起案件只有一个人回忆起来被问询过生日，另一个被偷走了护照，剩余的洗碗工马里奥和退伍老兵约瑟夫的星座又是如何暴露的呢？如果不是赛达将几起案件写到自己的信里，警方也不会将它们联系到一起，说明他没有公开的途径获取受害人的生日等信息。

我的猜测是他在枪击之后留在现场搜索了受害人的钱包。马里奥和约瑟夫一个身有残疾一个年老体衰，很可能会随身携带医疗保险卡或者其他身份证件。赛达每一次袭击都是趁着黑夜，基本有足够的时间翻找受害人的钱包。

1992 年开始的几次袭击后，赛达写给媒体的信件中就不再包括受害人的星座信息，他自己也承认在每次袭击后都急着离开现场，以减少被人注意的概率。

所以貌似神秘的星座关联，也没有什么特别之处。事实上赛达后来接受采访的时候也说过心里话："我其实对星座什么的一窍不通……"

那么赛达的犯罪动机到底是什么呢？当警方问他的时候，他回答得非常简单："他们是坏人。"

可事实上被赛达袭击的受害者都是日常可见的普通人，甚至可以说是老弱病残，他们受到袭击的时候也都是在正常的状态下，基本没有所

谓的"邪恶"特性。所以我觉得他说人家是坏人，只是在给自己的行为找借口而已。

检控官在法庭上的解释是，赛达的内心充满愤怒，他把自己对生活的不满和愤怒发泄到了无辜的人身上。而我对这个解释有一些更深入的看法。

在翻阅这个案子相关信息的时候，我在赛达的身上看到了一种很奇特的矛盾性。比如，他一边自己无差别地袭击陌生人，一边却痛恨毒贩和黑帮团伙；他连高中都没有读完，却号称自己最大的爱好是读书；在妹妹很小的时候他特别疼爱她，但是妹妹稍微大一些之后两人的关系就急转直下，发展到最后持枪相向。可以说如果不是这场对峙，也许警方永远都抓不到他。

但是任何一个人的行为背后，其实都有着逻辑准则，只要他是个神志清楚、智商正常的人，就一定有着这样一个逻辑准则在左右着他的行动。所以赛达表面上矛盾的行为背后，存在的逻辑是什么呢？

我认为他犯罪的深层动机来自隐藏的自卑和不甘心。换句话说，来自他的自我认知与现实情况的强烈落差。

所以他的行为逻辑是他要"打肿脸"证明自己其实非常强大有力。

赛达在自白中曾经提到，自己性格安静，爱好就是读书，但是他喜欢的主题全部与武器军械有关。在因为携带武器去学校被停课之后，他的决定是干脆辍学。我认为他做出这个决定，是因为认为可以通过其他的方式来证明自己。

正好在这个时候，黄道十二宫杀手给了他启发。在这个启发下，他对自己的人生进行了重新定位。

"那个人用恐惧统治了整个城市，却从来没有被抓到过。"赛达看到了一个"偶像传奇"，一个用"智慧""战胜"了警方和大众的杀手，而且"声名永传"。

他低头看看自己，没有工作，没有学历，没有爱人，但是有一身"本领"（对枪械武器的丰富知识），他完全可以像黄道十二宫杀手那样，利用自己的优势来做出一番"成就"。

他认真研读了能找到的关于黄道十二宫杀手的所有信息，为自己的行动制订了计划。而且他不是简单地想沿袭当初这个杀手留下的"传奇"，而是想把"前辈"留下的影响全部据为己有，把自己塑造成真正的"黄道十二宫杀手"。

为了避免被抓到，他利用自己的知识自制土枪，但是还好自制土枪的杀伤力有限。他的袭击计划和作案时间跨度充分说明了他不是没有智商的人，但没有把智商用对地方。

同时他也给自己挑选了非常容易对付的受害者：要么是羸弱的对手，要么是趁对方不备。这说明他潜意识里并不够自信，所以要找轻易下手的对象。

而且我猜想其实赛达有意无意想暴露自己。对他来说，犯了这些案子却不能昭告天下，无异于锦衣夜行。事实上，很多连环杀手到后来都会希望被抓到，其中一部分原因就是想得到公众"认可"。

因为对赛达来说，虽然这次他很可能不会那么好运气地躲过对照指纹这一关，但也没必要上来就写上"黄道十二宫杀手"的签名，更不用说深思熟虑的杀手一开始就不应该冲动地引起警方注意。

这种心理大概正是他现实生活中的失败与心理上渴望出名和认同的矛盾的反映。

另外在重温案发时间线的时候，我也发现了一个有意思的巧合。

媒体和警方的报告中提到，赛达与同母异父的妹妹关系十分紧张，虽然他在妹妹很小的时候十分疼爱她，可是当妹妹逐渐长大后，两人的矛盾就逐渐激化，一直到1989年才略微缓和。

1989年年底正是赛达第一次给媒体写信预告纽约"山寨"杀手要大开杀戒的时间。

所以我猜想在妹妹逐渐脱离他掌控的时候，他也逐渐失控。到了1989年的时候，也许正是因为他将内心的压抑和愤怒发泄到了陌生人身上，两人的关系才得到一定程度的缓和。他反对妹妹与毒贩和黑帮来

往，也许并不是因为对方不是好人，而是因为出于对妹妹新恋情的嫉妒。但是他要把这种嫉妒包装成痛恨毒品和黑帮的"圣洁"心理。

所以我认为，无论是原版的黄道十二宫杀手，还是纽约的这个"山寨"杀手，本质上都是将对自己生活的不满和愤怒投射到别人身上，通过报复社会——伤害无辜的人，来发泄的懦夫。他们没有能力改变自己的生活，也没有能力改变自己，只能通过欺负弱者来感受强大。

极寒之地的汉森

这个案子发生在 20 世纪 70 年代到 80 年代的阿拉斯加安克雷奇市。

阿拉斯加这个州很有意思，由于历史原因，它"孤悬海外"，与美国本土并不相连，却是美国面积最大的州。可是又因为地理位置偏远，它的人口并不多，可以说得上是地广人稀。

20 世纪 70 年代，有大批工人来到安克雷奇市参与阿拉斯加输油管道的建设。这条输油管道将阿拉斯加北部产油区的石油转运到美国本土炼油厂。因为人口的骤增，安克雷奇市一边建设发展，一边衍生出自己的特殊生态。除了原油工人，还有大批来自全国各地的年轻女性涌入，当地一口气开张了十几家俱乐部。

那段时间安克雷奇市主要由一伙来自西雅图的黑帮控制，治安混乱，警力不足，当地几乎毫无秩序可言。

1980 年 7 月底，警探拉金接到报警，有人报告看到一只黑熊在破坏一具尸体。

其实黑熊是北美熊种中较小的一种，体重大概 200 磅，说起来跟个胖一些的成年人差不多，但战斗力和攻击力非常厉害，而且黑熊是北美熊种中几乎最聪明的一种。

当警察们匆匆赶到的时候，他们面对的是一头正在进食的饥饿的熊，这也就意味着如果要从它的嘴里抢下尸体的话，这头熊一定不会轻易"答应"。

拉金警探决定先试着把这头黑熊吓跑，在几个人大喊大叫了一番之后，黑熊倒是被吓跑了，可是当他们刚刚走近蹲下查看尸体时，黑熊又回来了。

现在剩下的唯一选择就是杀死这头熊。可问题在于，黑熊在阿拉斯加属于保护动物，杀死一头黑熊的罪责与谋杀类似。拉金警探迅速衡量了一下，决定还是先开枪干掉这头黑熊，再回去承担后果。

干掉了熊，在收捡残躯之后，可以看出死者是个年轻女性，因为天气的缘故尸体已经严重腐坏，仅从表面上看，已经无法分辨死者的长相。

确认死者身份的过程颇费了一番周折，最后在失踪人口数据库里找到了一个有些接近的线索。有个名叫乔安娜的女人在不久前被报告失踪，看起来身形体重与死者都挺接近。

几经辗转之后，警方终于联系上了乔安娜在纽约的亲人，通过亲属提供的牙科记录确认了尸体的身份。

原来乔安娜是个护士，在纽约有丈夫，但是不知道具体是出于什么原因，她连招呼都没打就横穿大陆跑到了几乎可以说是世界尽头的阿拉斯加。她走的时候虽然没告诉家人，但是带上了最心爱的一条德牧犬，一人一犬开始浪迹天涯。

到了阿拉斯加后，乔安娜在当地借了个房间安顿下来。

乔安娜所借住的公寓的房东是个兽医。房东非常和善，对房租要求不高，催缴的时候也不会太严苛，所以乔安娜在这里住得挺舒服。

可是她与其他的房客处得不太好。

一方面是她的性格比较直硬，另一方面是她养的这条大狗特别护主，完全不许任何人欺负它的主人，甚至连说话的口气差一点都不行。

时间长了，房客们受不了了，决定把她"踢"出去。他们开车把她送到河边的营地之后就没再管了，几天后才注意到她杳无音信，就报警说乔安娜失踪了。因为没什么可以追溯的线索，也不知道她到底是回家了还是去了别的地方，所以警方只是把乔安娜的名字登记进了失踪人口数据库。

在发现尸体后，警方去问询最后见过她的房客。房客透露了一个"八卦"，说其实乔安娜跟兽医房东有婚外情。兽医房东也是有妻子的，可乔安娜却沉浸在这份恋情中无法自拔。

可没想到的是，警方问遍了兽医身边的人还有其他认识乔安娜的房客，却没有一个人知道他们俩有私情，甚至可以说没有一个人相信兽医会出轨。在警方查问的时候，被问到的人甚至笑了起来，觉得这个说法真是太滑稽可笑了。

于是警方决定直接找兽医谈一谈。不出意外，兽医对私情也矢口否认。所以关于两人有私情的说法，只有最开始那个房客这一条线索。可是这个房客非常笃定，对其他人的否定只是意味深长地笑一笑。

经验丰富的拉金警探认为这个"八卦"还是有几分可信度的，但与他的认知相反，兽医的妻子对老公的忠诚和无辜坚信不疑，反复要求警方给他一次机会，做个测谎以证清白。

于是拉金警探给兽医安排了一次测谎，可是他在回答"你跟乔安娜之间发生过性关系吗"这个问题时露了馅。

不过兽医说，测谎这个东西有时候也很不准的，咱们再来一次。

结果第二次他又没通过。

最后没办法兽医决定说实话了，他终于承认自己与乔安娜的确有性关系，当着妻子的面痛哭流涕。但是他不承认自己是杀害她的凶手，"跟妻子离婚要比杀掉她容易多了呀"。

虽然最后的确排除了兽医的杀人嫌疑，可是在他身上浪费的时间已经无法弥补，因为找不到更多的线索，最终这个案子成了一个悬案，直到两年之后，才有了意外突破。

其实在同一时期，安克雷奇市的林子里还发现过一具女尸。

女尸被草草掩埋在安克雷奇市北部的一条石油管道附近，被发现的时候，尸体已经高度腐败，法医只能简单推断她的年龄在 16 岁到 25 岁之间。

因为被发现的地点距离依库娜湖不远，这个女尸被起名叫"依库娜的安妮"。

根据尸体的情况，法医认为死亡时间要倒推回去好几个月，所以她有可能是在 1979 年年底前后被害，致死的原因是被人从后背刺了一刀。

为了确认身份，警方想了很多办法，甚至请人根据头骨做了面容复现。根据复原的情况，法医推测死者身材娇小，可能只有 1.5 米。有可能是个白人，但也许有印第安人的血统。

可惜除此之外，再也找不到更多关于她的信息或者线索，没有人知道她是谁、从哪里来，更没人知道在她身上发生了什么。

1981 年 11 月 23 日，一个男人来到安克雷奇市的警局报案称，女朋友不见了。

失踪的女孩名叫雪莉，23 岁，白人姑娘。根据男友描述，雪莉的身高 1.66 米，体重 110 斤左右，在附近的一个酒吧做女招待兼舞女。

11 月 16 日 23 时 30 分左右，他开车送她到酒吧上班，那之后就没见过她了。

那天雪莉说要去跟一个女朋友见面，然后在女朋友家过夜，第二天她俩一起去看医生。

这个女朋友名叫丽莎，她说雪莉的确在她家过了夜，可是第二天一睁眼就发现雪莉已经一个人先走了。男友跑去问了医生，医生说雪莉并没有按约出现。那之后雪莉的行踪就成了谜。

男友提到，雪莉说要跟丽莎一起去医生的诊所，可是现在却丢下她一个人走了，是为什么呢？

警察追问之下，丽莎终于交代雪莉临走前留了张纸条，上面说自己之所以临时改变计划，是因为她前几天在酒吧认识了个男人，这个男人说可以出 300 美元，给她拍几张照片。

男友报警的时候距离雪莉失踪的时间已经过去了将近一个星期，她一点音信都没有，无论是男友还是警方，对她的下落都不太乐观。

男友向警方描述了一下雪莉失踪前所穿的衣物，她平时会戴一副银丝边的眼镜，脖子上戴一根金项链，穿蓝色的牛仔裤，上身是一件浅蓝色的滑雪衫，肩膀和手臂边上有深蓝色的布纹点缀。

将近一年之后，也就是 1982 年 9 月 12 日，忽然有人联系警局，说在沿河不远的地方发现了一具尸体。

发现尸体的人恰好是两名不当值的巡警，这两人趁着休假跑去打猎。他们没想到，还没打着猎物，却意外发现了河边因为埋得太浅而露出来的尸体。

幸好发现尸体的人是警察，两人接受过培训而且经验丰富，立刻停下来保护现场，保存证据，并且汇报了警局。

发现尸体的地点是在尼克河北岸的浅滩边上，距离安克雷奇市不远，算是城市的外缘。这个地方虽然偏僻，但不管是坐船还是开车，甚至开个小飞机，都可以轻易抵达，所以已经很难判断死者到底是自己来到现场被害，还是被害后再被转移到这里。

当地的警探立即赶到现场，看到尸体其实只是被草草掩埋在一个浅坑里。死者应该是个女性，但是尸体已经残缺不全。

死者身上的衣着整齐，上身是一件浅蓝色的滑雪衫，肩膀和手臂上有深蓝色布纹，下身是一条牛仔裤。死者的脸上被人用一卷弹力纱布裹了好几圈，纱布用铁质别针固定。

死者光着脚，但是尸体旁边丢了一双靴子。在浅浅的尸坑里，警探还发现了一颗弹壳。除了一把标记着数字"18"的钥匙之外，尸坑里没有发现其他任何物品。

在对比了死者的牙科记录之后，确认了尸体就是失踪了一年多的雪莉。但是男友曾经提到的银丝边眼镜、她总是戴在脖子上的一根金项链都没找到，平时习惯随身带的小挎包也不知所终。

经过尸检，法医鉴定雪莉的死因是枪击，她的前胸发现了铜制的子弹碎片，这与她尸体旁发现的弹壳对上了。但是尸体腐烂严重，法医难以确认其他的信息。

警方怀疑这个案子跟附近其他三个舞女失踪案有关，不久前还有另外两个妓女死在隔壁城市法尔班科市，不知道是不是同一个凶手作案。于是安克雷奇市的警方与法尔班科市的警方联手展开了调查。

但是在咨询了 FBI 的专家之后，专家认为这几个案子的作案模式虽然类似，作案手法背后的心理却大有不同。后来在 1982 年，警方确认了法尔班科市的连环杀手是个名叫托马斯的男人，他在被捕之前，驾驶着自己的摩托车撞车身亡。

所以雪莉的案子在折腾一圈之后发现根本弄错了方向，花了钱也耽误了时间，警方苦于调查却毫无进展，于是这个案子也成了悬案。

来自夏威夷的安德里亚失踪那年才 24 岁，她的父母在夏威夷当地其实颇有地位，但是她坚持离开家，跑到阿拉斯加谋生。

到了阿拉斯加后，安德里亚在一间舞馆做舞女，大家最后一次看到她是在 1982 年 12 月 2 日，她告诉朋友说有个男人约她 23 时下工之后去拍照片，然后就消失了。

这个时间点是在雪莉失踪大约一个月后。

年轻的安德里亚身高 1.65 米，体重 110 斤，有着一头深色的长发。

关于安德里亚的失踪信息非常少。值得一提的是，她有个小名叫

"小鱼"，所以她的脖子上总是戴着一条带有金鱼坠子的项链。这条项链是她从夏威夷带来的，专门特制的，世上绝无仅有的一条。

但是安德里亚失踪之后就再也没有任何信息，没有人见过她，也没有人听说过她的消息，甚至连尸体都从未找到。所以直到现在她还被列为失踪人口。

1982年5月30日，一个女人来到警局报告说自己的妹妹失踪了。妹妹名叫苏，23岁，白人，身高1.6米，体重110斤，有着一头浅棕色的头发和碧蓝色的眼眸。

她们本来约好，5月27日姐姐去苏的公寓接她回家，两人一起过周末。可是当她来到苏的公寓时，却发现妹妹并没有如约在公寓里等着她。室友告诉她说，苏在走之前说跟一个男人约好了拍照片。

室友与苏都是当地舞馆的舞女，上班时间是14时到22时。星期二的时候，苏提到有个男人约她第二天在咖啡馆见面，对方愿意出300美元买她一个小时。这在当时是一大笔收入。

很巧的是，苏约好了见面的那间咖啡馆名叫"爱丽思的210咖啡"雪莉失踪前，约会的地点也是这间咖啡馆。而且两个姑娘与那个陌生男人见面的理由都是"拍照"，拍照的价格都是300美元。

唯一不同的是，雪莉的尸体在失踪近一年之后被无意发现，而苏的尸体一直到1984年才被找到。

但是两个案子被交给了不同的警察，且由于具有随机性，当时两个案子并没有被联系起来。

在苏失踪约9个月之后，另一个名叫安吉拉的舞女也失踪了。没过多久又有一个名叫德琳的舞女失踪。

年轻的德琳以"糖糖"为艺名在舞馆跳舞，她从小出生在一个破碎

的家庭：爸爸是退伍的老兵，一直被脑部动脉瘤折磨着，妈妈带着她四处颠簸。成年后的德琳虽然相貌甜美，但一直不快乐。

其实在这期间一个名叫泰莉莎的舞女也失踪了，但是关于她的信息少得可怜。

4月底，舞女宝拉也失踪了。宝拉也来自夏威夷，不过她之前的职业是正儿八经的银行职员，为了谋生来到了冰天雪地的阿拉斯加。朋友报警说最后一天见到她是4月24日。宝拉大概30岁，白人，身高1.7米左右，体重112斤，有着一头短短的卷发。但宝拉也只是诸多失踪的舞女之一，当时失踪的舞女甚至达到上百人之多。

实话实说，也不能怪警方办案不力，因为当时阿拉斯加人口流动很大，大部分都是来自外地的陌生人，当地也没有统一的人口管理系统。

而对于失踪的舞女来说，首先她们的流动性很强，今天在这个舞馆跳舞，可能明天就换了地方。本来大家就是萍水相逢，今天认识的人明天不见了是很正常的事情。而且舞女们也不信任警察，当警察来询问的时候，经常随便应付过去，几乎不能提供任何有效甚至真实的信息。

另外，大部分的舞女都给自己起了艺名，然后换一个舞馆就会换个艺名。所以在这间舞馆认识的"玛丽"换个地方相见可能就叫"莎拉"，所以人"看起来"没有了下落，但并不一定是真的失踪了。

再加上安克雷奇市的治安本就不好，警力不足，诸多原因综合在一起，使得当地的警局对这么多舞女失踪受害也不太重视。

当雪莉的尸体被发现时，警方曾经有过一丝纠结："咱们这里真的有专门针对舞女的连环杀手出没吗？"但是疑虑很快就被更多其他的事情冲淡了。

直到1983年7月，出现了一个转折点。

1983年7月，也就是宝拉失踪的3个月之后，安克雷奇市的警局接到了一个没头没脑的报警电话。

报警的人是间小旅馆的工作人员，说刚刚有个司机丢下个女孩子就走了，这个女孩子手上戴着手铐，光着脚丫，看起来失魂落魄的样子。

当警察赶到小旅馆时，女孩子已经不见了，大家找了半天才在一间破烂的公寓找到她，当时她正疯了一样想摘掉手上的手铐。她的头发乱糟糟地披散在脑后，脸上原本精心描绘的妆容也脏乱不堪，乌黑的眼圈下还有明显的伤痕。

她在被撕扯得破破烂烂的衣衫下瑟瑟发抖，膝盖和臂肘被蹭破了不少地方。但她顾不上身体的伤，只是双臂紧紧地抱住自己，蜷缩在角落，惊惧警惕地抗拒每个试图靠近她的人。

负责这个案子的警察把她带回警局慢慢询问，才大概问出了事情的经过。她的名字叫辛迪，是附近舞馆的舞女，她告诉警察说自己已经年满18岁（事实上她刚满17岁，但当地不允许18岁以下的女孩子做舞女，所以她在年龄上撒了谎）。

辛迪说自己在6月13日的时候认识了一个男人，这个男人提出给她200美元，换取她一个小时的特殊服务。

一开始男人要开车带她回自己的住处，但是辛迪的警惕性很高，没同意。

她刚来阿拉斯加不久，对当地不熟悉，所以不肯跟陌生人去陌生地方。她提出去她的家，男人也拒绝了。最后两人达成协议，只需要她到他的车上就行。

这200美元看起来真好赚，但当辛迪上车后，男人突然在她的一只手上铐了个手铐，然后迅速把她的另一只手也掰到身后，两只手铐在了一起。接下来男人掏出一把枪，威胁她不要尖叫挣扎。

最后男人还是开车把辛迪带回了自己的住处。他们来到房子的地下室，地下室的墙上挂满了各种猎物的头颅，还有各种鸟和动物的皮毛，房间里弥漫着一种说不出的恐怖诡异气氛。

　　男人给辛迪的脖子上套了一个项圈，项圈上挂着一根铁链，铁链的另一头拴在地下室的一个桌子上，她的活动范围只有围绕着这个桌子不到半米的空间。

　　除了上厕所，不管白天黑夜她都被拴住，如果需要去厕所，男人就换上一根很粗的绳索，牵着她去。她试过从厕所逃跑，可是进了厕所她就绝望地发现，所有的窗户都被钉子钉死了。

　　虽然辛迪当时身体不舒服，男人还是不管不顾多次强暴她。

　　有次在男人睡着的时候，辛迪急着想上厕所，可是又不敢叫醒他，只好就地解决。男人醒来之后气坏了，逼着她自己清理。

　　在两人不多的对话中，男人曾经试图安抚辛迪说自己不会伤害她。他还说自己曾经带过7个姑娘来这里，一般一个星期之后就放她们走了。他说起这些事情的口气好像这是个"高级的待遇"，但辛迪心里觉得，那些姑娘肯定都已经死了。

　　这个男人说，他实在是太喜欢她了，所以要带她去自己的小木屋，两人再发生一次性行为，然后就会放她走。那个小木屋在挺远的地方，要开飞机才能到。

　　虽然他这么说，辛迪心里却隐隐预感到也许自己永远没有机会活着离开了。她不愿意就此放弃希望，于是假装配合，顺从地表现出很乐意的样子。

　　不一会儿男人到楼上把车收拾了一下，下来让辛迪跟他上车。他一边走一边警告，不要想着逃跑，就算她逃跑了报警，他也会找到人帮自己说话——"没人会相信你的"。

　　然后他让她躺在车后座上，用一条毯子盖在她身上，在她的脖子上套着一个手指粗的绳索，绳索的另一端绕到副驾座上打了个结，副驾座上还摆着一把枪。

　　当时辛迪紧张地盘算了一下要不要奋起把毯子罩到他的头上然后借

机逃跑，但是思前想后，最后还是决定等待更好的机会。

到了机场之后，男人又威胁了她几句，就开始忙着把东西往飞机上搬。辛迪有个妹妹是聋人，所以她从小习惯了分辨声音。通过声音她听出来男人把手枪从副驾座上拿了出来，放在了车顶，绳子被扔在了一边。

虽然她看不见男人，更看不见他在做什么，但是她能判断出后备箱开着，所以她推算这个时候男人的视线应该被后备箱挡住了。她鼓起勇气打开车门光着脚冲了出去，男人愣了一下，反应过来之后就拿着枪紧追不舍。

还好这个地方距离大路不远，她冲到路边正好遇到一辆卡车经过，她不顾危险冲到卡车前拦住车，求司机救救自己。卡车司机看着她戴着手铐光着脚，也没多想，立刻让她上了车，这时他也看到了持枪追过来的男人，吓得立刻一踩油门开得更快。到了城里，司机找到一家小旅馆把她放下就离开了。

当晚辛迪被警方送进医院做紧急强奸检查。在终于安全了之后，她从下体拿出一根卫生棉棒。这几天正好赶上生理期，她一直没有更换棉棒，就是为了保留证据。

而且她还记住了男人开的车、他房子外面的样子，还有他的飞机。

她描述了男人的长相、年龄，还说他戴着眼镜，还有一个非常显著的特征——口吃。

要说符合这些特征的人，当地的确有一个，这个人名叫汉森。

汉森在当地开了一家烘焙店。他个头高大瘦削，有一头浓密的黑发，规规矩矩地梳到脑后，脸上架着一副黑框眼镜，看起来毫不起眼。因为略有口吃，他平时的话也很少，给人的印象是个很温和的男人。

汉森的妻子非常勤劳贤惠，家里还有两个孩子，在旁人眼里，这就是一个很普通的家庭。

其实汉森在当地小有名气。他是个相当优秀的猎手，在打猎比赛中取得过非常出色的成绩，甚至还被当地的报纸报道过。

当晚给辛迪做笔录的警探们在听了她的话后，真的不太相信她说的内容，甚至要求她做一个测谎验证。

但是辛迪拒绝了："反正你们都不信我，又何必走这么个无谓的流程。"

其实在接到辛迪报警之后，警方也是做了一些调查的。他们先试图查了一下在汉森名下有没有小木屋，但是调查后没发现他有小木屋。

接着他们又查了一下，发现汉森的确在 1982 年 7 月购买了一架小型飞机，但是他没有办理飞行证。在调查了塔台在 1983 年 6 月 13 日的记录后也并没发现关于这架飞机的任何飞行记录。

但是，机场的一名保安提供线索说，在 6 月 13 日早上 5 时许的时候，看到了一个白人男子从机场外高速路的方向匆匆往机场的停车场跑过来。可是当他意识到自己被保安看到时，就立刻停下了跑动的步伐，强行改成踱步。

这也给了保安足够的时间观察到他最后钻进了一辆轿车里。保安还描述了这个男人的外形和衣着，基本与辛迪的描述一致。

根据这个线索，警方顺着保安提供的车牌号找到了汉森，还获得了搜查他住处的许可。

辛迪所描述的很多东西都得到了证实：汉森的房子、家里的摆设、他的车和飞机等，甚至一些小细节，如地下室的墙上有一个弹孔，车后座下有一双橡胶手套等，一一吻合。

但是也正如当初"那个男人"告诉她的那样："没人会相信你的"。

在他们眼中，一边是连自己年龄都撒谎的舞女，一边是老实巴交有着正经店面的普通公民，想想也知道谁的话听起来可信度更高。

所以汉森一句话就把警察顶了回去："这是真的啊，我花了 200 美元跟她做性交易。"所以她说的一切，都可以解释成两人在做交易期间发生的"小插曲"。

汉森在被讯问的时候说了这么一句话:"你是不可能强奸一个妓女的,对吧?"

这句话的逻辑就是,妓女是为了钱就可以出卖身体的人,既然给钱了,那发生关系就是你情我愿的事情,何来"强奸"一说呢?

而且,汉森请了三个证人给自己作不在场证明:一个证人证明他从17时到23时与自己在一起;另一个朋友证明他从11时到17时都一直跟自己在一起;还有一个的士司机,证明自己在13时30分到14时之间给汉森家送比萨,亲眼看到了汉森和他的朋友在家。

这就证明了汉森不可能如辛迪所说那样开车带着她跑去机场。整个事情就是他趁妻子孩子去欧洲旅游的时候,偷偷和一个妓女发生了关系,然后被反咬了。至于绑架杀害了那么多女孩的事,全是辛迪编出来污蔑他的。

负责这个案子的警探在汉森的家里发现了多把枪支,却没有取走任何证据,甚至连拍照都没有拍上一张。只是上下左右打量了一番,就回去结案交差了。

当天晚上辛迪报警时,接手这个案子的警探名叫拜克尔,也是他第一时间赶到小旅馆寻找辛迪。

最后在辛迪住处找到她时,她还在拼命地想把手上的手铐取下来,却怎么也做不到。拜克尔帮她取下手铐,发现她在不停地颤抖,很害怕自己会惹上什么麻烦。

他亲眼看到辛迪身上的伤,还有她真实的恐惧与纠结。她知道自己的身份不光彩,说的话可能没有人信,但是又希望能帮助警察抓到这个人渣,避免其他人受到伤害。

这一切都给他留下了非常深刻的印象,让他觉得辛迪说的话应该是真的。虽然汉森安然无恙地离开了警局,拜克尔却并没有就此放下心里

的疑虑。

美国的警察系统分好多的类别，包括民警、巡警、FBI、州警等，他们各自都有各自的管辖范围。所以拜克尔虽然在当天接警出警，却并没有直接调查这个案子的权限。当上面说结案的时候，他也没有权力坚持查下去。

9月2日，人们在尼克河的岸边发现了一具女尸，死者后背中枪，但是外衣上并没有弹孔，说明她受害的时候是光着身体，死后才被人套上了衣服，然后匆匆掩埋。

对照死者的衣服和牙齿记录，警方很快确认了她的身份，她就是4月失踪的宝拉。而发现宝拉尸体的地点，距离发现雪莉尸体的地点几乎只有数米之遥。

如此一来，两个案子就不再是相对独立的案子。两个受害者都是失踪后被害的舞女，埋尸地点如此接近，说明有人是在刻意针对舞女作案。加上过去几年间不断有舞女失踪，当局再也不能假装看不见了。

9月7日，一个名叫格林的警探被安克雷奇市州警部门派来协助办理这个案件。这位格林警探是个经验丰富且胆大心细的老警察，但是他不是那种酷酷的警察，而是温和细腻型的。

在接手案件后，格林警探把辛迪的案件记录仔细看了一遍，觉得她说的情况具有丰富的细节，逻辑上也环环相扣，不像是在撒谎。他决定申请对汉森进行深度的背景调查。

但直到这个时候，安克雷奇市的警局还是觉得格林警探小题大做，同时安克雷奇市的警局正在进行把案卷电子化的改革，所以格林警探需要的历史案卷材料一时无法调取。

好在这个时候负责雪莉案子的警探度假回来，格林警探得以向他直接了解信息。在这个过程中，汉森的过去逐渐浮出水面。

1939年，汉森出生于爱荷华州，父母是来自丹麦的移民，父亲是个烘焙师，所以他后来开个烘焙店也算是子承父业。

小时候的汉森日子过得很艰难。他的原生家庭没有提供足够的温情，爸爸性格非常强势严厉，在家里说一不二，父子之间关系相当紧张。而妈妈在其中也没有起到缓和与保护的作用。

另外，汉森天生口吃，小时候脸上长满了粉刺，又没有机会接受治疗，结果形成了永久性的疤痕。中学时他被喜欢的女生拒绝，给他留下了巨大的心理阴影，从而产生了厌女情绪。

不仅女孩子看不上他，他也没什么同龄的男生朋友，回到家里也不能获得来自家庭的温暖和支持，于是他只能把精力都投入到自己的爱好上。

他的爱好是打猎和射箭。

汉森从小就有足够的时间和耐心等待猎物的出现，计算时机安排陷阱，全力享受最后成功的喜悦。夺取其他生物的生命，对他来说从来就没有什么心理压力。

18 岁的时候汉森加入了国民预备队，一年后退伍回乡，在当地的警察后备学校做教官。

退伍后不久，汉森就认识了个姑娘，21 岁那年夏天，两人结婚了。

不过婚姻生活并没有让汉森变得平和稳重，相反，结婚不到半年，他拉着自己店里的一个雇员，跑去把当地高中的校车车库给烧了。

至于放火的原因，他解释说是太痛恨当年自己在这个高中度过的时光，把对当初的不如意和恨意全部发泄到了这个车库上。

但是他找的那个雇员后来跑去警局自首，顺便把他给供了出来，最后汉森被判了刑。

在监狱里，监狱的心理医生给汉森做了个测试，诊断他患有双相躁郁症，这个病在当初叫"躁狂抑郁症"。医生在诊断书里提到汉森有种非常奇特的孩子气心理，这种心理使他抱着一种扭曲但执着的"公平心"

价值观。

也就是说，他建立了一套自己的判断标准来决定什么事情"值得/不值得""应当/不应当"。当他觉得自己被亏待了的时候，就会特别执拗地"找回场子"，要给自己一个交代，不然心里就过不去。

这个医生的诊断在后来得到了证实。

辛迪说绑架她的那个男人曾经提到，自己在当兵的时候日子过得很苦，要攒很久的钱才能找到机会出来进行一次性交易，而且总是不能得到令人满意的服务和对待。所以他在"有条件"了之后就来报复这些妓女，弥补自己当年被亏待的心理创伤。

在汉森因为纵火入狱之后，才结婚半年的妻子就申请了离婚。但他出狱之后没多久，很快又找到了一个新的妻子，还跟这个妻子生了两个孩子。

新的婚姻也没有让汉森变得消停，他开始在附近的商店里小偷小摸。他自己曾经说过，偷窃使他快乐。不过可能因为偷窃的金额都比较小，所以虽然时不时会被抓到，但也没有被提起诉讼。

这次的婚姻持续了很长时间，而且两人的关系好像还不错。1967年汉森决定重新开始，带着妻子和孩子离开了爱荷华州，横跨北美大陆来到了阿拉斯加州。

到了阿拉斯加之后，汉森似乎找到了自己的用武之地。他分别在1969年、1970年和1971年作为"打猎小能手"载入了当地的史册。当然这个史册在他出事后撤掉了他的荣誉照片。

那么为什么1971年之后就没有记录了呢？因为他找到了新的狩猎方式。

从1971年冬天开始，发生了一系列的事件。

1971年11月的一天，汉森无意间在自己打工的烘焙店门口看到了一个漂亮的年轻女人。

这个女人是个房地产公司的秘书，人家冲他笑了一下，他就觉得这是看上了自己。于是开始天天埋伏在路边等着这个女人经过，最后甚至偷偷跟踪她回了家。

在知道了女人的住处后，他鼓起勇气找上门，磕磕巴巴地向这个女人做自我介绍，倾诉衷肠。

女人吓坏了，赶紧把门关上。可是没想到没过几天，他居然拿着枪找上门来，用枪指着她的头，威胁说如果她敢叫的话，自己就会开枪。

那次大概是他早期的犯罪尝试，所以自己的信心也不是特别足。这边的动静闹得太大，很快引来了邻居的关注，他只好仓皇逃跑。

不过没有得到满足的汉森并没有放弃，才隔了不到一个月，他就再次出手了。

12月，他持枪绑架了"站街女郎"桑德拉，用枪先逼着她脱掉身上的外衣，让她不方便逃跑，然后用鞋带把她的双手绑在背后，接着拿出刀，割断了她的胸衣。

在桑德拉的苦苦哀求下，汉森带她去了路边的一个小旅店。

幸运的是，桑德拉的性格十分温顺，本来汉森做好了会遭到抵抗的准备，但因为她的服从迁就，最后汉森只是对她威胁了一番就让她走了。

12月，当地还出了一件事，一个名叫贝斯的年轻女人在路边搭车去便利店，然后就失踪了。圣诞节那天有人在附近一个公园的荒地上发现了她的尸体。

当时她的尸体状况与桑德拉的遭遇很像，也是双手被捆在身后，胸衣被用刀割开等。但是贝斯试着挣脱逃跑，躲开了凶手的追踪，可惜天寒地冻，她在公园里找不到出路，最后冻死在雪地里。

在贝斯的尸体被发现后，桑德拉联系了警方，提供了自己知道的线索。她描述绑架自己的人大概不到30岁，身高1.8米左右，戴着一副黑框眼镜。

警方顺着这个线索抓到了汉森，最后他因为持枪威胁那个秘书和绑架桑德拉的事被逮捕。对贝斯的死，他矢口否认。

他给警方提供了非常详尽的记录，提出自己有不在现场的人证：他

的妻子和孩子。

虽然始终没有证据能证明贝斯是汉森杀死的第一个受害者，但很多人都怀疑他就是凶手。

这三个受害者都是十分年轻漂亮的白人女性，而女秘书与贝斯的住处只隔着一条街。"站街女郎"被绑架的地点与汉森工作的烘焙店也只有一个街区的距离。以上都说明这个区域就是他的"犯罪领土"。

最后汉森仅仅因为持枪绑架女秘书的罪名被起诉，"站街女郎"桑德拉的案子作为认罪的条件被撤销，于是他只坐了6个月的牢就出狱了。

不过这才只是开始。

当时负责这个案子的警探说了这么一段话：

我们教会了汉森杀戮！当我们没能把他抓起来关进监狱，让他学会为自己的行为负责的时候，就让他意识到杀人是不会有什么惩罚的。不仅如此，我们还让他知道了该对什么人下手。我们让他知道杀死妓女是不会有任何后果的，因为没人在乎她们的死活！

1975年，有个妇女保护组织的人报警称，有个匿名的受害者在9月28日被一个白人中年男子性侵了。

受害者是个白人年轻女性，是安克雷奇市当地舞店的舞女。

她被性侵的方式与其他几个舞女的经历基本相似：男人跟她约在一家饭店见面，两人开始谈生意，谈到一半男人忽然掏出一把枪，把她拖到了自己的车上。

这个舞女描述了这辆车的型号、颜色，甚至还记住了车牌号码。她说对方自我介绍是当地的一个工人，强奸舞女就是为了给自己找回公道，并且说："你去报警也没用，没有人会相信一个妓女的话。"

这话听着耳熟吧？

她形容这个男人有30多岁，1.8米左右，身形不是太健壮，棕色的头发，头发偏分，戴着黑框眼镜，说话的时候有些口吃。

顺着车牌号码查下去，警方查到了车主是汉森，车的颜色、型号和内饰与受害人的描述完全相同。至于嫌疑犯的外形，也与汉森完全相符。

负责这个案子的警探把汉森的照片交给报警的人，让她转交给受害者认一认，受害人毫不犹豫地说："就是他！"

但是好说歹说，受害人始终不同意出来指证。后来才知道，原来这位受害人的主业是个小学老师，当舞女只是她的副业。所以她如果暴露了真实身份，很有可能会失去工作。

警探还是找到了汉森，问他是不是有这么个事。

汉森当然矢口否认自己在 9 月 28 日绑架或者强暴了任何人，只承认半年前自己曾经在当地的舞馆结识了一个舞女。

他说，那天他妻子不在家，他本来是想去消遣下，但没想到半路上那个舞女向他要 100 美元，他不同意，两人就一拍两散了。但是那个舞女对没做成生意很生气，所以才会想出这种办法报复他。

然后他进一步解释说，9 月 28 日，他根本不在安克雷奇市里，而是在湖边钓鱼。另外他还强调说，自己是有犯罪记录的人，按照法律规定不能持枪，怎么可能弄到枪去威胁女人呢？

这个案子的结局就是因为没有证人指证，最后不了了之。

接下来，1976 年，汉森因为从一家连锁店偷了把电锯被抓到，判了 5 年。为什么偷电锯判的刑比持枪威胁年轻女性还重呢？这个之后我再解释，反正他又只坐了 1 年牢就出来了。

然后出狱后不到 1 年，又有个女性报警。

报警的是个名叫克里斯汀的黑人年轻女性，她在 10 月 14 日与汉森产生了交集。这次汉森先付了钱，克里斯汀才答应跟他走。但是两人在交易过程中产生了不同意见，克里斯汀表现出了不服从的态度。

于是汉森掏出手枪，逼着克里斯汀上了他的车，把她关在卡车的休

息室里，打算开车到附近的一个营地。

美国的大卡车驾驶舱一般分成两个部分，一个是真正的驾驶舱，就是司机开车时乘坐的地方；另一个位于驾驶舱后面，是司机的休息室，空间比一般的后座大一些，有单独的门进出，与驾驶舱有窗户相连。

克里斯汀在路上偷偷地挣脱了手上的铁丝，开始拼命地对着车外喊"救命"，汉森不得不停下车来处理。

可没想到她很聪明，把自己反锁在休息室里，这样汉森就没办法打开门来抓她。等他气呼呼地跑回驾驶舱拿到钥匙来开门，她又奋力从休息室和驾驶舱之间的窗户钻了过去，顺手把窗户也锁上了。

汉森只好又绕回驾驶舱抓她，可是她把两边的门也锁上了。这下汉森气疯了，拿起手枪砸碎了一边的车窗，试图从这边开门进去抓她，但是她又打开另外一边的车门，一溜烟地逃走了。

这段过程现在描述起来平淡无奇，但当时真的惊心动魄。

克里斯汀一直在狭小的空间里拼命挣扎，一次又一次从汉森的手下挣脱。她手脚并用地对汉森又踢又打，一时间他竟然拿她毫无办法。

最后汉森抓住了她的长发，没想到她戴的居然是假发。结果头发抓在了手里，人却逃脱了。

克里斯汀后来报了警，但是惊慌失措之下，她也没法给出太多的描述。神奇的是，半年之后她又遇上了汉森。

1980 年 3 月，她去当地的一家烘焙店应聘，当时已经填好了应聘表格，写下了自己的地址和电话，递交的时候，忽然看到从工作室走出来一个人。

她立刻认出这就是当初挟持自己的那个人，她什么都没说，立刻掉头就走，直接去警局报了警。随即警察来到了汉森的店里，问他半年前的事情。

但是又像之前一样，汉森承认自己去年是开车带过一个妓女，当时只是出于好意送她一程，结果开着车，她就开始不安分地摸他。

等他把车停下来的时候，她又开口要钱。在他拒绝之后，她就特别

240

生气，大吵大闹了一番。就是这么回事。

然后果不其然，警察点点头就走了。

关于这次的案情，其实有几个很有意思的地方。

首先警察走了之后，汉森并没有找克里斯汀进行报复，毕竟他手上的招聘表有她的一切信息。后来才知道，原来汉森根本没有认出她，也没把这个应聘的女人与后来警察的来访联系起来。

之所以没有认出她，是因为克里斯汀是个黑人女性，平时留着特别短的头发，几乎贴着头皮的那种发型。案发的那天晚上，她戴着一头粉红色的假发，所以汉森压根儿没见过她不戴假发的样子，而她戴与不戴假发的样子区别非常大。

克里斯汀的逃脱对汉森影响很大。虽然警方一如既往地没拿他怎么着，但在他犯过的所有案子中，这是唯一一次开车带着受害人却被受害人反杀逃跑的经历（辛迪那次是趁他不注意自己偷偷溜走的）。

由此他开始考虑犯罪的场所问题。

本来他的计划是带着克里斯汀去林子里的营地，但中间出了点问题，不得不中途停下。停下的地点距离居民区很近，所以克里斯汀逃跑后，光着脚跑了没多久，就敲开了一家居民的房门求助，请人帮忙报警。

因为在居民区附近，他也无法开枪制止克里斯汀逃跑，整个过程十分失控。由此他意识到，自己需要找一个安全可控又能全心享受的地点。

通过这次经历，他还意识到必须完善自己的行动计划。不然让受害人跑了是小事，如果闹大了被警察当场拦下就是大麻烦了。

从这个时候起，他开始存钱，终于在1982年买了架飞机。然后他开始调整自己的犯罪方案，后来，受害人都无声无息地死在了他的手里。

但是也可以看出，其实无论他再怎么小心谨慎，这些年里也还是有过不少次被抓住的失误，但都被警方放过了。

从 1971 年到 1983 年，警方有过很多次机会抓住汉森，至少是有机会限制他犯罪。或者应该说，警方也曾经短时间地达成过这个任务，所以在他坐牢期间，当地的舞女们曾有过短暂的安全时光（虽然当时谁也不知道）。

但是为什么汉森总能一次又一次逃脱呢？

首先我们从已知最早的 1971 年年底的案件来看一看。

第一个案子是汉森持枪威胁房地产公司的女秘书，后又持枪挟持了一个"站街女郎"施暴成功，几天后发生了贝斯的死亡事件。但是最终他仅仅对第一起未遂的案件认罪。作为认罪协议的一部分，第二起对"站街女郎"的犯罪被忽略不计。

20 世纪 70 年代，阿拉斯加州法院推出了一个政策，这个政策规定，如果有好几个罪行，嫌疑人可以选择对轻一些的罪行认罪，并且接受惩罚，那么相对重的罪行就可以不计。

这样做的原因，我猜是为了加快办案和审讯的速度。让嫌疑人快快认罪，案子就可以翻篇儿了。大家都知道，挑个轻罪认下来，惩罚也会相对轻很多。

另外汉森也敏锐地意识到，只要说对方是妓女，事情就会变得好办。所以即使对第一起案件认罪了，他也一口咬定说当时以为对方是妓女，才会有一时的冲动。

这说得上是相关部门犯下的第一个错误：他们让汉森更加明确自己的猎物选择，让他知道人和人是不平等的，有的人比其他人更低贱，所以她们的命更不值钱，伤害她们需要付出的代价更小。司法主动给他提供了一个空子，并欢迎他利用这个空子。

而相关部门犯下的第二个错误，发生在这个案件的审判和处理上。

这个案子在汉森选择了轻一些的罪名认罪的情况下，进入了庭审阶段，而负责审理案子的法官在聆听了所有案件细节之后，还是被汉森的凶残震惊了。

他得出了两个结论：第一个结论是他认为汉森有严重的心理问题，第二个结论是这个心理问题可以通过治疗解决。

法官说："我相信你有严重的精神心理障碍，所以对社区来说，你的确是一个非常不安全的因素，所以我认为你需要接受心理和精神方面的治疗。医生告诉我说，他对你的精神疾病有专业确诊（确认你是有病），但同时这个疾病可以通过治疗好转。所以我认为你的犯罪行为，是在你发病的情况下发生的（所以无法自控）。"

随后法官宣布，根据这个情况判处汉森5年有期徒刑，强制他接受精神治疗。同时还决定，如果（经过治疗）他的精神状态有所好转，就可以获得假释。

1972年11月，精神病医生对汉森作出了痊愈诊断，并且在诊断书上明确地说："我认为他在假释后不会再犯罪了。"

这位医生还在诊断书中提到，汉森的妻子达拉与他感情深厚，会对他的行为约束产生很好的效果。

之后他向假释委员会建议："我认为汉森先生完全可以恢复正常生活，做一个合法的好公民，建议委员会接受他的假释申请。"

于是1972年12月汉森获得了假释。

然后呢？

在获得假释后不久，他在路边"捡"了一个年轻的女孩子。

像过去一样，他掏枪威胁她上车，带她到附近的高速公路上……就像之前他对那个"站街女郎"一样。唯一不同的是，这个小姑娘哭着哀求他，说自己不满16岁，已经好几天没有吃饭了，求他放过自己。

说不清楚为什么，汉森让她走了。之后他用这个例子来向警方证明：看，我其实是有良知的，对"正经女人"我都不伤害的。

接下来警方又有一次机会将汉森绳之以法。

243

1975 年那个在业余时间当舞女的老师本来可以帮助警方抓住他，但是因为太害怕不敢出庭指证。

1976 年 11 月，汉森从当地的一家连锁店偷了把电锯，被当场抓获。

汉森自己的解释很有意思，他做了一番长篇大论，讲述自己当时只是一心想取悦父亲，觉得如果能在圣诞节的时候送爸爸一个电锯该是件多么美好的事情。所以当时他想都没有想就掏出了一个旧收据，放在电锯盒子上，假装刚买的样子，淡定地往店门口走去。

美国的大型连锁店一般会有员工在门口检查收据，对照一下收据和顾客手里的东西，很多时候就是粗略地扫一眼。但是这次有人早就注意到了汉森，所以在门口把他抓了个正着。

这个罪行看起来并不严重，但是在他被羁押期间，又接受了一个精神病医生的评估。

这个医生出庭作证说，汉森的评估结果显示他有严重的心理问题，他有反社会倾向，同时非常不自信，还有强烈的自相矛盾的性心理。一方面他非常渴望女性的关注和交流，另一方面他又对自己与女性无法建立正常的关系感到非常焦虑。

与此同时，医生又说汉森其实能在这种冲突的驱使之下保持理智。只是这种焦虑在他的心里不断累积，对他的精神状态产生严重的影响，使他已经发展到精神分裂的边缘。

医生强调偷这个电锯对汉森来说，应该是一种心理上的强迫症。他在行为上无法克制或者阻止做这样的事情，所以必须实施了才能获得平静和满足。

我觉得这个医生的分析很有道理，如果把"偷电锯"替换成"杀害妓女"，这种心理是一致的。

另一个出庭作证的人，是负责这个案子的当值警探，警探说得也很直接："如果你要问我的话，我认为汉森对社区有着极大的威胁，他应该被关起来。"

审这个偷电锯案子的法官听说了那个舞女老师的事，知道了汉森是嫌疑犯，但是因为那个案子从未正式立案，就没有办法把那个案子的分量加在这个案子上。所以他尽自己的权力给汉森判了 5 年有期徒刑，并且拒绝了减刑请求，也驳回了汉森在上诉期间回家待刑的请求。

所以为什么偷个电锯判了 5 年，而持枪绑架威胁房地产公司的女秘书只判了 6 个月，原因就在这里。

但是，从某个程度上来说，这个国家的法律对犯人似乎是相当"仁慈"的。

在汉森上诉期间，一个犯罪顾问在与汉森夫妇交谈之后，认为他主要的问题是过于强烈的性冲动，汉森自己也陈述说，偷东西能给他带来极大的"性快感"。

然后另外一个心理医生给上诉庭提供了证词，证明汉森是可以被拯救的，他对社区的危害只需要靠吃药就能解决，这种神奇的治疗方式就是给他吃锂。

上诉庭的法官不知道舞女老师的那个案子，在这个犯罪顾问和心理医生的证词之下，觉得汉森有救，就欣然同意了减刑。于是 1978 年 9 月，汉森重获了自由。

前面提到的那个当天接到辛迪报警的贝克尔听说了州警在查妓女被害的案子，他就带着所有的案卷记录找到了州警办公室，跟他们说，有个案子你们可以关注一下，也许和你们在查的案子存在关联。

他这样做其实冒了很大的风险，因为这个行为违抗了自己直接上司的命令，等于绕过了自己的领导，跑去向外单位求援。如果州警处理得不好，他以后在警局的日子可不会太好过。

贝克尔是当天处理案子的第一接触人，也是第一个见到辛迪的人，他还参与了对汉森家的搜查，可以说他是仅次于辛迪最接近案情的证人。

还好州警对他带来的信息非常重视，弗洛斯警探立刻联系上他，安

排了一次见面。1983 年 9 月 28 日，安克雷奇市的州警派人到贝克尔所在的警局取回了关于辛迪案件的所有材料。

第二天他们到医院联系上案发当晚为辛迪做体检的医生，拿到了从她身体中取出的带有精液的棉棒，然后把证据送到 FBI 在总部的实验室。

这时警方才知道，这个案子背后还有不为人知的小细节。

汉森打电话找到了一个好朋友，这个好朋友名叫何宁。何宁在汉森的要求下，联系了一个在医院当医生的朋友，这家医院正是辛迪接受检查的医院。何宁要求这个朋友帮他弄到辛迪的检查记录和她真实的姓名、地址。

于是这个医生朋友找到了当晚在急诊室的值班医生，但是值班医生毫不犹豫地拒绝了这个要求，直接告诉他说，这是刑事案件，警察已经介入了，不能随便透露相关信息。

可以想象一下，如果值班医生无所谓地把辛迪的姓名和地址告诉这个医生同事，他再转达给何宁和汉森，那么辛迪的命运会如何呢？

但是在其他方面，州警的调查进展得并不顺利。

汉森作案的地点和发现尸体的地点，大多在安克雷奇市，弗洛斯也是安克雷奇市的州警，所以这个案子显然是要在本市办理。但没想到的是，安克雷奇市自己的检方对起诉提不起兴趣，非常不配合。

弗洛斯只好联系到隔壁市的一名检控官，请他帮忙准备递交给法官的材料，申请搜查令等。

而弗洛斯在背景调查的时候发现，汉森曾经向保险公司申请理赔，说自己打猎的那些战利品被人偷了，要求 13000 美元的赔偿。这笔数额换算到如今，大概价值 64000 美元。

有意思的是，在辛迪给出的证词里，她非常精准地描述了汉森地下室的墙上挂着各种动物头颅，正是他申报说被盗的那些。所以弗洛斯无意间还掌握了他保险欺诈线索。

1983 年 10 月，安克雷奇市来了一位 FBI 派来的专家——道格拉斯，FBI 犯罪行为科的创始人之一，专门对罪犯做心理侧写。

根据发现的三个舞女的尸体情况，道格拉斯给出了嫌疑人侧写：

> 这个凶手可能有着一定程度的口吃，外形可能有些缺陷。他很可能是个非常优秀的猎手，但是内心充满自卑，可能有过多次被女性拒绝的经历。
>
> 他的妻子有可能对老公的犯罪行为一无所知。凶手很可能在外人的眼里是个好老公、好爸爸，工作上也十分勤奋认真。有可能他的事业还挺成功，在当地受人尊重。

这个描述与汉森本人是不是惊人地相似？

弗洛斯表示推测与现实挺接近。但是，他接着又提出了一个问题。

在道格拉斯给出一份正式的侧写文件之后，他打算拿着这个侧写文件去找法官申请调查令。他想知道，在申请到调查令之后，他能从嫌疑人家里有什么收获，这样他在搜查的时候，心里大概能有个谱。

道格拉斯说，这个凶手八成有一个战利品收藏匣，里面收藏着受害者的珠宝、驾照，甚至衣服等。

因为猎人的习惯是把战利品带回家收藏，而且随时回味把玩这些战利品，能给他带来极大的快感和满足。

这个收藏匣很可能就在他家里，他一定会把这个东西藏在自己随时可以接触到但又很隐蔽的地方。

在这份侧写材料和辛迪案证据的支持下，弗洛斯说服了法官，拿到了八份搜查令。分别获准对汉森的烘焙店、居住的房子、开的皮卡、名下的其他几辆车子、飞机，还有他本人进行搜索。

不久后，弗洛斯带着搜索令来到了汉森的住处，开始了紧锣密鼓的

盘查搜索。同时正式逮捕汉森，把他铐上之后带回警局接受调查。

汉森本人很淡定，这对他来说又不是第一次。他老调重弹地拿出了之前提供的解释：是的，他应该是见过这个女性，具体的不记得了，反正是用金钱交易的谁会在意那么多。她说的那些都是假的，那个时间段他和朋友在一起。对，有朋友可以作证。

之前调查辛迪案子的警探也不能说是完全没有做过工作。他们曾经三次找到何宁，反复确认汉森的不在场证明。

但是何宁极其坚定，斩钉截铁地一口咬定整个晚上汉森就是在自己家里。当警探明确地说，如果替他说谎那就是伪证罪的时候，何宁连眼都没眨一下。

不过这次事情没那么简单了。

警探们到何宁家找他，发现他不在家，他妻子在。聊了几句之后，他的妻子就直接说："哦，他是替老朋友打掩护呢。"

前文不是提到辛迪逃跑之后汉森立刻就找到他求助吗？他不仅帮着汉森联系了自己的医生朋友，还在第一时间建议汉森尽快找个律师，然后自告奋勇地提出可以给他作不在场证明。

这还不算，何宁还主动提出，自己有个的士司机朋友，也可以拉着他作个证。然后带着何宁找到那个司机，从而有了新的证人。

不过这次的情况与过去不同，这次是来真的。

何宁回家后，妻子立刻就大骂了他一顿，他才终于明白了事情的严重性，知道自己甚至全家都有可能面临伪证罪，并且要为此坐牢。

他赶紧带着妻子和孩子赶到警局与检控官和弗洛斯见面，提供了正式证词。汉森自以为无懈可击的自我防护裂开了一个大口子。

很多人不理解何宁为什么会这么死心塌地为汉森作伪证。

法律意识淡薄当然是主要原因。另一个原因还是在于，相对妓女来说，他认为自己的朋友更加可靠，朋友的话要比妓女可信多了。而且朋友的分量也比妓女要重多了。

何宁的做法其实是当地警方对这些案件整体态度的一个投射，也从另一个角度上解释了为什么汉森能逍遥法外十几年。

在辛迪的证词中，曾经提到汉森一直念叨着要带她去自己的小木屋里。可是经过调查，在汉森的名下并没有小木屋这样的财产登记。所以他说的木屋是怎么回事呢？

原来汉森所谓的自己的小木屋，其实是别人的房产。

阿拉斯加的湖泊特别多，有很多人在湖边的树林里修建木屋，平时度假才去。这些木屋位置偏远，人迹罕至，往往要驾驶飞机才能抵达，所以平时都空着。

空着的木屋就被汉森拿来作为己用。他不仅破门而入，把挟持的舞女带进去，走的时候还会顺手偷人家的东西。

木屋的房主发现之后，并不知道是什么人偷的，只好跑去报警。报警之后就要登记失物，大部分都在搜查汉森家的时候被发现了！

这些赃物啥都有，从工具到摆设，甚至还包括两个几乎一样的电锯！

除了赃物，警方还找到了捆绑辛迪的铁链和绳索，但是搜了一整天，关键的东西还没有找到，那就是凶器和侧写中提到的战利品收藏匣。

最后只剩下屋顶夹层这一个地方还没搜了。

那时候美国人住的房子大多是木头搭的，为了保暖，在墙壁和屋顶之间都会包厚厚一层保暖棉。一般的房子天花板上会留一个方形的口子，搭上梯子就可以爬到屋顶与天花板之间的隔层，这个隔层往往是没有装修过的，漆黑一片，有的时候还埋了各种电线管道。

警方在搜查这个隔层的时候稍微纠结了一下，因为看起来空间的确很小，不像能放下多少东西的样子。

最后是一个身材比较瘦小的警察自告奋勇爬上去，还因为空间太

小，不好转身还扭伤了脚，但他在夹层的保暖棉里，发现了塞在里面的露出来的枪把。

一掀之下，大家都震惊了。

这个三次入狱的前罪犯，居然拥有 9 支霰弹枪、12 支狙击步枪、5 支手枪，还有符合辛迪描述的长柄手枪。

这把 7 毫米口径的手枪其实一次只能发射一发子弹，但是能提供与狙击步枪相比拟的精确度和杀伤力，而且因为型号个头大，看起来更吓人。

这些枪基本都没有购买记录，甚至有几支曾经被以前的主人报失。这说明它们要么是汉森偷来的，要么是他购买的赃物。

除了枪支，警方还发现了一个盒子，盒子里是各种珠宝、手表等小玩意儿。其中有一条项链，挂着一个小鱼形状的坠子。

后证明，这条项链属于失踪的安德里亚"小鱼"，而且她的尸体到现在也没有找到。

在找到的这些证据中，有一样东西特别令人惊悚。那是一张看起来不起眼的地图。

这张图上被人用笔在不同的地点画了很多记号，数下来居然有 24 个。

一开始，警方觉得这就是汉森平时使用的飞行地图，他承认自己经常会开着飞机去野外打猎，所以这张地图可能就是拿来做猎场标注的。

但是什么人会标注 24 个打猎地点呢？

虽然已经下班了，弗洛斯还在情不自禁地琢磨着这份地图。

这 24 个标注有的距离很近，有的却分布得很散，那么也许并不是打猎的地点，而是——汉森掩埋尸体的位置？

第二天一大早，他搬出之前的旧案卷，把过去几年发现女尸的地点找出来一一对照。然后他叫来负责乔安娜案子的警探，让他在地图上指一下发现乔安娜尸体的地方。

乔安娜就是那个被黑熊破坏尸身的女人。

警探低头在地图上搜寻了几分钟，指着地图上的一个记号说："对，就是这里——啊，你已经标注了。"

弗洛斯抬起头看着他，表情复杂："不是我标的。是汉森。"

在这24个记号中，已知的就有4个受害人尸体的地点与之相符。原地图上并没有数字，而只有"*"这样的记号。数字是后期警方根据失踪舞女的案情加注的。

在这里值得多提一句的是，警方当天对汉森的住所和烘焙店进行搜查，并不是想带走什么就能带走什么，还是要与案件相关才行。所以虽然在他家发现了那么多枪，警方在当天的搜索结束时，并没有带走全部的枪。

案卷记录中曾经提到，在这几个发现尸体的地方还曾经发现过弹壳。直到弗洛斯把地图与失踪/死亡的舞女联系起来，他才能找到法院再次申请搜查令，再回到汉森家，把剩余的所有枪支作为证据带回警局。

现在警方面临的问题是，即使如此，州警依然没有确凿的直接证据能证明汉森与失踪的舞女们或发现的这些尸体有关。目前他们手里只有辛迪一个证人，最多能起诉他绑架强奸罪，这个罪名最高也就是17年有期徒刑。

虽然克里斯汀也是从汉森手里逃脱的证人之一，但是因为案件发生久远，也没有留下任何物证，所以这个证人最多只能增加砝码，却并不能起到一招制敌的作用。

甚至就连辛迪这个证人也显得有些不那么靠得住。在逃离了汉森的魔爪之后，没几天她又回到了街上继续接客。

有传言说，汉森虽然被逮捕后关在监狱了，但依然在通过关系四处打点，试图找到辛迪，打算要么付钱请她离开本市，要么就……

　　为了落实辛迪的证词，弗洛斯费了老半天劲才打听到她的下落。她一开始还不愿意配合。直到一天半夜辛迪遇到客人刁难，才想起来弗洛斯，偷偷打电话向他求助。

　　弗洛斯匆忙赶去，强硬地把她带走并安排她在一个安全屋里，与世隔绝直到上庭的那天。

　　另外，又传来一个消息，1973年到1975年，分别有两个女学生失踪，一个是梅根，另一个是玛丽。她们俩的失踪地点相同，且一直都没有找到尸体。

　　为什么觉得她们俩的失踪与汉森有关呢？

　　她们失踪的地点名叫斯瓦德。乔安娜的尸体就是在斯瓦德附近被发现的，斯瓦德距离汉森的大本营安克雷奇市并不远，开车两个小时就能到。

　　这两个女生失踪的时间相隔三年，而在她们失踪的那天，有证据显示汉森曾经去过斯瓦德。

　　在汉森的飞行图上，斯瓦德附近有好几个记号，其中21和22距离很近，几乎重合。那是属于她们俩的标记吗？

　　在这里需要解释的一点是，汉森的地图是飞行地图，飞行地图与一般日用的地图差别很大，上面一般没有具体的地标，只有山川河流或者标志性建筑，而且精度不高。

　　所以如果根据发现尸体的地点去对照飞行地图，就比较容易辨认出对应的方位，但如果根据飞行地图的标注去对应现场，就很可能差之毫厘，谬以千里。

　　梅根和玛丽的尸体始终没有被找到，所以虽然在斯瓦德这里有好几个记号，却无法证明她们的失踪与汉森有关。

　　前面提到的汉森的好兄弟何宁倒是给警方提供了一个线索。

　　就在辛迪逃跑后，汉森曾经找到他，说有一把枪想放在他那儿请他临时保管一下。何宁当时毫不犹豫地就答应了，而且当时他的妻子和孩子也都在场。过了一阵没事了之后，他又把枪还给了汉森。

所以这把枪在警方搜查汉森家的时候，被一起拿走取证了。也就是说，枪现在在警方手里。

于是弗洛斯让何宁一家三口来局里认一下枪。如果能确认，这也算是间接证据之一。没想到，何宁一家三口分头认枪，硬是认出了三把不同的手枪和三个不同的枪套。

接下来汉森的律师也出手了，向法庭提出，10月27日的搜查令根本违法。

弗洛斯当时申请搜查令的基础有两个：一个是辛迪的案子和证词，另一个是FBI犯罪行为心理学专家道格拉斯的侧写报告。

汉森的律师说，辛迪的案子在报案之后，就因为证据不足撤案了，到10月27日为止依然是证据不足，警方凭什么用一个证据不足的已经撤销的案子来指控汉森？

而且从案发的6月到搜查的10月，过去了4个月的时间，警方的搜查不是刻舟求剑吗？所以10月搜到的证据与6月的案子根本没有关系。

至于FBI的侧写，首先，侧写只是一个估计，并不能当作证据。可以抓到一个罪犯说他符合这个侧写，但怎么能在没有证据的情况下，根据侧写的描述硬往别人的头上套，然后说他就是罪犯呢？

其次，申请搜查令的文件上列举的汉森过去各种罪行记录，它们都只能说明他的过去，并不能作为颁发搜查令的合法依据，这是违法的。

汉森的律师最后提出，整个调查根本没有法律基础，收集来的证据也都应该作废，所以法院应该宣布取消调查，立即撤案！

其实理论上来说，律师说的也没错，他这么说，也算是在检方和警方的意料之中。

所以虽然大家（包括汉森本人）都知道他们面临的是什么情况，但谁都无法真正确信最后的结局是什么。现在人是抓住了，但怎么才能让他得到真正的惩罚？这是个问题。

但是世间的事就是如此，凡是有努力，总是有回响。

1983 年 12 月 14 日，FBI 的实验室联系上弗洛斯，10 月送去实验室做检验的辛迪案的各种证物已经有了结果。

辛迪在医院体检的时候，提到她想象会有"一种光"能照出汉森在她的身体里留下的证据，所以特意偷偷地保留了身体里的卫生棉棒。

在把她的卫生棉棒和内裤放在紫外线下照射时，的确发现了精液。虽然那个时候 DNA 的技术还不够成熟，但是实验室通过血型对比测试，得出结论：这些精液的主人血型与汉森吻合，至少从侧面对辛迪的证词有很大帮助。

1983 年 9 月 27 日，弗洛斯给辛迪录了正式口供。辛迪直接说，当初她还在汉森手里的时候就想好了，只要自己有一口气在，就绝对不会放过他，所以如果需要出庭作证，她一定会去。

除了辛迪，弗洛斯还找到另外几个幸存的证人。

1983 年 10 月 5 日，他找到了克里斯汀，那位勇敢地与汉森对打并且逃脱的女性。

她在烘焙店迎面撞到他，毫不犹豫地立刻报警，完全没有一丝畏惧和退缩。她不仅向弗洛斯提供了更多当时的细节线索，还表示如果起诉汉森，她也一定会出庭作证。

接着弗洛斯辗转寻找下一个证人，终于在 1984 年 2 月联系上了一个叫罗宾的女孩子。

罗宾其实就是 1971 年圣诞节前被汉森绑架强暴的那个"站街女郎"桑德拉。在那次的事件之后，她改名换姓去读了大学，找了份正经工作，结婚成了家，过上了普通人的生活。

弗洛斯心里其实有些顾虑，如果要再把她扯到这个案子里，会逼迫她重温当年的噩梦不说，还会打破她现在生活的平静。

但罗宾很快回了信，也很坚决地表示自己愿意出庭作证。

她就曾经站出来过，只是被当作弃子轻易地放弃了。但是她自己并没放弃，不管过去多久，她都愿意为让汉森受到法律制裁出力。

另一个关键突破也相当曲折。

在取到了汉森家里的藏枪之后，弗洛斯把这批枪打包准备寄去 FBI 在匡提科的总部做弹道测试。

为了确保万无一失，他向上级申请派个警察亲自把枪送去，匡提科位于弗吉尼亚州，要从阿拉斯加去弗吉尼亚基本上要横穿北美大陆，所以他的要求被上司无情地拒绝了。于是他只好忍痛装箱，以包裹的方式把枪寄过去。

结果转眼过去了好几个月，他忽然接到一个来自 FBI 的电话，人家不是来告诉他好消息的，而是问："枪呢？寄到哪儿了？"

弗洛斯当时差点就疯了，这么重要的物证要是丢了可就坏了！

不过还好，过了几天他们在口岸的仓库终于找到了装枪的箱子，立刻送往 FBI 的实验箱进行弹道比对。

不久后比对结果出来，证明了汉森的武器与发现尸体现场找到的弹壳相吻合，这个意外总算有了一个美好的结局。

1984 年 2 月 16 日，弗洛斯和检控官收到一个由律师转达过来的消息，说汉森有意 "Clear the decks"。

"Clear the decks" 是美国的一句俚语，比喻在特殊事件之前做好相应准备。汉森的意思是打算与检方接触一下。以他的性格，其实就是想试探一下检方的底线。

而检方也做好了应对的准备。

如果汉森就是死扛到底，弗洛斯也已经下了决心："我会告诉他，当夏天来临的时候（我们就会开始去挖尸体），然后每挖出来一个就告他一个谋杀。"

为什么要等到夏天呢？我读到相关的案卷和记录才明白过来，阿拉

斯加州是个极寒之地。

夏天的时候，这里的日常温度一般是25℃至30℃，最热的时候能超过30℃。而冬天最冷的时候，曾经达到过 –60℃。所以在夏天来临前，河边的泥岸都是冻上的，一直到地下25厘米深都是冻土。

所以弗洛斯警官说，要等到夏天。

汉森本来通过律师又要改期再与检方见面，但是检方拒绝了，他自己的律师也劝他不要再拖延，检方的证据一点点增加，要讨价还价还是趁早比较好。

有文章曾经提到说，汉森的律师一开始对他的无辜是坚信不疑的，但是随着检方逐渐把案子做起来，也慢慢地琢磨过味儿，开始考虑如果客户真的有罪该怎么办。

所以当汉森真的"Clear the decks"的时候，双方心里都知道，这上庭前的交锋，是场没有硝烟的战争。

对汉森来说，他的目的很简单，就是能推就推，能赖就赖，最大限度上减轻自己的罪责。如果理解了这一点，就能明白他之后许多举动的逻辑。

而对检方来说，则是通过开庭前的对话，尽可能地掌握汉森的罪行，为死者寻求公道。

弗洛斯拿着那份飞行地图，看着地图上一个又一个的标注。他的愿望就是能让汉森说实话，把失踪的尸体找出来，给死去的她们和活着的亲人一个交代。

弗洛斯首先提到的是在斯瓦德失踪的那两个女生。

在汉森的犯罪历程中，有几个象征性的"里程碑"时间节点。这两个女生很可能是他在犯罪过程中杀死受害人的开始。那么到底发生了什么事，使他忽然从一个强奸犯变成了杀人犯？

梅根最后失踪的地点是在斯瓦德，她的私人物品包括钱包都没有被带走。她的身高在 1.63 米左右，体重 110 斤，是白人女性。这些特征与之后汉森下手的受害人都十分接近。

玛丽与梅根失踪的时间整整相差三年。她最后的行踪是乘坐一个朋友的车去斯瓦德的一家烘焙店。

1970 年汉森因为持械威胁房地产女秘书坐牢，1973 年至 1975 年是他的假释期间。

正是因为在假释期间，他必须随时向假释官汇报自己的行踪。所以当时假释官有记录在她俩失踪的时候，汉森就在失踪地点附近。

汉森有一条船，那个时候他对假释官的解释是自己在斯瓦德泛舟散心。

有人最后一次看到梅根是在斯瓦德市中心的一个商场附近，这个商场距离汉森停船的地方走路大概 10 分钟。

玛丽最后一次被看到的地方是个瀑布，瀑布的附近是个烘焙店，烘焙店附近有一家枪店，而这家枪店是汉森常去的地方。另外，这个瀑布距离汉森停船的地点只有大约 1.6 千米。

在汉森的飞行地图上，有两个标注，距离梅根和玛丽消失的地点非常近。这两个点距离发现乔安娜尸体的地点也不远。

但是汉森对她们俩的失踪拒不负责，一口咬定说"依库娜的安妮"才是第一个受害人。

"依库娜的安妮"被发现时尸体已经严重腐烂，警方只能通过头骨复原来估计她生前的容貌。根据尸体的情况，法医推测她的死亡时间是 1979 年下半年。

汉森支支吾吾地表示自己不确定"依库娜的安妮"是不是舞女，只记得当初是在大街上跟她"搭上线"，然后带她回自己家。但是她很快发现他的车越开越偏，就坚决要求送她回市区。

汉森说一开始自己试着好声好气地跟她商量，但是她不听，没办法

他只好掏出枪，说了实话："如果你不听话，我就会杀了你。"

然后他开往依库娜湖，没想到刚开到一半，车轱辘就陷在了湖边的泥潭里。

他说服了安妮帮他一起把车推出淤泥，可是安妮趁他不注意，找到了机会试图逃跑。他条件反射地去追她，抓住她的头发，把她拖回了湖边。两人打斗了一阵后，汉森还是没有办法彻底制服她，而且她开始尖叫起来，叫得他心慌意乱。

汉森说，当时他试着安抚她，说自己不会伤害她，可是她哭叫着说："不，你会的，你会杀了我的。"这话刺激着他丧失了理智，掏出了随身携带的匕首，从她的后背捅了进去。

"依库娜的安妮"的身份直到今天依然是个谜，她的遗骨被埋葬在安克雷奇市的纪念公墓里。

发现"依库娜的安妮"尸体的地点是地图上标注的 16 号。

2020 年 9 月，全国失踪人口调查中心又一次发布了"依库娜的安妮"的面容重建图片。为什么过去了 30 年还要这样做？

"为什么还要确认她是谁？因为这意味着无论你曾经如何生活过，你的处境曾经怎样，在死后每个人都归于平等。就像我们为了其他受害者和幸存者的家人进行搜寻一样，无论她曾经是谁，我们也应该为她这样做。"

汉森并没有给出她被害的具体时间，只是粗略地说是 1979 年秋末冬初。

前面提到过那位奋力逃出生天的克里斯汀，她遭遇汉森的时间也是 1979 年秋。我感觉克里斯汀应该是在安妮之前的受害者，因为在克里斯汀这里受了挫败，汉森才会想到带着受害者去更加荒芜的湖边。

那么为什么汉森非要坚持"依库娜的安妮"才是他的第一个受害人呢？我分析有两个原因。

第一个原因很直白，把犯罪开始的时间往后推移，肯定是对他有好处的。如果检方信了，那之前曾经发生过的罪案，就跟他没关系了。

第二个原因也是警方在后来的审讯中慢慢琢磨出来的。

1973 年和 1975 年失踪的两个女生，是"正经人家"的姑娘。还记得 1971 年被撤销的那个"站街女郎"绑架强奸案吗？汉森学乖了。不单是他，看来在当时那些人的眼里，妓女都不算人。

所以交代杀死的人是妓女还是"正经姑娘"，是不一样的，从这个角度来说，他当然要坚持"依库娜的安妮"是他的第一个受害人，而否认自己与那两个女学生的失踪有关。

接下来汉森交代了杀害雪莉的经过。雪莉在失踪了将近一年后，尸体被发现。

接着他承认自己杀害了一个不知姓名的妓女，然后把她塞到衣服袋里，加上了重物，从铁路桥扔到了尼克河里。

虽然汉森从来没有正面承认过，但是事后他隐隐约约地暗示，这个被扔到河里的妓女，就是那个喜欢戴着一条金鱼项链的安德里亚"小鱼"。

在杀害了"小鱼"之后，他留下了她的项链作为战利品收藏。

接着汉森交代了受害人乔安娜。乔安娜的尸体是与"依库娜的安妮"差不多同时被发现的。

汉森交代说，他在斯瓦德附近停船的码头遇到失魂落魄的乔安娜，当时她刚被赶出来，无处可归。他就上去跟她搭讪，哄着她来到了自己的船上。

本来他觉得这是你情我愿的事，没想到乔安娜临时提出要钱。

"所以，说到底她就是个卖身的妓女。"汉森的热血冷了下去，然后就杀了她找地方埋了，接着杀了她的狗，这样的话狗就不会带着别人回去找到她的尸体。

在这个交代的过程中，汉森时不时地解释说，他的本意并不想杀人，比如，他曾经带过很多妓女去河岸边，最后他还是把她们平安无事地送回去了。

弗洛斯忍不住问道："那你是根据什么来决定谁可以活下来，谁必须死呢？"

汉森犹豫了一下，回答说，当他把女人带到河岸之后，河岸边黑暗荒凉，不容易逃脱，周围也没有人，所以他会放松对她们的约束，比如解开她们手上的绳索，而且也没必要老拿枪对着她们了。

但是，有的女人看到机会还是会试着逃跑，甚至其中有两次，她们抢到了手枪，差点把他打死。这种情况下，最后的结局当然不是你死就是我活。

所以，汉森斯斯文文地回答说，如果她们老老实实的，不挣扎，完全顺从，就会没事，我就会让她们回家的。

"如果她们不顺从呢？"弗洛斯问道。

"那她们就回不了家了。"

1982 年 7 月，汉森买了架飞机。有了飞机之后，他的活动范围更广了，而且安全度更高了。

他在克里斯汀逃脱之后，意识到自己行动计划的巨大缺陷，所以需要一个更灵活、更安全的运输方式。

开车的好处是足够灵活，不会引起太多人的注意，但坏处是不够安全。

汉森的一个巨大顾虑，就是害怕在绑架了女人之后，开车的时候被别人发现，或者被警察拦下来。所以他养成了一个几乎是强迫症的习惯：任何时候出门之前，都要检查自己的车，确保性能没有任何问题，不会在半路抛锚。

有了飞机就不一样了，阿拉斯加的广阔天地，就是他的了！

买了飞机之后，他一口气连续绑架挟持了三个妓女——安吉拉、特丽莎和德琳，然后开着飞机出去抛尸。

这次他连埋都懒得埋了，直接把尸体从飞机上扔下去。

安吉拉被抛弃在八妹湖湖边，她是地图中的 11 号。在被发现的时候，她的下巴和肋骨都呈现碎裂的状态，身体和衣服与身边的泥土冻在一起，要取出尸体，就难以避免会破坏证据。

特丽莎的尸体是地图上标注 13 号的地方，也是在一口湖边，但是距离其他受害人都比较远。

德琳的尸体在一年多后被一个测试飞机轮胎的飞行员在尼克河岸边发现。发现的地点就在地图标注的 8 号坑，这个坑旁边就是 15 号坑，埋葬宝拉的地方。

宝拉是汉森购买了飞机之后第四个受害者（他说）。

对宝拉来说，来到阿拉斯加的生活格外艰难。她之前的职业是银行职员，为了多挣钱才跑到阿拉斯加来当舞女。

但是宝拉的内心并不能坦然接受这种生活，汉森说自己在街上遇到她的时候，她的状态非常不好，整个人精神恍惚，情绪低落，而他，扮演的是个救美的骑士角色，从街头把落难美女救回了家。

然而跟着他回家的宝拉只顾着哭泣，并不肯跟他发生关系。

汉森说一开始对方不肯，他也就没有勉强，还掏钱叫了车把她送回住处。没想到过了两个礼拜，他发现这个女人又回去做舞女。接下来的事情就是老一套了，他说自己可以出钱让宝拉跟他回家。回去之后，她就成为另一个戴着手铐和铁链的地下室女人。

即使这样，宝拉也曾经有过一次逃脱的机会。

汉森带着她上了飞机，来到了他早就看中的小木屋附近。可是他们刚降落不久就听到天空中传来引擎的声音，仰头一看，发现有另外一架飞机正在头顶盘旋。

他们并不知道这架飞机是不是计划降落，如果降落，会不会发现他们。

但是汉森不允许意外发生。

他把宝拉铐在小木屋后面的柱子上，自己走到空地上，对着天上那架飞机反复挥手，表示此地不宜降落。不过他并不能确信对方驾驶员就

能听他的，所以他回到木屋旁，拿着枪埋伏着，如果对方降落，他已经做好准备干掉对方。

最终那架飞机还是飞走了。宝拉看到飞机飞走，尖叫着哭了出来。

汉森赶回到她的身边，解开她的手铐，把她往林子里拖。他解释说，自己这个时候还并没有想杀死她，是她一直叫一直叫，还拼命挣脱想逃跑，他才忍无可忍，对她的后背开了枪。

宝拉的尸体被发现的时候，她的后背中弹，但是她身上的衣服却没有对应的弹孔。说明她死后才被穿上衣服。所以汉森的描述有多少是真实的呢？

汉森的那张飞行图上有 24 个标注，他对其中 17 个作出了指认，剩下的 7 个，他坚持说那些什么都不是。

现在再来看这张图，是不是感觉就不太一样了？那些标注不再是一个个记号或者数字，而是鲜活的人。

弗洛斯根据汉森的交代，给这些记号做了编号。

蓝色的编号从 1—17 是汉森交代的尸坑，黄色的编号 18—24 是他否认的标注。

在他交代的 17 个标注中，警方找到了 12 具尸体。

除了沉在河底的"小鱼"，还有一个女孩子名叫罗克珊，她的尸体也一直没有被找到。

汉森承认她也是自己手下的受害者，但是他对罗克珊只有非常淡薄的印象，不知道她是"情况未知"标记中的哪一个。

虽然这些经过文字写起来很容易，但事实上确认起来非常艰难。因为汉森并不能提供详细的受害人情况，他只能讲述一个大概的印象，如年龄、外貌、与对方初次见面的地点（失踪地点）以及抛尸的大概位置。警方再根据之前失踪人口的报警记录，对照找出可能的受害人，最后通过牙科记录或者其他特征来确认身份。

在寻找尸体这方面，汉森的飞行图只能给出一个大概，就连他自己也经常说不清具体的位置。

地图上也许能看出大致方位，但是降落到地面上，一眼看去就是一片难以分辨的茫茫林海与河滩。

如果参照普通的地图可以看出来，汉森选择抛尸的地点都是河边的泥滩或者树林里。警方只能通过各种手段一点点摸索，确认尸体的方位。

唯一值得庆幸的是，汉森埋尸体很不认真，所以坑挖得都比较浅。一旦确认地点之后，挖掘起来相对要容易一些。

说到这里有人大概会问，那张飞行图上不是有 24 个标注吗？汉森不肯承认的那 7 个标注是什么呢？

警方高度怀疑那 7 个标注背后其实也应该代表着失踪的女人。如 20 号和 21 号，会不会就是斯瓦德失踪的两个女大学生？

警方认为她俩的遭遇很可能与乔安娜一样，汉森在附近遇到了她们，把她们骗上了自己的船。

我认为汉森之所以死也不承认，很大可能是因为那 7 个标注背后对应的女人，不是舞女，而就像那两个女学生一样，是被他骗来的普通女性。

检方曾经掌握过一份资料显示，汉森在当地的报纸上登过好几次征友启事。

在征友启事上，他假装自己是单身，在广告上自称是"热爱冒险的男性，42 岁，身高 1.8 米，75 公斤"，"寻找有女人味儿的女性朋友，她能和我分享真诚且真实的依恋的感觉，对感情忠诚。她要喜欢跳舞和社交，喜欢穿牛仔裤，喜欢和我一起去探索和冒险，她要能享受乘坐我们自己驾驶的飞机翱翔天空，在沙滩上漫步，在海洋里畅游，在湖泊垂钓，在林间野营。生活是如此的美好，我想与您分享以完满我们的人生。（记得附上近照）"

真的有人在看了这个"征友广告"后上钩了。

有个女警就曾经看了这个广告后找上门跟他约会，而且最后也安全地离开了。

但还有那么多不幸的女人呢？比如有个叫托妮的女人就是其中一个。她在 1982 年 3 月 7 日被报告失踪，失踪的地点就在斯瓦德附近。

一个半月后，有人发现了托妮的尸体，死亡方式是被人用一把工具螺丝刀捅了数下。半年后警方逮捕了一个嫌疑犯，但是折腾了一大圈儿之后，法官认为定罪证据不足，把案子给撤了。所以这个嫌疑犯到底是不是凶手呢？也说不定。

回顾托妮失踪的地方，非常接近汉森地图上的 23 号标注。可是也的确没有证据能证明她是被汉森杀害的。

最后算上汉森自己承认的，他杀死了 17 个女人，被他强奸的女人数字则超过了 30 个。但是警方认为，事实上汉森手下的受害者应该远远不止这个数字，那些年失踪的女人太多了，符合他犯罪模式的女人至少有将近 40 个。

但是最终检方仅仅因为杀死雪莉、乔安娜、"依库娜的安妮"和宝拉对汉森提起了正式诉讼。

虽然在汉森家找到了安德里亚的项链，却因为没有找到尸体，最终她依然作为失踪人口在列。

外国人形容自己的另一半，有一个非常深情款款的说法，"My better half"。还记得在一个电影里，打动心爱的人也把观众弄得热泪盈眶的，就是那句台词："You complete me."（是你让我完整）

汉森的"better half"名叫达拉，跟他结婚十几年。我非常好奇的是，跟一个杀人如麻的罪犯在一个屋檐下生活那么久，她对他的行为难道就完全没有一点察觉吗？

汉森的第一任妻子在他因为纵火入狱之后，虽然当时还是新婚，依然立刻干脆利索地办理了离婚；第二任妻子跟着他十几年，生儿育女像正常人一样组成家庭。而且他们结婚的时间点，是汉森刚坐了一年半的牢出狱后不久。

接下来他因为持枪威胁房地产女秘书被起诉，绑架强暴"站街女郎"的案子虽然没有被正式起诉，但他对案子本身是认了的。不久他又因为偷电锯被判5年。

这一系列事情，达拉不仅知道，而且还坚定地站在汉森的身边给他爱的支持，在他坐牢的时候带着孩子去探监，甚至在别人都知道汉森脾气不好而会用恶毒的语言咒骂她和孩子的情况下，她也一如既往地坚持做个好妻子。

这是为什么呢？

个人猜想，一方面是因为汉森虽然外貌普通，说话口吃，但应该有一定的迷惑性，也许对有的人来说，他这个样子正好显得老实可靠呢？

另一方面，汉森应该也会有意识地做一些伪装，在特定的人面前装个好人的样子应该不太难。所以即使他那么多次被受害人指认，当地的警察和邻居们也依然认为他不可能做出那种事。

实际上，达拉身材高大，非常贤惠，在跟丈夫去阿拉斯加之前，还读了个教育学的硕士，所以她并不是没有受过教育的无知女性。

所以达拉坚守这个婚姻不可能仅仅是出于爱情，还有可能是出于希望拯救他的信仰。再者就是那个亘古不变的理由：为了孩子。

但达拉曾经对弗洛斯承认，汉森找妓女的这个爱好，她其实是知道的。只不过想想也就忍了，就是没想到老公居然会这么过分。

不过，她也对汉森的行为表达了自己的不满，比如她坚持与汉森经济上分开，各自独立。汉森的经济收入主要是烘焙店的钱，挣了钱就给自己弄枪买飞机；而她通过辅导特殊需求的儿童挣钱，收入就拿来付房贷，给孩子交学费，带孩子们出去度假等。

在汉森被定罪入狱后，达拉还坚持了两年，最后实在熬不住了才跟他离婚，分割了财产和房子，然后因为在当地待不下去，带着孩子回了

老家。

其实没有谁是真正迟钝的，只不过在不愿意面对真相的时候，总是能为自己找到一万个理由。

汉森本身因为出痘皮肤不好，长相就不够迷人，打扮上又不时尚。他唯一的优势就是看上去不太有攻击性，加上他说话还结巴，就算想巧舌如簧施展个人魅力，也心有余而力不足。

所以他的犯罪方式，第一主要靠钱来引诱对方，第二靠枪（恐惧）来控制对方。所谓威逼利诱，他做到了极致。

汉森自述，杀人并不会给他带来格外的快感。对他来说，杀人是灭口的程序，并不是满足心理需求必须做的事。

他在审讯中也反复强调两点。第一点，他坚持说自己并没有仇恨女性。原话是这样说的：

> 我一开始的时候并不仇恨女人的。事实上，我热爱她们每一个。每个女人对我来说都是独一无二的珍贵，因为我特别盼望能和她们建立感情联系，我如此渴望她们会喜欢上我。
>
> 所以抛开其他的不说，我不觉得我仇恨女性。正相反，我认为我尊重真正的女性，好女人，而不是妓女们。所以（如果对方是好女人），我会竭尽全力地去讨好她，迎合她，避免对她造成任何伤害。

接着汉森话锋一转，开始强调在他的眼里，妓女们根本不能算是女人，她们是"更低级的生物"。即使自己与她们发生了关系，依然觉得她们肮脏恶心。

事实上，不少男人的内心深处，多少都会有害怕被女人拒绝的恐惧。

所以汉森反复强调自己并不痛恨女人，我想其中一部分也是事实。

他并不恨女人，他恨的是"被女人拒绝"。因为害怕被拒绝，又无力改变这个现实，所以只好改变自己的行为和心态。

其实谁会喜欢被拒绝呢？我也很怕会被拒绝、被否定。只不过每个人处理被拒绝的方式不同。

汉森选择的方式是挑选"无力拒绝"自己的对象，然后用暴力消灭对方拒绝自己的可能性。

他自己的辩解是一切都源于童年阴影。因为和父亲没有正常的亲子关系，没有一个好的男性模范来引导他渡过青春期。又因为自身条件不好，被心爱的女生拒绝，被其他的同学讥笑，成长过程中的压抑和孤独使他的内心产生极大的扭曲。

但童年不幸福的人多了，也并没有都发展成他这个样子。

汉森强调的第二点，就是他杀人并不是为了乐趣。毕竟并不是每个女人都会被丢到丛林里被他当作猎物追杀。他杀人的原因，仅仅是因为对方的反抗和逃跑："所以只要她们不逃跑，我对局面能掌控，就一切都好说。我就是想一切都在我的控制之下，这使我感觉自己很强大，很男人。"

为了控制对方，他发展出一套惯用的说辞，在掏枪震撼住对方之后，他就会软硬兼施。他会抓住对方的头发，然后用枪抵住她们的脸，让她们真切体会到枪管的冰凉和近在咫尺的死亡威胁。

然后他安抚对方："只要你配合我，我就不会伤害你，你学到教训下次小心点就好了。"

如果对方软下来，服从他的指示和安排，并且承诺回去之后绝对不报警，他最后就会放人。如果对方惊慌失措或者试图逃跑呼救，他就会不择手段地"镇压"。

虽然不能保证他所说的这些百分之百都是实话，但这个描述也多少反映了真实情况。这的确体现了他所强调的"杀人不是重点，控制才是"。如果能掌控局面，杀人就不是必要的。

其实甚至包括他挑选的施暴对象，也体现了这种心态。

267

汉森的受害人几乎是年轻女郎,他自己身高很高,也有力量,挑选的都是 1.6 米左右、体重 110 斤左右的女性。

而且在调查了这些女孩子的背景之后,我们发现其中大部分都有一个特点:她们要么是刚来阿拉斯加不久,人生地不熟;要么是刚做舞女不久,没有太多社会经验,还迫切需要钱。面对这样的女性,汉森有着自然的心理优势。

他对掌控的渴望还体现在不断打磨犯罪手段上。汉森曾经提到过,他最怕的噩梦就是在绑架了舞女之后,车突然坏在路边,引起路人的注意甚至引来警察。所以他养成了任何时候出车前,都要检查车况的"好习惯"。

在绑架辛迪失败之后,他就开始琢磨换一个犯罪场所,于是他开始把女孩子们带到远离市区河边的树林里。之后他依然觉得开车不够安全,所以骗钱买了一架飞机,这样他和绑架的女孩子就可以完全脱离人们的视野——一切都在他的掌控之中。

然后他严格控制自己的犯罪频率,把犯罪时间局限于夏天。因为冬天是滑雪季,游人比较多,而且河边树林下都是冻土,埋起来也不方便。

他开始放弃使用鞋带,而改用手铐;之所以用飞行地图记录,其中一个原因也是尼克河边抛弃的尸体实在是太多了,他承认的 17 个谋杀中,河边就找到了 10 具尸体,所以他需要更广阔的地域来处理尸体。

这一切精致的计算,其实都是他的控制欲在背后驱动。只有当他能准确地控制局面的时候,他才能感到安心,才能全身心去享受。

除了谋杀罪名,汉森还被控侵犯绑架,非法持有武器、盗窃和保险欺诈等罪名。

最后这个罪名,就是他声称自己收藏的打猎战利品被偷了。他正是用这次骗保收到的赔偿，买了那架飞机。

不过在审判的时候，汉森分辩说，他并没有骗保，东西是"丢了"，不过后来又在后院找到了，他只不过忘记通知保险公司了而已。

在弹道结果确认之后，汉森知道自己脱罪的希望更加渺茫，开始配合检方进入辩诉交易阶段。

阿拉斯加虽然没有死刑，但是根据目前的罪名来看，汉森在有生之年已经不可能再见天日，不如换取他的配合，找到尸体给受害人的家属一个交代。

所以汉森与检方对最早发现的尸体（受害人）达成了认罪协议。

不过他到法庭上还是挣扎了一下，说那个弹道检测虽然证明了发现尸体现场捡到的弹壳是他的枪打出来的，却不能证明是他拿枪打的受害人。

因为他是个猎人，所以会开着飞机出去打猎，那些弹壳是他从空中射击猎物的时候掉下的，只不过恰好掉到了尸坑附近而已……

这种狡辩大概只有他自己才会信吧。

汉森的配合换取的条件还包括不在阿拉斯加州当地服刑，因为他担心自己杀害的妓女都是当地舞馆的"摇钱树"，怕被报复，要求去别的州的监狱。然后要求不接受媒体采访，不接受公开曝光。

1983 年 11 月，他被判处 461 年徒刑外加终身监禁，被送到宾州的一家监狱服刑。

不过 1988 年，他又被送回阿拉斯加州，一直到 2014 年 5 月，因为身体缘故回到了安克雷奇市的监狱医院里。

那之后没多久，汉森就死了。公布出来的死亡原因是自然死亡。年纪大了，身体不好，终年 75 岁。而那些死在他手下的女孩子，大部分年龄只有 20 几岁。

在得知汉森的死讯后，弗洛斯只说了一句话："这个世界终于变好了一点点。"

图书在版编目（CIP）数据

重返犯罪现场．罪案真相与犯罪心理素描 / 马丁韩
庄著．-- 北京 ： 中国法治出版社，2025. 8. -- ISBN
978-7-5216-5047-1

Ⅰ．D914.05

中国国家版本馆 CIP 数据核字第 2025RV6894 号

策划编辑：吕静云

责任编辑：吕静云　　　　　　　　　　　　　封面设计：周黎明

重返犯罪现场．罪案真相与犯罪心理素描

CHONGFAN FANZUI XIANCHANG. ZUI AN ZHENXIANG YU FANZUI XINLI SUMIAO

著者 / 马丁韩庄

经销 / 新华书店

印刷 / 三河市国英印务有限公司

开本 / 710 毫米 × 1000 毫米　16 开　　　　　　印张 / 17.25　字数 / 240 千

版次 / 2025 年 8 月第 1 版　　　　　　　　　　2025 年 8 月第 1 次印刷

中国法治出版社出版

书号 ISBN 978-7-5216-5047-1　　　　　　　　　定价：49.80 元

北京市西城区西便门西里甲 16 号西便门办公区

邮政编码：100053　　　　　　　　　　　　　　传真：010-63141600

网址：http://www.zgfzs.com　　　　　　　**编辑部电话：010-63171781**

市场营销部电话：010-63141612　　　　　　**印务部电话：010-63141606**

（如有印装质量问题，请与本社印务部联系。）